改正入管法関連完全対応

法務・労務のプロのための
外国人雇用実務ポイント

弁護士
杉田昌平 著

ぎょうせい

はしがき

　本書は、外国人材の採用を計画している、又は、既に採用している企業の人事担当者及び外国人雇用に関連した業務を行っている実務家（技能実習制度の監理団体の役職員、登録支援機関の役職員、職業紹介事業者の役職員、弁護士、社会保険労務士、行政書士等）に参照いただくことを想定して執筆している。

　本書の構成は、第2章で出入国関連法令を、第3章で労働関係法令・社会保険関係法令を概説し、第4章で外国人材の支援に関する法制度を概観し、第5章で外国人材とコンプライアンスについて検討している。

　第2章及び第3章は、可能な限り手続や検討の時系列順になるよう記載したつもりである。そのため、外国人材の雇用をゼロから検討される場合は、第1章から第3章まで順番に読み進めていただきたい。

　本書を執筆している間にも、連日のように外国人材に関する報道がなされていた。このように外国人材に関する報道が多くなされる背景には、やはり、少子高齢化に伴う社会の働き手不足があるのだと思う。2019年4月の入管法改正によって開始された特定技能制度は、確かに働き手不足に対応する制度であり、制度に寄せられる社会の期待も大きいのだと感じる。

　本書は、特定技能制度も含め、外国人材の受入れに関する法務・労務について解説することを目的としている。しかし、外国人材の受入れという事象を考えたとき、決して法務・労務は一番重要な事項ではないと思う。

　私は、2015年6月から2017年8月まで、ベトナムの国立大学で講師をしていた。そのため、私にとって外国人材というと、特に東南アジアから来てくれる外国人材は、教え子と姿が重なる。外国人材は、日本に来てくれた後に仕事ばかりをするのではなく、日本で、そして地域で、居住し、食事をし、生活する。このような衣食住を安心して行えなければ、才能ある外国人材であっても、その才能を日本で、そして受入れ企

業で発揮してくれないと思う。また、外国人材が受入れ企業で活躍するためには、受入れ企業側でも内なる国際化を行い受入れ体制を整備することが不可欠であると思う。

　このように、外国人材の受入れは法務・労務という制度的な対応だけではなく、むしろそれは最低限の事項であり、受入れ企業・外国人材の双方がより良い関係を構築するために取り組むべき事項が多く存在する。

　そのような重要な事項に取り組むためにも、本書が、外国人材の受入れに関する法務・労務の課題の解決に少しでもお役に立ち、受入れのハードルが少しでも低くなれば幸いである。そして、教え子であるベトナムの学生や教え子と重なる外国人材にとって、望ましい職場を増やすことに少しでも貢献できれば、望外の喜びである。

　本書の執筆にあたり、株式会社ぎょうせいの担当者の皆様には大変にお世話になった。再び一緒に本作りができたことに大変感謝しているし、皆様がいなければ、本書を完成することはできなかった。改めてお礼申し上げる。

　最後になるが、休日も本書の執筆のため、一緒に過ごす時間が少なくなることを許してくれた長男（6歳）、長女（3歳）、妻にもお礼を言いたい。いつも最初の読者となり助言をくれる妻に感謝している。そして、長男や長女が、これから過ごす学校や職場や社会で、国籍に関係なく多くの友人と出会い、二人の世界が広がることを祈念する。

　2019年11月吉日

　　　　　　　　　　　　　　　　　弁護士　杉田　昌平

凡　例

1　法令、要領等略語

本文中に用いた法令、要領、対策、方針などは、次の略語を用いました。

入管法	出入国管理及び難民認定法（昭和26年政令第319号）
改正入管法	「出入国管理及び難民認定法及び法務省設置法の一部を改正する法律」（平成30年法律第102号）により改正された条文
入管法施行規則	出入国管理及び難民認定法施行規則（昭和56年法務省令第54号）
技能実習法	外国人の技能実習の適正な実施及び技能実習生の保護に関する法律（平成28年法律第89号）
技能実習法施行規則	外国人の技能実習の適正な実施及び技能実習生の保護に関する法律施行規則（平成28年法務省・厚生労働省令第3号）
上陸許可基準令	出入国管理及び難民認定法第七条第一項第二号の基準を定める省令（平成2年法務省令第16号）
変更基準省令	出入国管理及び難民認定法第二十条の二第二項の基準を定める省令（平成21年法務省令第51号）
高度専門職省令	出入国管理及び難民認定法別表第一の二の表の高度専門職の項の下欄の基準を定める省令（平成26年法務省令第37号）
特定技能基準省令	特定技能雇用契約及び1号特定技能外国人支援計画の基準等を定める省令（平成31年法務省令第5号）
特定産業分野省令	出入国管理及び難民認定法別表第一の二の表の特定技能の項の下欄に規定する産業上の分野等を定める省令（平成31年法務省令第6号）
特定活動告示	出入国管理及び難民認定法第七条第一項第二号の規定に基づき同法別表第一の五の表の下欄に掲げる活動を定める件（平成2年法務省告示第131号）
総合的対応策	外国人材の受入れ・共生のための総合的対応策（平成30年12月25日閣議決定）

基本方針	特定技能の在留資格に係る制度の運用に関する基本方針（平成30年12月25日閣議決定）
分野別運用方針	特定技能の在留資格に係る制度の運用に関する方針（平成30年12月25日閣議決定）
分野別運用要領	特定技能の在留資格に係る制度の運用に関する方針に係る運用要領（平成30年12月25日）
技能実習運用要領	技能実習制度運用要領（平成30年6月版）
特定技能運用要領	特定技能外国人受入れに関する運用要領（平成31年3月版）
支援運用要領	1号特定技能外国人支援に関する運用要領（平成31年3月法務省編）
審査要領	入国・在留審査要領（法務省入国管理局）
財務諸表等規則	財務諸表等の用語、様式及び作成方法に関する規則（昭和38年大蔵省令第59号）
安衛法	労働安全衛生法（昭和47年法律第57号）
安衛則	労働安全衛生規則（昭和47年労働省令第32号）
職安法	職業安定法（昭和22年法律第141号）
職安法規則	職業安定法施行規則（昭和22年労働省令第12号）
労基法	労働基準法（昭和22年法律第49号）
労基則	労働基準法施行規則（昭和22年厚生省令第23号）
労働施策総合推進法	労働政策の総合的な推進並びに労働者の雇用の安定及び職業生活の充実等に関する法律（昭和41年法律第132号）
労働施策総合推進法規則	労働政策の総合的な推進並びに労働者の雇用の安定及び職業生活の充実等に関する法律施行規則（昭和41年労働省令第23号）
労働者派遣法	労働者派遣事業の適正な運営の確保及び派遣労働者の就業条件の整備等に関する法律（昭和60年法律第88号）

2　判例集出典略語

民集	最高裁判所民事判例集
行集	行政事件裁判例集
判時	判例時報
判タ	判例タイムズ

＊法令等の内容現在は、令和元年10月1日です。

目　　次

はしがき
凡　　例

第1章　外国人材と法務問題

第1　受入れ企業の役割と法務 ································· 2

第2　受入れ企業を支援する実務家の役割と法務 ················ 4

第3　出入国関係法令について ································· 6

　　1　入管法について ····································· 6

　　2　技能実習法 ··· 7

第4　労働関係・社会保険関係法令について ····················· 9

　　1　労働関係法令・社会保険関係法令 ························· 9

第2章　外国人材と出入国関連法令

第1　内外人一本法としての入管法 ··························· 12

第2　出入国管理手続と在留資格 ····························· 13

第3　在留資格制度 ······································· 15

　　1　在留資格制度総論 ··································· 15

　　2　在留資格の種類 ····································· 16

　　3　外国人材と在留資格 ································· 18

　　4　在留資格による活動 ································· 19

　　5　在留資格の位置づけ ································· 20

第4　在留資格各論 ······································· 23

　　1　在留資格と対応する職務 ······························ 23

　　2　在留資格に関する手続 ······························· 24

1

(1) 現在海外にいる外国人材を日本に招聘して採用する場合···25
　　ア　手続概要／25　　　　　イ　不交付だった場合の対応／26

(2) 現在日本にいる外国人材を採用する場合················27

3　在留資格各論··28

(1) 「高度専門職」······································29
　　ア　在留資格の基準／30　　イ　在留資格の特徴／38
　　ウ　在留期間と更新／40　　エ　立証資料／41

(2) 技術・人文知識・国際業務·····························43
　　ア　在留資格の基準／43　　イ　在留資格の特徴／47
　　ウ　在留期間と更新／50　　エ　立証資料／52

(3) 企業内転勤··55
　　ア　在留資格の基準／55　　イ　在留資格の特徴／57
　　ウ　在留期間と更新／60　　エ　立証資料／61

(4) 介　　護··64
　　ア　在留資格の基準／65　　イ　在留資格の特徴／67
　　ウ　在留期間／67　　　　　エ　立証資料／68

(5) 特定活動··70
　　ア　在留資格の基準／70　　イ　在留期間と更新／70
　　ウ　「特定活動」（本邦大学卒業者）／71

(6) 技能実習··75
　　ア　技能実習制度／75
　　イ　技能実習の在留資格該当性／111
　　ウ　技能実習の実施／126　　エ　在留期間と更新／132
　　オ　在留資格の特徴／132　　カ　立証資料／134

(7) 特定技能···135
　　ア　特定技能制度／135　　　イ　在留資格該当性／201
　　ウ　特定技能の実施／213　　エ　在留期間と更新／219
　　オ　在留資格の特徴／219　　カ　立証資料／221

(8) 「留学」··222

第5　外国人材受入れ時及び受入れ後と入管法···········224

1　受入れ時··224

2　受入れ後の届出 ･･･ 224

　　(1)　外国人材の届出義務 ･･････････････････････････････････ 224

　　(2)　受入れ企業の届出義務 ･･･････････････････････････････ 225

　　　ア　外国人材が被保険者である場合／225

　　　イ　外国人材が被保険者ではない場合／226

　　　ウ　届出の期限等／227

第3章　外国人材と労働関係法令・社会保険関係法令

第1　外国人材と労働関係法令・社会保険関係法令 ････････････ 230

第2　外国人材と労働関係法令・社会保険関係法令の状況 ･･･････ 231

第3　全体を通じて ･･ 233

　1　差別的取扱いの禁止 ････････････････････････････････････ 233

　2　適用法 ･･･ 233

第4　雇入れ時 ･･ 234

　1　労働条件の明示 ･･ 234

　　(1)　明示事項 ･･･ 234

　　(2)　明示する方法 ･･･････････････････････････････････････ 235

　　(3)　明示された労働条件が事実と相違する場合 ････････････ 235

　　(4)　罰　則 ･･･ 235

　2　雇入れ時の安全衛生教育 ･･････････････････････････････ 236

　　(1)　一般の安全衛生教育 ･････････････････････････････････ 236

　　(2)　特別教育 ･･･ 236

　　(3)　裁判例 ･･･ 242

　　(4)　罰　則 ･･･ 242

　3　雇入れ時の健康診断 ･･････････････････････････････････ 243

第5　雇入れ後 ･･ 244

　1　賃　金 ･･･ 244

　　(1)　賃金の支払 ･･･････････････････････････････････････ 244

3

ア 「通貨払の原則」／244　イ 「全額払の原則」／244
ウ 罰　則／245

 (2)　最低賃金 ･･･ 245

 (3)　割増賃金 ･･･ 245

2　労働時間・休憩時間・休日 ････････････････････････ 246

 (1)　法定労働時間・休日 ･･･････････････････････････････ 246

 (2)　三六協定による労働時間 ･･･････････････････････････ 246

 (3)　外国人材と労働時間 ･･･････････････････････････････ 247

ア 三六協定の労働者の範囲／247
イ 有害業務／248
ウ 技能実習と時間外労働／248

3　年次有給休暇 ･･･････････････････････････････････････ 249

4　就業規則 ･･･ 249

5　法令等の周知 ･･･････････････････････････････････････ 250

6　帳簿類の作成、賃金台帳の保管 ･･････････････････････ 251

7　寄宿舎の安全基準 ･･･････････････････････････････････ 251

 (1)　寄宿舎の該当性 ･･･････････････････････････････････ 251

 (2)　寄宿舎生活の自治 ･････････････････････････････････ 251

 (3)　寄宿舎規則の作成届出義務 ･･･････････････････････ 252

 (4)　寄宿舎の設備及び安全衛生義務 ･･････････････････ 252

8　安全衛生基準 ･･･････････････････････････････････････ 252

 (1)　安全衛生管理体制の整備 ･･･････････････････････････ 252

 (2)　就業制限 ･･･ 253

 (3)　雇入れ後の安全教育 ･･･････････････････････････････ 253

9　健康診断 ･･･ 253

10　セクシャルハラスメント等 ･････････････････････････ 255

11　各種保険 ･･･ 255

 (1)　社会保険について条約が締結された国であるか･･･････ 255

 (2)　厚生年金及び国民年金の加入 ･･･････････････････････ 257

 (3)　国民年金 ･･･ 257

| 12 労働災害 ・・・・・・・・・・・・・・・・・・・・・・・・・・・・・・ 257 |
| (1) 労災の発生状況・・・・・・・・・・・・・・・・・・・・・・・・ 257 |
| (2) 労働災害と法律・・・・・・・・・・・・・・・・・・・・・・・・ 259 |
| 13 農業・畜産業・漁業の特則 ・・・・・・・・・・・・・・・・ 259 |
| 第6 退職時・・・・・・・・・・・・・・・・・・・・・・・・・・・・・・・・・・ 260 |
| 1 在留資格と解雇 ・・・・・・・・・・・・・・・・・・・・・・・・・・ 260 |
| 2 脱退一時金 ・・・・・・・・・・・・・・・・・・・・・・・・・・・・・・ 260 |
| 第7 その他・・・・・・・・・・・・・・・・・・・・・・・・・・・・・・・・・・ 261 |
| 1 人事制度、研修制度と入管法 ・・・・・・・・・・・・・・・ 261 |
| 2 外国人材とキャリアパス ・・・・・・・・・・・・・・・・・・・ 261 |
| 第8 今後の課題 ・・・・・・・・・・・・・・・・・・・・・・・・・・・・・ 262 |

第4章 外国人材の採用を支援する側の法務

第1 日本の労働力調整システムと法 ・・・・・・・・・・・・・・・・ 264

第2 外国人材と労働力調整システム ・・・・・・・・・・・・・・・ 265

　1 各労働力調整システムの構造 ・・・・・・・・・・・・・・・・・ 265

　　(1) 職業紹介・・・・・・・・・・・・・・・・・・・・・・・・・・・・・・・ 265

　　(2) 労働者派遣・・・・・・・・・・・・・・・・・・・・・・・・・・・・・ 265

　2 外国人材と労働力調整システム ・・・・・・・・・・・・・・ 266

　3 各労働力調整システムと外国人材における注意点 ・・・・・・・・ 267

　　(1) 職業紹介・・・・・・・・・・・・・・・・・・・・・・・・・・・・・・・ 267

　　　ア 対象となる職種／267　　イ 国外にわたる職業紹介／267

　　(2) 労働者派遣・・・・・・・・・・・・・・・・・・・・・・・・・・・・・ 268

　　　ア 対象となる職種／268　　イ 偽装請負／268

第3 監理団体 ・・・・・・・・・・・・・・・・・・・・・・・・・・・・・・・・・・ 271

　1 監理団体の許可 ・・・・・・・・・・・・・・・・・・・・・・・・・・・ 271

　2 許可の基準 ・・・・・・・・・・・・・・・・・・・・・・・・・・・・・・ 271

　　(1) 法人の形態（法25条1項1号）・・・・・・・・・・・・・・・ 272

(2) 監査等監理事業を適正に行うに足りる能力を有すること

（法25条1項2号）‥‥‥‥‥‥‥‥‥‥‥‥‥‥‥‥‥‥‥ 273

ア　監査に関するもの／273

イ　臨時監査に関するもの／274

ウ　訪問指導に関するもの／275

エ　勧誘等に関するもの／275

オ　外国の送出機関に関するもの／276

カ　入国後講習に関するもの／278

キ　技能実習計画の作成指導に関するもの／278

ク　帰国費用の負担に関するもの／279

ケ　人権侵害行為、偽変造文書等の行使等に関するもの／280

コ　二重契約の禁止に関するもの／281

サ　法令違反時の報告に関するもの／281

シ　相談体制の整備等に関するもの／282

ス　監理団体の業務の運用に係る規程の掲示に関するもの／282

セ　特定の職種・作業に関するもの／283

(3) 財産的基礎（法25条1項3号）‥‥‥‥‥‥‥‥‥‥‥‥ 284

(4) 個人情報管理体制（法25条1項4号）‥‥‥‥‥‥‥‥ 284

(5) 外部役員等の体制（法25条1項5号）‥‥‥‥‥‥‥‥ 285

ア　外部役員を置く場合／285

イ　外部監査人を置く場合／287

(6) 外国の送出機関に関するもの（法25条1項6号）‥‥‥ 288

(7) 優良な監理団体（法25条1項7号）‥‥‥‥‥‥‥‥‥ 289

(8) 監理事業を適正に遂行できる能力（法25条1項8号）‥‥ 292

3　欠格事由（技能実習法26条）‥‥‥‥‥‥‥‥‥‥‥‥ 292

4　監理団体の運営 ‥‥‥‥‥‥‥‥‥‥‥‥‥‥‥‥‥‥ 292

(1) 監理費 ‥‥‥‥‥‥‥‥‥‥‥‥‥‥‥‥‥‥‥‥‥‥ 292

(2) 認定計画に従った技能実習の実施 ‥‥‥‥‥‥‥‥‥ 293

(3) 監理責任者 ‥‥‥‥‥‥‥‥‥‥‥‥‥‥‥‥‥‥‥‥ 293

ア　監理責任者の設置／293　イ　監理責任者の業務／294

(4) 帳簿の備付け ‥‥‥‥‥‥‥‥‥‥‥‥‥‥‥‥‥‥‥ 295

(5) 監査報告等 ‥‥‥‥‥‥‥‥‥‥‥‥‥‥‥‥‥‥‥‥ 296

(6)　技能実習の実施が困難となった場合の届出等 ・・・・・・・・・・ 296

　　(7)　事業の廃止 ・・・ 296

第4　登録支援機関 ・・・ 297

　1　登録の申請 ・・ 297

　2　登録の要件 ・・ 297

　3　登録の変更等 ・・ 299

　4　支援の実施状況に関する届出 ・・・・・・・・・・・・・・・・・・・・・・・・・ 300

第5章　外国人材とコンプライアンス

第1　外国人材とコンプライアンス総論 ・・・・・・・・・・・・・・・・・・・・・・ 302

第2　受入れ企業に関するコンプライアンス問題 ・・・・・・・・・・・・・・ 303

　1　出入国関係法令 ・・・・・・・・・・・・・・・・・・・・・・・・・・・・・・・・・・・・・・・ 303

　　(1)　入管法 ・・ 303

　　　ア　注意が必要な条文／303　イ　不法就労助長罪／304

　　(2)　技能実習法 ・・・ 310

　　　ア　認定取消し（技能実習法16条）／310

　　　イ　改善命令（技能実習法15条）／312

　　　ウ　対　応／312

第3　外国人材の採用を支援する側のコンプライアンス問題 ・・・・・ 314

　1　職業紹介事業者 ・・・・・・・・・・・・・・・・・・・・・・・・・・・・・・・・・・・・・・・ 314

　2　労働者派遣事業者 ・・・・・・・・・・・・・・・・・・・・・・・・・・・・・・・・・・・・ 314

　3　監理団体 ・・・ 314

第4　サプライチェーン上の外国人材に関する
**　　　コンプライアンス上の問題** ・・・・・・・・・・・・・・・・・・・・・・・・・・・・・・ 316

第5　M&A・組織再編と外国人材に関するコンプライアンス ・・・・ 317

　1　外国人材に関するデューデリジェンス ・・・・・・・・・・・・・・・・・・・ 317

　　(1)　法務デューデリジェンスのプロセス ・・・・・・・・・・・・・・・・・・・ 317

　　(2)　資料の開示依頼 ・・・・・・・・・・・・・・・・・・・・・・・・・・・・・・・・・・・・・ 318

7

(3)　法令違反について ・・・・・・・・・・・・・・・・・・・・・・・・・・・・・・・ 319

　(4)　承継の可否と手続の特定について ・・・・・・・・・・・・・・・・・ 320

2　M&A等の際に必要となる手続 ・・・・・・・・・・・・・・・・・・・・・ 321

　(1)　合併等の類型 ・・・・・・・・・・・・・・・・・・・・・・・・・・・・・・・・・・・ 321

　(2)　技能実習 ・・・・・・・・・・・・・・・・・・・・・・・・・・・・・・・・・・・・・・・ 322

　　ア　吸収合併及び新設合併について／322

　　イ　吸収分割及び新設分割について／323

　(3)　特定技能 ・・・・・・・・・・・・・・・・・・・・・・・・・・・・・・・・・・・・・・・ 323

　　ア　吸収合併及び新設合併について／323

　　イ　吸収分割及び新設分割について／324

　(4)　その他 ・・・ 324

共生社会に向けて―あとがきに代えて― ・・・・・・・・・・・・・・・・・ 325

〔資　料〕

○特定技能所属機関の産業分野別要件充足チェックリスト ・・・・・・・ 327

○移行対象一覧表 ・・・・・・・・・・・・・・・・・・・・・・・・・・・・・・・・・・・・・・・ 335

第1章

外国人材と法務問題

第1章 外国人材と法務問題

第1 受入れ企業の役割と法務

　2019年4月に施行された「出入国管理及び難民認定法及び法務省設置法の一部を改正する法律」により、入管法が改正された。入管法が改正された背景には、少子高齢化による働き手の不足があるのは疑いの余地がない。これは、例えば、入管法の改正によって導入された「特定技能」についての基本方針（入管法2条の3第1項）の冒頭にも「特定技能の在留資格に係る制度（以下「本制度」という。）の意義は、中小・小規模事業者をはじめとした深刻化する人手不足に対応するため、生産性向上や国内人材の確保のための取組を行ってもなお人材を確保することが困難な状況にある産業上の分野において、一定の専門性・技能を有し即戦力となる外国人を受け入れていく仕組みを構築することである。」と規定されているとおり、働き手不足に対する対応策として、正面から外国人材の受入れを制度化したことが明確化されている。

　そして、この新しい「特定技能」の在留資格で在留する外国人材は、2019年4月から5年後には、約34万人を超えることが予想されている。この約34万人は、2018年末時点において、いわゆる専門的・技術的分野の在留資格のなかで最も活用されている「技術・人文知識・国際業務」の在留資格で在留する外国人材が225,724人であり、「技能実習」の在留資格で在留する外国人材が328,360人であることからすれば[1]、とても大きな数字であり、少なくない外国人材が、日本で就労（入管法19条1項）するために在留する。

　この外国人材の社会的な基盤の大きな部分を担うのは、採用側である受入れ企業である。日本に在留する期間の、大きな割合を占める時間を、外国人材は受入れ企業で過ごすことになるし、外国人材の日本における生活も受入れ企業を中心に構築されていく。

　このような中で、受入れ企業が法令を遵守しなければ、外国人材の権

1　2018年3月22日法務省入国管理局「平成30年末現在における在留外国人数について」

利が侵害されるのは容易に予想がつく。そして、外国人材は、権利侵害をされている職場で、自己の才能を余すことなく発揮してくれるかというとそうはならないと思う。働き手不足の中、外国人材に日本に来てもらうのであれば、目的に適合するように、法令を遵守した上で、さらに任意的な支援も行い、外国人材が働きやすい環境を整備するべきであろう。そうすることによって外国人材も、持てる才能を発揮してくれて、結果として働き手不足の問題も解消するであろうし、また、企業の飛躍の原動力になってくれる可能性すらある。

　そういった観点で、受入れ企業が担う社会的な責任は重く、法令遵守のため、受入れ企業も外国人材に関する法務を、企業法務上の重要な課題と認識して取り組むべきだと思う。

第1章 外国人材と法務問題

第2 受入れ企業を支援する実務家の役割と法務

　受入れ企業を支援する実務家としては、外国人材と雇用関係の成立のあっせんをする事業者（職業紹介事業者）や、「特定技能1号」の在留資格で在留する外国人材に向けて「一号特定技能外国人支援」を行う登録支援機関、技能実習制度の監理団体、一部業種や高度人材における労働者派遣事業者などの外国人材に関連する事業者・団体と、弁護士・社会保険労務士・行政書士等の資格を有する方がいると思う。

　この外国人材に関する制度に関わる実務家・専門家の担う役割も大きい。特に、現在問題となっている技能実習生の失踪問題は、その原因の一つに出身国での過度な経済負担があるように思われる。

　この過度な経済負担が生じる背景には、送出機関に問題がある場合も、もちろんあるが、送出機関だけに問題があるわけではない。例えば、求人情報を送出機関側に伝える際に、無理な人数を短期間で依頼すれば、送出機関（取次機関）は求職者を無理に集めるため、ブローカーと呼ばれる個人・組織に頼る可能性を高める。そして、ブローカーは、求職者を集めるために、真実ではない情報によって外国人材を集める可能性がある。このような経路の中で、外国人材がブローカーに支払う金銭や、送出機関（取次機関）がブローカーに支払う金銭が出てくることになり、最終的に、外国人材の負担が大きくなる。

　この過度の経済的負担を正当化するために、ブローカーは、真実ではない情報を外国人材に伝える可能性がある。例えば、日本に技能実習生として行けば好きなだけ残業をすることができて、400万円や500万円貯金ができる等である。

　そういった情報を信じて、過度の経済的負担を負った上で日本に来た外国人材が、実際に就労を開始したところ、想定していたより賃金がもらえない、といった事態に遭遇することになる。すると、その外国人材は、もっと稼げる仕事を探して現在の受入れ企業から立ち去ってしまう（いわゆる失踪である）。

こういった問題が生じないように、送出機関（取次機関）が求職者を集める過程（リクルート過程）及び方法についても法令を遵守する必要があるし、法令違反行為を誘発させないように、求職者の依頼を行う側も注意をする必要がある。そして、このリクルート過程から、外国人材が受入れ企業に受け入れられるまでのプロセスについて法令違反行為がなくなれば、失踪問題は、相当程度減少するのではないかと思う。かかるプロセスの適法化が行えるのは、送出機関（取次機関）と接する監理団体や職業紹介事業者であると思う。そのため、監理団体や職業紹介事業者は、法律上も当然に一定の義務を負っているが、社会的な責任についても重いといえる。

また、日本に入国した後の労働関係法令・社会保険関係法令の遵守についても監理団体や登録支援機関の担う役割は大きい。

そして、そういった各事業者・団体が困難に直面したときに、適切な助言、代理を行う弁護士、社会保険労務士、行政書士に期待される役割も大きいと思う。

外国人材は、人生の限られた時間のうち、何年間かを、異国である日本で働くことを選択する。外国人材の思いは様々であろう。家族の代表として、家族の生活を楽にするために日本に来た人もいるであろうし、母国で仕事を見つけるのが困難だった者もいるであろう。日本に来る過程で、法に反しない範囲でも少なくない経済的負担を負い、また、少なくない時間を日本で働くための語学や知識・技術の習得に充てている。

そういった外国人材が、日本で適切に働くことができなかったら、彼/彼女の人生に与える損失は、大きなものとなる。

そういった損失が生じないように、外国人材の採用の起点となる送出機関、取次機関、学校などのリクルートの起点から採用までの過程に法令違反がなく、また、法令の範囲であっても公正であることが求められる。このような“社会的責任ある採用”過程が求められている。

外国人材の権利が損なわれないように、そして、心身が損なわれないように、外国人材を受け入れるには、受入れ企業だけではなく、受入れ企業を支援する実務家が不可欠であり、関係者が一致して“社会的責任ある採用”の概念と実務を確立する必要があるといえる。

第1章 外国人材と法務問題

第3 出入国関係法令について

1 入管法について

　出入国関係法令としては、まず、「出入国管理及び難民認定法」（入管法）があげられる。入管法は、後述の在留資格制度を始め、出入国管理の基本法であり、外国人材との関連性が強い法律である。

　入管法の直接の起源は1951年10月4日に、「ポツダム宣言の受諾に伴い発する命令に関する件」（昭和20年勅令第542号）に基づき制定された「出入国管理令」である。日本国との平和条約（昭和27年条約第5号、いわゆるサンフランシスコ平和条約）が1952年4月に発行され、日本国及び領水に対する完全な主権を回復した（同条約1条（b））。主権を回復する際に昭和勅令第542号に基づく命令は、「ポツダム宣言の受諾に伴い発する命令に関する件の廃止に関する法律」（昭和27年法律第81号）が日本国との平和条約発行のときに施行され（同法附則1項）、同法2項によって、別に法律で廃止又は存続に関する措置がなされない場合においては、同法の施行の日（昭和27年4月28日）から起算して180日間に限り、法律としての効力を有すると規定された。この規定を受けて同日、「ポツダム宣言の受諾に伴い発する命令に関する件に基く外務省関係諸命令の措置に関する法律」（昭和27年法律第126号）が制定され、同法4条で出入国管理令は「この法律施行後も法律としての効力を有するものとする。」と規定された[2]。

　その後、日本が「難民の地位に関する条約」（昭和56年10月15日条約第21号）及び「難民の地位に関する議定書」（昭和57年1月1日条約第1号）への加入に伴う国内法整備のため、「難民の地位に関する条約等への加入に伴う出入国管理令その他関係法律の整備に関する法律」（昭

2　入管法の沿革につき竹内昭太郎『出入国管理行政論』（信山社、1995年）169頁以下、坂中秀徳＝齋藤利男『出入国管理及び難民認定法逐条解説改訂第四版』（日本加除出版、2012年）1頁以下

6

第3　出入国関係法令について

和56年法律第86号）が制定され、同法1条で、名称が「出入国管理令」から、現在の「出入国管理及び難民認定法」に改められた。かかる改正が全部改正ではなく一部改正であったため、法令番号としては、現在でも「昭和26年政令第319号」が使われている[3]。

そして、入管法の細則を定めるものとして「出入国管理及び難民認定法施行規則」（入管法施行規則）があり、さらに、「出入国管理及び難民認定法第七条第一項第二号の基準を定める省令」（上陸許可基準令）等の下位法令が存在する。

■2　技能実習法

入管法に定められていた技能実習制度について、技能実習生の保護等の必要性を背景に2016年11月に制定されたのが、「外国人の技能実習の適正な実施及び技能実習生の保護に関する法律」（技能実習法）である。

技能実習制度の沿革は、1981年に改正され、1982年に施行された入管法に遡ることができる。このときは、「本邦の公私の機関により受け入れられて産業上の技術又は技能を習得しようとする者」という規定がおかれ、現在の制度でいうところの企業単独型技能実習のみが規定されていた。

その後、1990年に入管法が改正され、当時の入管法別表第一の四に「研修」の在留資格が規定された。また同時に「出入国管理及び難民認定法第七条第一項第二号の基準を定める省令の研修の在留資格に係る基準の六号の特例を定める件」（平成2年法務省告示第247号）により、現在の制度でいうところの団体監理型が規定され、また、その翌年には財団法人国際研究協力機構（当時、JITCO）が設立された。

次に、1993年に「技能実習制度に係る出入国管理上の取扱いに関する指針」（平成5年法務省告示第141号）により、「特定活動」の在留資格の一類型として技能実習が認められるようになり、「研修」の在留資格で1年間の研修を修了した者が、引き続き1年を限度として技能実習

3　出入国管理法令研究会編『注解・判例　出入国管理実務六法　平成31年版』（日本加除出版、2018年）3頁

7

第1章　外国人材と法務問題

を行うことを目的に在留することが可能になった。1997年に、技能実習についての期間が延長され、研修として1年、技能実習として2年の合計3年在留する制度に変更された。

1993年以降、1年目は労働関係法令の適用がない「研修」の在留資格に基づき座学、実務の研修を行い、2年目以降に労働関係法令が適用される「特定活動」（技能実習）の在留資格に基づき活動するという制度運用が行われていた。しかし、実習実施機関の一部において、本来の制度目的を十分に理解せず、研修生等を実質的に低賃金労働者として扱う問題が生じていた。このような状況の下、2009年7月15日に「出入国管理及び難民認定法及び日本国との平和条約に基づき日本の国籍を離脱した者等の出入国管理に関する特例法の一部を改正する等の法律」（平成21年法律第79号）が公布され、2010年7月1日に施行された。この改正により「技能実習1号」及び「技能実習2号」の在留資格が当時の入管法別表第一の二の表に規定され入国後講習の後から、労働者として労働関係法令の適用があることが明確化された[4]。

しかし、さらなる技能実習生の保護が必要となる等したため、2016年11月に技能実習法が制定され、2017年11月に施行されている。

2019年4月から開始された新たな在留資格である「特定技能」は、技能実習制度と異なる制度ではあるものの、技能実習制度の移行対象職種・作業等、技能実習制度を理解していた方が他の制度についての理解もしやすいという面がある。

また、技能実習制度は、「国際協力の推進」が目的（1条）であるにも関わらず、誤った理解をされやすい法律でもある。

そのため、技能実習生を採用するか否かに関わらず、技能実習法については一定の理解を持つことが望ましい。

4　ここまでの経緯につき平成25年4月総務省「外国人の受入れ対策に関する行政評価・監視—技能実習制度等を中心として—結果に基づく勧告」

第4 労働関係・社会保険関係法令について

■1 労働関係法令・社会保険関係法令

　労働関係法令、社会保険関係法令については、原則として、国内人材[5]と同様に適用される（外国人労働者の雇用管理の改善等に関して事業主が適切に対処するための指針）。また、各法令に定められる労働者の定義に合致する限り、適法に在留資格を有せず就労する者についても、労働関係法令・社会保険関係法令の適用がある[6]。

　では、労働関係法令・社会保険関係法令については、単純に国内人材と同様に考えれば良いかといえば、そうではない。外国人材特有の論点について検討が必要となる。例えば、複数の国が関係するという意味では、適用される法はどの国の法かという法の管轄の問題（法の適用に関する通則法12条等）や、社会保険制度における二重払い問題等は外国人材の労働関係法令・社会保険関係法令について特有の論点として認識されているように思う。

　しかし、そういった特有の論点以外にも検討しなければならない点が存在する。例えば、当該外国人材の言語能力によっては、法令・就業規則等の周知義務（労基法106条）につき、実質的周知といえるには、どのような周知が必要かという点等、国内人材と同様の法適用であるが、それ故に、これまで十分に検討されてこなかった論点が存在する。

　こういった点についても、今後、外国人材を受入れる企業では、十分に検討を行った上で社内体制の整備を行うことが必要となる。

5　日本国籍を有する労働者をいう。
6　昭和63年1月26日基発第50号・職発第31号、中窪裕也・野田進『労働法の世界〔第12版〕』（有斐閣、2018年）159頁

外国人材と出入国関連法令

第2章 外国人材と出入国関連法令

第1 内外人一本法としての入管法

　入管法は1条で「出入国管理及び難民認定法は、本邦に入国し、又は本邦から出国する<u>全ての人</u>の出入国及び本邦に在留する全ての外国人の在留の公正な管理を図るとともに、難民の認定手続を整備することを目的とする。」（下線部筆者）と規定する。諸外国の立法の例では、自国人の出入国管理と外国人の出入国管理とを分けて立法する例が見られるが、日本では、自国人と外国人とを同一の法律で規定するという内外人一本法として入管法が規定されている。

　内外人一本法となった背景には、母法とされる米国移民国籍法（Immigration and Nationality Act）が内外人一本法であったこと、第二次世界大戦後の連合国最高司令官による占領時代においては、日本人か否かに関係なく、「全ての人」の出入国を公正に管理しなければならないという心理感覚があったことが指摘されている[1]。

1　竹内昭太郎『出入国管理行政論』（信山社、1995年）180頁

第2 出入国管理手続と在留資格

日本の出入国管理在留制度の中核を占める概念は「在留資格」である。在留資格制度を概観する前に、出入国管理の手続の骨子を述べ、在留資格制度の位置づけを明確にしたい。

入管法は、第6条以下に、外国人が日本国外から日本に入国[2]する場合の原則的な手続を規定している。手続の順序としては、上陸の申請（同法6条）、外国人の上陸許可要件にかかる入国審査官の審査（同法7条）、上陸許可の証印・在留資格・期間の決定（同法9条）となる。

また、実務上は、上陸の申請に先行し、在留資格認定証明書交付申請（同法7条の2）及び査証の交付申請を行う。

これらの手続をチャート化すると、次のとおりとなる。

図表2-1

```
┌─────────────────────────────────────────┐
│           在留資格認定証明書交付申請              │
│               （法7条の2）                    │
│   7条1項2号に掲げる条件に適合する旨の証明書の交付   │
└─────────────────────────────────────────┘
                      ↓
┌─────────────────────────────────────────┐
│                 査証の付与                     │
└─────────────────────────────────────────┘
                      ↓
┌─────────────────────────────────────────┐
│                 上陸の申請                     │
│                （法6条2項）                   │
└─────────────────────────────────────────┘
                      ↓
┌─────────────────────────────────────────┐
│         入国審査官による上陸要件適合性の審査        │
│                （法7条1項）                   │
│      ①旅券・査証の有効性（法7条1項1号）         │
│   ②在留資格該当性及び基準適合性（法7条1項2号）    │
│       ③在留期間適合性（法7条1項3号）           │
│     ④上陸拒否事由非該当性（法7条1項4号）        │
└─────────────────────────────────────────┘
                      ↓
┌─────────────────────────────────────────┐
│                  上陸許可                     │
│                （法9条1項）                   │
│         在留資格及び在留期間の決定               │
│                （法9条3項）                   │
└─────────────────────────────────────────┘
```

2　正確には入管法は「入国」と「上陸」とを区別しており、「上陸」について許可が必要としている（入管法6条1項）。

第**2**章　外国人材と出入国関連法令

　このように、実務上、外国人が日本国外から日本に入国する場合、最初に行う手続が在留資格認定証明書交付申請手続である。そして、その後の査証の申請時も、在留資格認定証明書が立証資料となる。また、それに続く上陸入国審査官による上陸要件適合性の審査（入管法7条1項）においても、②在留資格該当性及び基準適合性（同法7条1項2号）については、在留資格認定証明書（同法7条の2）の交付を受けてこれを所持する者の場合は、在留資格該当性又は基準適合性が事情変更により失われていると認められる場合を除き、在留資格に該当し、かつ、基準省令に定める基準に適合するものとして扱われる（審査要領）。

　この手続の流れから理解されるように、外国人が日本国外から日本に入国する場合に重要になる手続が在留資格認定証明書交付申請手続である。そして、同手続で審査されるのは在留資格が規定する活動に該当するか否かという在留資格該当性と、上陸許可基準への適合性（基準適合性）である。ここで、上陸許可基準とは、入管法7条1項2号の「別表第一の二の表及び四の表の下欄に掲げる活動を行おうとする者については我が国の産業及び国民生活に与える影響その他の事情を勘案して法務省令で定める基準」との規定を受けて制定された「出入国管理及び難民認定法第七条第一項第二号の基準を定める省令」（平成2年法務省令第16号）で定められた基準である。上陸許可基準への適合性が求められるのは、上陸許可基準が適用される在留資格の活動を行おうとする外国人については、「その入国者の規模や活動態様のいかんによっては、日本の産業や国民生活等に影響を及ぼすものと考えられ、政策的な観点からその受入れ範囲の調整を図って適正な入国管理を行う必要がある」ためであると説明される[3]。

　このように、手続の起点であり、要となる在留資格認定証明書交付申請手続で審査の対象となるのが①在留資格該当性及び②基準適合性である。このことからも、外国人が日本に入国する場合において重要となるのが在留資格制度であることが理解できる。

3　坂中秀徳＝齋藤利男『出入国管理及び難民認定法逐条解説　改訂第四版』（日本加除出版、2012年）256頁

第3　在留資格制度

第3　在留資格制度

■ 1　在留資格制度総論

　外国人材と国内人材との一番の相違点は、外国人材に在留資格制度の適用があることである。日本では「在留資格制度」を採用している（入管法2条の2）。在留資格制度とは「外国人の本邦において行う活動が在留資格に対応して定められている活動のいずれか一に該当しない限り、その入国・在留を認めないとする仕組み」と説明される[4]。

　そして、日本に在留する外国人は、日本の国外から日本に上陸する際に上陸のための審査を受けなければならず（入管法6条2項）、当該審査において在留資格に対応する活動の該当性が審査され（同法7条1項2号）、審査の結果在留資格が決定される（同法9条3項）。

　また、日本国籍を有していたが日本国籍を離脱し外国人となった場合や、日本で出生した外国人など、日本の国外から日本に上陸するという過程を経ない外国人についても、在留資格を取得することが定められている（入管法22条の2第2項）。

　そして、外国人が在留資格に基づき日本に在留することができる期間である在留期間は在留資格ごとに規定されている（入管法2条の2第3項、入管法施行規則3条、同規則別表第二）。そのため、在留資格とそれに対応する在留期間は一体のものとして制度が作られているといえる。

　このような在留資格制度の仕組みから、日本の入管法は、外国人が日本に在留する際に、原則として、一人一つの在留資格を有する制度を採用していると解されている（一在留一資格の原則、又は、一在留一在留資格の原則）[5]。この一在留一資格の原則ゆえに、例えば「技能実習」

4　前掲注3、坂中＝齊藤58頁
5　東京地判平成4年3月9日行集43巻3号298頁、東京高判平成4年9月16日行集43巻8～9号1165頁、名古屋高判平成15年8月7日、名古屋地判平成17年2月17日判タ1209号101頁等

15

第2章　外国人材と出入国関連法令

の在留資格と「留学」の在留資格を同時に有するといったことはできない。

■2　在留資格の種類

2019年4月以降、日本では29種類の在留資格が存在する（入管法別表第一及び第二）。この在留資格を、典型的な該当例、在留期間、就労の可否、上陸許可基準の存否についてまとめたのが次の表である。

図表2-2　在留資格一覧

在留資格	該当例	在留期間
入管法別表第一の一 在留資格の範囲で就労可・上陸許可基準の適用無し		
外交	外国政府の大使、公使、総領事、代表団構成員等及びその家族	外交活動の期間
公用	外国政府の大使館・領事館の職員、国際機関等から公の用務で派遣される者及びその家族	5年、3年、1年、3月、30日又は15日
教授	大学教授等	5年、3年、1年又は3月
芸術	作曲家、画家、叙述家等	5年、3年、1年又は3月
宗教	外国の宗教団体から派遣される宣教師等	5年、3年、1年又は3月
報道	外国の報道機関の記者、カメラマン	5年、3年、1年又は3月
入管法別表第一の二 在留資格の範囲で就労可・上陸許可基準の適用有り		
高度専門職	**ポイント制による高度人材**	**5年（1号）、無制限（2号）**
経営・管理	企業等の経営者・管理者	5年、3年、1年、4月又は3月
法律・会計業務	弁護士、公認会計士等	5年、3年、1年又は3月
医療	医師、歯科医師、看護師	5年、3年、1年又は3月
研究	政府関係機関や私企業等の研究者	5年、3年、1年又は3月
教育	中学校・高等学校等の語学教師等	5年、3年、1年又は3月
技術・人文知識・国際業務	**機械工学等の技術者、通訳、デザイナー、私企業の語学教師、マーケティング業務従事者等**	**5年、3年、1年又は3月**
企業内転勤	外国の事業所からの転勤者	5年、3年、1年又は3月
介護	介護福祉士	5年、3年、1年又は3月
興行	俳優、歌手、ダンサー、プロスポーツ選手等	5年、3年、1年又は3月

16

第3 在留資格制度

在留資格	該当例	在留期間
技能	外国料理の調理師、スポーツ指導者、航空機の操縦者、貴金属等の加工職人等	5年、3年、1年又は3月
特定技能	**特定技能外国人**	**1年、6月、4月ごとの更新（≦通算5年、1号）3年、1年、6月（2号）**
技能実習	**技能実習生**	**法務大臣が個々に指定する期間（1号：≦1年、2号・3号：≦2年）**
入管法別表第一の三 原則として就労不可・上陸許可基準の適用無し		
文化活動	日本文化の研究者等	3年、1年、6月又は3月
短期滞在	観光客、会議参加者等	90日若しくは30日又は15日以内の日を単位とする期間
入管法別表第一の四 原則として就労不可・上陸許可基準の適用有り		
留学	大学、短期大学、高等専門学校、高等学校、中学校及び小学校等の学生・生徒	4年3月、4年、3年3月、3年、2年3月、2年、1年3月、1年、6月又は3月
研修	研修生	1年、6月又は3月
家族滞在	在留外国人が扶養する配偶者・子	5年、4年3月、4年、3年3月、3年、2年3月、2年、1年3月、1年、6月又は3月
入管法別表第一の五 類型によっては在留資格の範囲で就労可・上陸許可基準の適用無し		
特定活動	**外交官等の家事使用人、ワーキング・ホリデー、経済連携協定に基づく外国人看護師・介護福祉士候補者等**	**5年、3年、1年、6月、3月又は法務大臣が個々に指定する期間（≦5年）**
入管法別表第二 就労可・上陸許可基準の適用なし		
永住者	法務大臣から永住の許可を受けた者（入管特例法の「特別永住者」を除く。）	無制限
日本人の配偶者等	日本人の配偶者・子・特別養子	5年、3年、1年又は6月
永住者の配偶者等	永住者・特別永住者の配偶者及び本邦で出生し引き続き在留している子	5年、3年、1年又は6月
定住者	第三国定住難民、日系3世、中国残留邦人等	5年、3年、1年、6月又は法務大臣が個々に指定する期間（≦5年）

※太字は、企業が外国人材の受入れを行う際によく使用するものを示す。

■3　外国人材と在留資格

　では、外国人材が実際に許可されている在留資格は何が多いのか。次のグラフは2019年1月に厚生労働省が発表した「「外国人雇用状況」の届出状況まとめ（平成30年10月末現在）」に収録されているものである。

図表2-3　在留資格別外国人労働者の割合

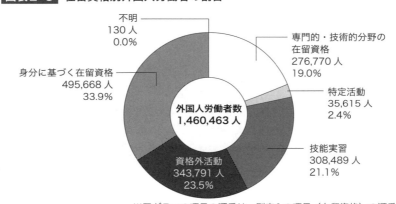

※円グラフの項目の順番は、別表1の項目（在留資格）の順番に対応
(出典)厚生労働省「外国人雇用状況」の届出状況まとめ（平成30年10月末現在）図3

　在留資格別にみると、「身分に基づく在留資格」[6]が外国人材全体の33.9％を占め、次いで、「資格外活動（留学）」を含む「資格外活動」23.5％、「技能実習」21.1％、「専門的・技術的分野の在留資格」[7] 19.0％となっている。

　このうち、最大の割合を占める「身分に基づく在留資格」にて活動する外国人材について見ると、ブラジル籍の外国人材が多く（126,162人）、フィリピン籍（117,125人）、中国籍（103,827人）と続く。

　また、資格外活動について見てみると、資格外活動343,791人のうち、「資格外活動（留学）」として就労する外国人材の数は298,461人であり、

---

[6] 「身分に基づく在留資格」には、「永住者」、「日本人の配偶者等」、「永住者の配偶者等」、「定住者」が含まれる。
[7] 「専門的・技術的分野の在留資格」には、「教授」、「芸術」、「宗教」、「報道」、「高度専門職1号・2号」、「経営・管理」、「法律・会計業務」、「医療」、「研究」、「教育」、「技術・人文知識・国際業務」、「企業内転勤」、「興行」、「介護」、「技能」が含まれる。

第3　在留資格制度

資格外活動に基づき就労する外国人材全体のうち86.8％を占め、多く
が留学生のアルバイトであると思われる。

■4　在留資格による活動

　日本にルーツのある外国人材の招聘が盛んに行われていた時期とは異
なり、現在、フルタイムの外国人材を採用しようとした場合、外国人材
の多くが入管法別表第一の二の在留資格に規定される在留資格を申請
する。この入管法別表第一の二で規定される在留資格は、入管法19条
1項で、原則として、当該在留資格で行うことができる活動として別表
に定められている活動以外の活動で、報酬を受ける活動を行ってはなら
ないとされる。仮に、同法19条1項に違反して、在留資格で定められ
た活動以外の活動で報酬を受けた場合、同法70条1項4号又は73条に
よって刑罰を科せられる可能性がある。

　当該規定から、外国人材は、在留資格で定められている活動の範囲で
就労活動を行うことになり、裏返しではあるが、在留資格で定められて
いる活動の範囲を超えて就労活動を行ってはならないことになる。

　そして、先ほどの一在留一資格の原則も併せて考えると、外国人材は、
自己が在留を認められる根拠となっている在留資格の範囲でしか、原則
として就労することができないこととなる。例えば「技能実習」の在留
資格で在留する外国人材が、専ら、「技術・人文知識・国際業務」の在
留資格で行うような通訳の活動を行い、報酬を得れば、資格外活動とし
て入管法19条1項に違反することになる。

　そのため、外国人材の採用を考えた場合、自社でどのような活動（業
務）を行ってもらうのかを明確化した後に、当該業務を行うことが可能
な在留資格を取得することができる外国人材を採用することになる。

　このように、外国人材の採用は、在留資格制度から就労することがで
きる内容が、在留資格ごとに定めるため、国内人材のような職務内容を
限定しない採用ではなく、職務内容を想定した上で採用を行うことにな
る。この在留資格制度での限定があるという点で、外国人材はいわゆる
「ジョブ型採用」に馴染みやすいといえる。

図表2-4 在留資格・活動・業務内容

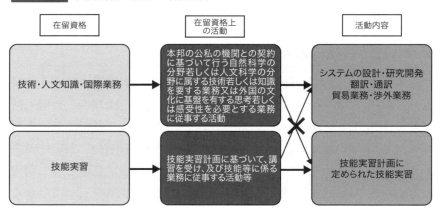

■5 在留資格の位置づけ

実務上、外国人材の受入れで活用される在留資格は「高度専門職」、「技術・人文知識・国際業務」、「企業内転勤」、「特定活動」、「特定技能」及び「技能実習」である。これらの在留資格について相対的な位置づけを明確化するために、縦軸に技能水準を用いてまとめたのが次の図表である。

図表2-5 在留資格位置づけ

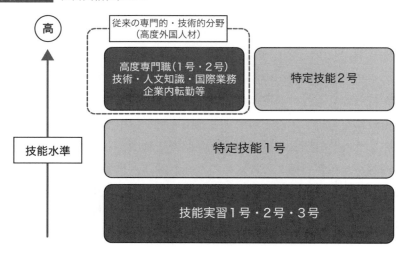

第3　在留資格制度

　2019年4月以前は、外国人材の受入れは専門的・技術的分野の在留資格とされる「高度専門職」や「技術・人文知識・国際業務」等の在留資格によるか、就労を目的としない「技能実習」で行われていた。

　専門的・技術的分野の在留資格を取得できる外国人材を「高度（外国）人材」と呼称することがあるように、専門的・技術的分野の在留資格を取得できる外国人材は、いわゆるホワイトカラー職や、高度に熟練を重ねた業務を行う者が中心であった。そして、専門的・技術的分野の在留資格は、一部の例外はあるとはいえ、産業の現場で作業をするための在留資格ではなく、ホワイトカラー職を行うための在留資格であった。

　このような産業の現場で作業するための外国人材の受入れを行わない政策は、少なくとも1988年6月17日に閣議決定された第6次雇用対策基本計画から採用されている。同基本計画では「いわゆる単純労働者の受入れについては、諸外国の経験や労働市場を始めとする我が国の経済や社会に及ぼす影響等にもかんがみ、十分慎重に対応する。」として、産業の現場で働く外国人材の受入れには慎重な考えが示された。

　その後1992年に策定された第1次出入国管理基本計画においても、単純労働者の受入れについては慎重な姿勢が示され、その姿勢は、2000年に策定された第2次出入国管理基本計画でも維持されていた。その後、2005年に策定された第3次出入国管理基本計画及び2010年に策定された第4次出入国管理基本計画では、高度人材の受入れ拡大について言及されていたが、産業の現場を支える人材についての政策は示されていなかった。また2015年に策定された第5次出入国管理基本計画では、「緊急に対応が必要な分野等における外国人の受入れ」として、建設分野等、一部の産業分野についての受入れについて言及がされていたが、「現行の制度では受け入れていない外国人の受入れは（中略）政府全体での検討が必要である。」とされており、実際に受入れを行うものではなかった。

　他方で、2019年4月に策定された出入国在留管理基本計画では「深刻な人手不足対策としての外国人材の受入れ」が規定されており、当該施策として「特定技能1号」及び「特定技能2号」の在留資格が位置づ

けられている。

　従前から産業の現場を支えてくれていたのは技能実習生であり、彼/彼女らは「技能実習」という在留資格で日本に在留していた。技能実習生は、技能水準で言えば、いわばエントリーレベルの人材であり、また、その国際協力の推進という制度目的（技能実習法1条）からも、外国人材を正面から受け入れるための在留資格ではなかった。

　そういった専門的・技術的分野の在留資格とエントリーレベル「技能実習」の在留資格の中間に位置する在留資格として設けられたのが、「特定技能1号」である。

　「特定技能1号」は、これまで専門的・技術的分野の在留資格では認められていなかった産業の現場で行う業務について、一定の産業であって一定の業務を行う在留資格として設けられたものであり、いわば中間的な外国人材のための在留資格といえる。この「特定技能1号」の創設が、上述の第一次出入国管理基本計画等と整合するかについては、様々な見解がある[8]。確かに第5次出入国管理基本計画で示された、「緊急に対応が必要な分野等における外国人の受入れ」の延長という見方もできなくはない。しかし、「特定技能1号」の在留資格としての活動を見た場合明確ではないが、「特定技能1号」の在留資格を申請することができる外国人材の日本語・技能の要件又は第二号技能実習修了という経歴や、受入れにかかる産業分野の多さ、5年間で受入れを予定する34万人強という人数、出入国在留管理庁の創設等を考慮すると、これまでの外国人材の受入れにかかる政策は、転換を迎えたと評価するのが、事実に近いように思われる。

---

[8]　連続性を肯定すると解されるものとして、髙宅茂「平成30年の入管法改正と外国人行政」（ひろば72巻4号46～47頁）、山脇康嗣「実務家からみた平成30年入管法改正に対する評価と今後の課題」（季刊労働法265号23頁～24頁）、疑問を提起すると解されるものとして、明石純一「平成30年入管法改正をめぐる一考察—その歴史的意味と「外国人材」受入れのこれから—」（ひろば72巻4号32～33頁）、早川智津子「入管法改正と外国人労働政策」（法律時報91巻2号2頁）、同「入管法改正と外国人労働政策」（季刊労働法265号2頁）。

第4 在留資格各論

外国人材を受け入れる際に用いられる頻度が高い在留資格、又は、「特定技能1号」との関係で検討を要する在留資格である、①「高度専門職」、②「技術・人文知識・国際業務」、③「企業内転勤」、④「介護」、⑤「特定活動」、及び産業の現場を支えてくれる外国人に関する在留資格である⑥「特定技能」及び⑦「技能実習」について検討する。なお、「技能実習」については、技能実習が労働力の需給の調整の手段として用いられてはならないこと（技能実習法3条2項）に鑑みると、就労を目的とする在留資格と同列に検討するのはふさわしくないかもしれないが、技能実習制度を理解した方が「特定技能」制度を理解するのが容易であるため、ここで検討することにする。

また、実務上も良く用いられて違反も多いため⑧「留学」（資格外活動の許可）についても資格外活動の許可（入管法19条）について言及する。

■ 1 在留資格と対応する職務

次の表は、企業の人材ニーズ、在留資格及び想定される外国人材を対

図表2-6 在留資格と想定外国人材

ニーズ	在留資格
ニーズ1（総合職）	高度専門職 技術・人文知識・国際業務 特定活動（本邦大学卒業者）
ニーズ2（国際担当）	高度専門職 技術・人文知識・国際業務 特定活動（本邦大学卒業者）
ニーズ3（現場）	特定技能 ※技能実習については記載していない。
ニーズ4（アルバイト）	留学（資格外活動の許可）

※「技能実習は、労働力の需給の調整の手段として行われてはならない。」（技能実習法3条2項）ことから、上記の表には含めていない。
※入管法別表第二に規定される在留資格は、就労活動に原則として制限がないため、いずれのニーズにも該当するため、上記の表には含めていない。

23

応させたものである。企業のニーズが総合職や国際担当等の学歴や技術レベルにおいて高水準な人材にある場合、「高度専門職」や「技術・人文知識・国際業務」等の専門的・技術的分野の在留資格の取得が可能な外国人材を採用する必要があり、現場を支えてくれる外国人材の必要がある場合は、「特定技能」の在留資格が取得可能な外国人材を採用することになる。

外国人材を受け入れようとする場合、このような在留資格の位置づけを把握した上で、自社の人材のニーズと、それに対応する在留資格が何であるかを明確化した上で、募集のプロセスに入ることになる。

上述の外国人材採用のプロセスをチャートにすると、次のとおりとなる。

図表2-7 外国人材採用チャート図

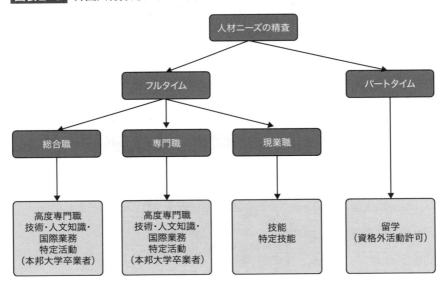

■2 在留資格に関する手続

個別の在留資格の要件はそれぞれ異なるが、取得についての手続は共通する。手続は①現在海外にいる外国人材を日本に招聘して採用する場合か、②現在日本にいる外国人材を採用する場合かで分かれる。

(1) 現在海外にいる外国人材を日本に招聘して採用する場合

ア 手続概要

　新たに日本に上陸する外国人は、上陸申請を行い上陸についての審査を受ける（入管法6条2項）。上陸するための要件は①所持する旅券及び旅券に受けた査証が有効であること、②本邦において行おうとする活動が在留資格に対応する活動に該当するものであること等在留資格に関する条件に適合すること、③希望する在留期間が法定の在留期間に適合すること及び④上陸拒否事由のいずれにも該当しないことであり（入管法7条1項）、要件を充足することの立証責任は申請者にある（入管法7条2項）。

　しかし、上陸した出入国港の上陸審査の場でこの①〜④についてすべて立証・審査を行うことは困難である。そのため、在留資格に係る上陸条件への適合性について、法務大臣があらかじめ審査・認定する手続として在留資格認定証明書の交付手続が定められている[9]。

　理論的には、在留資格認定証明書（入管法7条の2）の交付申請をせずに、在外公館に査証の交付を申請することもできないわけではないが、実務上は、在留資格認定証明書の交付申請が可能な在留資格については、まず在留資格認定証明書交付申請を行う。

　在留資格認定証明書交付申請は、外国人材を受け入れようとする企業の職員が代理人[10]となることができるため（入管法7条の2第2項）、外国人材は海外にいたままで在留資格認定証明書交付申請を行うことが可能である。

　そして、在留資格認定証明書の交付を受けた後、その原本を申請者である外国人材に送付し、外国人材がいる国の大使館等において査証の交付を受ける。その後、査証が添付された旅券を持ち、飛行機等で日本に上陸し、上陸許可を受けて日本に上陸することになる。在留資格認定証明書を出入国港で入国審査官に対し提出すれば、在留資格該当性及び上陸許可基準適合性は立証があったものと扱われる（審査要領）。

---

9 前掲注3、坂中＝齊藤266頁
10 ここでいう代理人とは民法上の代理人とは異なり、手続の代行者程度の意味である（前掲注3、坂中＝齊藤269頁）

第**2**章　外国人材と出入国関連法令

　この流れを図式化すると次のとおりとなる。採用する候補者を決定してから、実際に日本で勤務が可能となるまでに、概ね4〜5ヶ月を要することが多い。

図表2-8　海外にいる外国人材を招聘するプロセス[11]

在留資格取得可能性確認	雇用契約の締結	在留資格認定証明書交付申請	ビザ申請	上陸・受入れ	勤務開始
・採用候補者を決定し在留資格を取得できるか、確認します。 ・就労系在留資格では、在留資格が取得できる学歴等が決まっています。 ・採用する際に、在留資格取得可能性を判断できる資料を先に取得することが望ましいです。	・労働契約書の締結又は労働条件通知書の提示・承認により雇用契約を締結します。 ・可能な限り、母語を並記することが望ましいです。 ・「内定」制度が無い国もあります。制度について説明することが望ましいです。	・採用候補者が海外にいる段階で、雇用主である企業が、地方出入国在留管理局に在留資格認定証明書の交付申請を行います。 ・必要書類は企業の規模によって異なります。	・在留資格認定証明書が交付されたら、原本を採用候補者に送付します。 ・採用候補者は、在留資格認定証明書と必要書類を持参し、日本大使館・領事館でビザ（査証）の発給を受けます。	・採用候補者は、ビザ（査証）が添付されたパスポートを持ち、飛行機等で日本に入国します。 ・採用側の企業は、寮の準備、日本語学校の選定等受入れ体制を整えます（早期に行うことも考えられます）。	・必要な届出を行います。 ・勤務開始後も、外国人材が働きやすい環境整備を行うことが望ましいです。

◄──────── 約4〜5ヶ月 ────────►

イ　不交付だった場合の対応

　在留資格認定証明書が交付されない処分がなされた場合は、どのように対応すべきか。

㋐　行政手続（再申請）

　実務上は、まず、不交付となった理由を、管轄の地方出入国在留管理局から聴取する。不交付となった理由の聴取は、申請者の代理人や取次者である行政書士や弁護士等が行うことができる。

　そして、不交付となった理由から補正・追完が可能な場合には、立証資料を補正・追完した上で再申請を行う。

㋑　司法手続

　再申請を行う方法以外について、司法手続で争う方法も考えられる。

11　杉田昌平『外国人材受入れガイドブック』（ぎょうせい、2019年）21頁。なお、本書の図表には、Apache license version 2.0のライセンスで配布されている「Material Design Icons」（https://material.io/tools/icons/）を使用している。

まず、在留資格認定証明書を不交付とした行為について、「処分性」は認められるか。「処分性」とは、行政行為が、行政事件訴訟法3条2項に規定される「行政庁の処分その他公権力の行使に当たる行為（次項に規定する裁決、決定その他の行為を除く。以下単に「処分」という。）」に該当するか否かの問題である。

そして、処分というためには当該行政行為について「公権力の主体たる国または公共団体が行う行為のうち、その行為によつて、直接国民の権利義務を形成しまたはその範囲を確定することが法律上認められているもの」（最判昭和39年10月29日民集18巻8号1809頁等）といえることが必要である。

在留資格認定証明書交付申請に対する不交付の処分は、一般的に処分性が肯定され、本案について判断がなされている（東京高判平成26年12月10日等）。そのため、在留資格認定証明書交付申請に対する不交付処分に対しては抗告訴訟（行政事件訴訟法3条）にて争う方法もある。

もっとも、訴訟に要する時間を考えると、可能な限り行政手続内で対応することが、外国人材に対する負担の軽減という観点からも望ましいように思う。

⑵ 現在日本にいる外国人材を採用する場合

現在、外国人材が日本にいるということは、当該外国人材は何らかの在留資格を有していることになる。新卒者であれば「留学」である可能性が高く、また、中途採用の場合は「高度専門職」や「技術・人文知識・国際業務」で在留していることが考えられる。

就労を目的とする在留資格の場合、その在留資格に対応した活動の範囲でしか就労できないため（入管法19条）、採用する外国人材が有する在留資格が、想定する業務を行い得るものかを確認することになる。

そして、現在の在留資格が「留学」である場合や、現在の在留資格が就労を可能とする在留資格であっても採用後の職務が当該在留資格の活動に含まれない場合、在留資格の変更を行う[12]（入管法20条）。

---

12 「特定技能」が「高度専門職」等の指定書によって指定された本邦の公私の機関（受入れ企業）の変更時にも、在留資格の変更許可を要する（入管法20条1項）。

在留資格の変更は、「在留資格の変更を適当と認めるに足りる相当の理由」がある場合に許可される（入管法20条3項）。この許可される要件については、さらに、①在留資格該当性及び②その他の諸般の事情を考慮し、在留資格の変更を認めるのが相当であるか否か（狭義の相当性）に分解することが可能である[13]。

また、現在の在留資格で認められる活動の範囲で、採用後の業務を行うことが一見可能そうな場合には、当該在留資格で想定する業務を行うことが可能かを確認する手続として就労資格証明書の交付申請を行うことも考えられる（入管法19条の2第1項）。

現在日本にいる外国人材を採用する場合の流れを図式化すると、次のとおりとなる。

図表2-9 日本にいる外国人材を採用するプロセス[14]

在留資格の確認	雇用契約の締結	在留資格の確認・変更	受入れ	勤務開始
・在留資格カードを確認し、在留資格を確認します。 ・中途採用の場合、終了可能な在留資格を持っているか確認します。 ・新卒者の場合、「留学」又は「特定活動」の在留資格であることが一般的です。	・労働契約書の締結又は労働条件通知書の提示・承認により雇用契約を締結します。 ・可能な限り、母語を並記することが望ましいです。 ・「内定」が無い国もあります。制度について説明することが望ましいです。	・中途採用で、同じ在留資格で働く場合、就労資格証明書交付申請を行います。 ・中途採用で異なる在留資格で働く場合又は新卒は、在留資格変更許可申請を行います。	・採用側の企業は、日本語学校の選定等受入れ体制を整えます（早期に行うことも考えられます）。	 ・必要な届出を行います。 ・勤務開始後も、外国人材が働きやすい環境整備を行うことが望ましいです。

←―――― 約4～5ヶ月 ――――→

■3 在留資格各論

在留資格認定証明書交付申請手続においても、在留資格変更手続においても、どちらも在留資格該当性を満たすことが必要である。

---

[13] 名古屋地判平成17年2月17日判夕1209号101頁、山脇康嗣『[新版] 詳説　入管法の実務』（新日本法規、2017年）138頁
[14] 前掲注11、杉田21頁

また、入管法7条1項2号に基づき上陸許可基準が規定されており、上陸手続においては、上陸許可基準が定められている在留資格については、上陸許可基準への該当性も求められる。

上陸許可基準は、一見、在留資格変更手続の際には適用がないようにも思えるが、在留資格変更の場合においても上陸許可基準への適合性が求められる[15]。

そのため、在留資格を得る手続及び変更する手続においても、①在留資格該当性及び②上陸許可基準該当性が求められることになる。

以下では、①「高度専門職」、②「技術・人文知識・国際業務」、③「企業内転勤」、④「介護」、⑤「特定活動」、⑥「特定技能」、及び⑦「技能実習」の在留資格について①在留資格該当性及び②上陸許可基準該当性を中心に、個別に検討する。また、あわせて⑧「留学」についても違反事例が出ているところ注意点を概観する。

⑴ 「高度専門職」

「高度専門職」の在留資格は、いわゆる高度人材ポイント制によって在留資格が許可されるかが判断される在留資格である。高度人材ポイント制は、様々な項目にポイントが配点されており、ポイントを計算した結果、基準点以上（70点以上）を満たす高度な技術水準を有する外国人材のための在留資格である。

実務上は、日本の大学・大学院課程を修了しており、日本語話者である場合は、「高度専門職」の在留資格に該当する可能性が高い。

高度専門職の在留資格は、在留期間や活動内容の点において他の在留資格よりも優遇されており、受入側及び外国人材側の双方にメリットがある在留資格であるといえる。

「高度専門職」は文字通り、高度な技術水準を有する外国人材を想定した在留資格であり、様々な点で優遇されている在留資格である。

---

15 法務省入国管理局「在留資格の変更、在留期間の更新許可のガイドライン（改正）」、前掲注3、坂中＝齊藤455頁、狭義の相当性の中で斟酌されるとするものとして前掲注13、山脇141頁

ア 在留資格の基準

(ア) 在留資格該当性

入管法別表第一の二の表によれば、「高度専門職」で行う活動は次の活動とされる。

〈入管法〉

別表第一

二 〔高度専門職の項、「本邦において行うことができる活動」の欄〕

一 高度の専門的な能力を有する人材として法務省令で定める基準に適合する者が行う次のイからハまでのいずれかに該当する活動であつて、我が国の学術研究又は経済の発展に寄与することが見込まれるもの

　イ 法務大臣が指定する本邦の公私の機関との契約に基づいて研究、研究の指導若しくは教育をする活動又は当該活動と併せて当該活動と関連する事業を自ら経営し若しくは当該機関以外の本邦の公私の機関との契約に基づいて研究、研究の指導若しくは教育をする活動

　ロ 法務大臣が指定する本邦の公私の機関との契約に基づいて自然科学若しくは人文科学の分野に属する知識若しくは技術を要する業務に従事する活動又は当該活動と併せて当該活動と関連する事業を自ら経営する活動

　ハ 法務大臣が指定する本邦の公私の機関において貿易その他の事業の経営を行い若しくは当該事業の管理に従事する活動又は当該活動と併せて当該活動と関連する事業を自ら経営する活動

二 前号に掲げる活動を行つた者であつて、その在留が我が国の利益に資するものとして法務省令で定める基準に適合するものが行う次に掲げる活動

　イ 本邦の公私の機関との契約に基づいて研究、研究の指導又は教育をする活動

　ロ 本邦の公私の機関との契約に基づいて自然科学又は人文科学の分野に属する知識又は技術を要する業務に従事する活動

　ハ 本邦の公私の機関において貿易その他の事業の経営を行い又は当該事業の管理に従事する活動

　ニ イからハまでのいずれかの活動と併せて行う一の表の教授の項から報道の項までの下欄に掲げる活動又はこの表の法律・会計業務の項、医療の項、教育の項、技術・人文知識・国際業務の項、介護の項、興行の項若しくは技能の項の下欄若しくは特定技能の項の下欄第二号に掲げる活動（イからハまでのいずれかに該当する活動を除く。）

第4　在留資格各論

　「高度専門職」は大きく「高度専門職1号」と「高度専門職2号」に区分されている。そして、「高度専門職1号」は、さらに「高度専門職1号イ」（高度学術研究活動）、「高度専門職1号ロ」（高度専門・技術活動）及び「高度専門職1号ハ」（高度経営・管理活動）に区分される。

　この「高度専門職1号イ」、「高度専門職1号ロ」、「高度専門職1号ハ」及び「高度専門職2号」はそれぞれ別の在留資格である（入管法2条の2）。

　「高度専門職」の活動類型を表にすると、次のとおりとなる。

図表2-10

在留資格	活動内容
高度専門職1号イ	法務大臣が指定する本邦の公私の機関との契約に基づいて研究、研究の指導若しくは教育をする活動又は当該活動と併せて当該活動と関連する事業を自ら経営し若しくは当該機関以外の本邦の公私の機関との契約に基づいて研究、研究の指導若しくは教育をする活動（高度学術研究活動）
高度専門職1号ロ	法務大臣が指定する本邦の公私の機関との契約に基づいて自然科学若しくは人文科学の分野に属する知識若しくは技術を要する業務に従事する活動又は当該活動と併せて当該活動と関連する事業を自ら経営する活動（高度専門・技術活動）
高度専門職1号ハ	法務大臣が指定する本邦の公私の機関において貿易その他の事業の経営を行い若しくは当該事業の管理に従事する活動又は当該活動と併せて当該活動と関連する事業を自ら経営する活動（高度経営・管理活動）
高度専門職2号	高度専門職1号の活動を行つた者であつて、その在留が我が国の利益に資するものとして法務省令で定める基準に適合するものが行う次に掲げる活動 イ　本邦の公私の機関との契約に基づいて研究、研究の指導又は教育をする活動 ロ　本邦の公私の機関との契約に基づいて自然科学又は人文科学の分野に属する知識又は技術を要する業務に従事する活動 ハ　本邦の公私の機関において貿易その他の事業の経営を行い又は当該事業の管理に従事する活動 ニ　イからハまでのいずれかの活動と併せて行う一の表の教授の項から報道の項までの下欄に掲げる活動又はこの表の法律・会計業務の項、医療の項、教育の項、技術・人文知識・国際業務の項、介護の項、興行の項若しくは技能の項の下欄に掲げる活動（イからハまでのいずれかに該当する活動を除く。）

a　「本邦の公私の機関」について

　活動において規定される「本邦の公私の機関」には、国、地方公共団体、独立行政法人、会社、公益法人等の法人のほか、任意団体も含まれ

31

る。また、本邦に事務所、事業所等を有する外国の国、地方公共団体（地方政府を含む。）外国の法人等も含まれる。さらに個人であっても、本邦で事務所、事業所等を有する場合は含まれる（審査要領）。

なお、「本法の公私の機関」との用語は、「研究」、「技術・人文知識・国際業務」、「介護」及び「技能」の在留資格の活動でも規定されているが、「高度専門職」における「本邦の公私の機関」と同義である（審査要領）。

また、「法務大臣が指定する」という点については、「高度専門職1号」の在留資格を決定する際に交付する指定書（入管法施行規則別記第31号の3様式）に記載され、指定される。

b 「契約」について

「契約」には、雇用のほか、委任、委託、嘱託等が含まれるが、特定の機関との継続的なものである必要がある（審査要領）。

(イ) 上陸許可基準（「高度専門職1号イ・ロ・ハ」）

「高度専門職1号イ・ロ・ハ」の上陸許可基準は次のとおりである。

〈上陸許可基準令〉

〔法別表第一の二の表の高度専門職の項の下欄第一号に掲げる活動の項、基準の欄〕

申請人が出入国管理及び難民認定法別表第一の二の表の高度専門職の項の下欄の基準を定める省令（平成二十六年法務省令第三十七号）第一条第一項に掲げる基準に適合することのほか、次の各号のいずれにも該当すること。

一　次のいずれかに該当すること。

イ　本邦において行おうとする活動が法別表第一の一の表の教授の項から報道の項までの下欄に掲げる活動のいずれかに該当すること。

ロ　本邦において行おうとする活動が法別表第一の二の表の経営・管理の項から技能の項までの下欄に掲げる活動のいずれかに該当し、かつ、この表の当該活動の項の下欄に掲げる基準に適合すること。

二　本邦において行おうとする活動が我が国の産業及び国民生活に与える影響等の観点から相当でないと認める場合でないこと。

---

a 高度専門職省令適合性

「出入国管理及び難民認定法別表第一の二の表の高度専門職の項の下欄の基準を定める省令」（「高度専門職省令」）の基準に適合することとは、ポイント制で70点以上であり、かつ、「高度専門職1号ロ」（高度専門・

技術活動）及び「高度専門職1号ハ」（高度経営・管理活動）については、所属する機関からの報酬が、年額300万円以上であることを意味する（高度専門職省令1条）。

b 他の在留資格該当性及び上陸許可基準適合性

「高度専門職1号」の在留資格については、行おうとする活動が、「教授」、「芸術」、「宗教」、「報道」のいずれかに該当すること、又は「経営・管理」、「法律・会計業務」、「医療」、「研究」、「教育」、「技術・人文知識・国際業務」、「企業内転勤」、「介護」、「興行」、「技能」のいずれかに該当し、かつ、上陸基準省令に定める基準に適合することが要件とされている。

「高度専門職1号ロ」では、主に「技術・人文知識・国際業務」の活動と重複すると想定されている（審査要領）。そして、高度専門職基準省令では、在留資格該当性だけではなく上陸許可基準適合性も要件とされているため、「高度専門職1号ロ」においても、「技術・人文知識・国際業務」についての活動を職務内容として選択する場合、「技術・人文知識・国際業務」における場合と同様に学修内容と職務内容の関連性が求められると解される。

㈢ 「高度専門職2号」の基準該当性

「高度専門職2号」については、上陸許可の対象にもならず（入管法7条1項2号かっこ書）、在留資格認定証明書の交付の対象にもならない（同条項、同法7条の2第1項）。これは、「高度専門職2号」は日本に上陸する最初のときから「高度専門職2号」で在留することは想定されておらず、「高度専門職1号イ・ロ・ハ」で在留した者から在留資格の変更によって「高度専門職2号」の在留資格が許可される制度となっているからである（入管法20条の2第1項）。

そして、「高度専門職2号」については、法務省令で定める基準に適合する必要があり（同条2項）、変更基準省令が定められている。変更基準省令の内容は次のとおりである。

〈変更基準省令〉
　出入国管理及び難民認定法（以下「法」という。）第二十条の二第二項の基準は、同条の申請を行った者が出入国管理及び難民認定法別表第一の二の表の高度専

第2章　外国人材と出入国関連法令

門職の項の下欄の基準を定める省令（平成二十六年法務省令第三十七号）第二
条第一項に掲げる基準に適合することのほか、その者が本邦において行おうと
する活動が我が国の産業及び国民生活に与える影響等の観点から相当でないと
認める場合でないこととする。

　変更基準省令では、①高度専門職省令2条1項に規定する基準に該当
すること、及び、②その者が本邦において行おうとする活動が我が国の
産業及び国民生活に与える影響等の観点から相当でないと認める場合で
ないことの2点を定める。

　そして、高度専門職省令2条1項の規定は次のとおりである。

〈高度専門職省令〉

第2条　法別表第一の二の表の高度専門職の項の下欄第二号の基準は、同号に
掲げる活動を行う外国人が、法第十二条第一項又は法第四章第二節の規定に
よる当該許可（以下「第二号許可」という。）を受ける時点において、次の
各号のいずれにも該当することとする。
一　次のいずれかに該当すること。
　イ　高度専門職の在留資格（法別表第一の二の表の高度専門職の項の下欄
　　　第一号イに係るものに限る。）をもって本邦に在留していた外国人にあっ
　　　ては、前条第一項第一号の表の上欄に掲げる項目に係る同表の中欄に掲
　　　げる基準（年収の項にあっては、当該時点における当該外国人の年齢が
　　　三十歳未満のときは同項のイからトまで、三十歳以上三十五歳未満のと
　　　きは同項のイからヘまで、三十五歳以上四十歳未満のときは同項のイか
　　　らホまで、四十歳以上のときは同項のイからハまでに掲げる基準）に応
　　　じ、同表の下欄に掲げる点数を合計したものが七十点以上であること。
　ロ　高度専門職の在留資格（法別表第一の二の表の高度専門職の項の下欄
　　　第一号ロに係るものに限る。）をもって本邦に在留していた外国人にあっ
　　　ては、前条第一項第二号の表の上欄に掲げる項目に係る同表の中欄に掲
　　　げる基準（年収の項にあっては、当該時点における当該外国人の年齢が
　　　三十歳未満のときは同項のイからトまで、三十歳以上三十五歳未満のと
　　　きは同項のイからヘまで、三十五歳以上四十歳未満のときは同項のイか
　　　らホまで、四十歳以上のときは同項のイからハまでに掲げる基準）に応
　　　じ、同表の下欄に掲げる点数を合計したものが七十点以上であり、かつ、
　　　契約機関及び外国所属機関から受ける報酬の年額の合計が三百万円以上
　　　であること。

第4　在留資格各論

　　ハ　高度専門職の在留資格（法別表第一の二の表の高度専門職の項の下欄
　　　第一号ハに係るものに限る。）をもって本邦に在留していた外国人にあっ
　　　ては、前条第一項第三号の表の上欄に掲げる項目に係る同表の中欄に掲
　　　げる基準に応じ、同表の下欄に掲げる点数を合計したものが七十点以上
　　　であり、かつ、活動機関及び外国所属機関から受ける報酬の年額の合計
　　　が三百万円以上であること。
　二　高度専門職の在留資格（法別表第一の二の表の高度専門職の項の下欄第
　　　一号イからハまでに係るものに限る。）をもって本邦に三年以上在留して
　　　同号に掲げる活動を行っていたこと。
　三　素行が善良であること。
　四　当該外国人の在留が日本国の利益に合すると認められること。

　高度専門職省令2条1項が規定するのは、次のa〜dである。
a　「高度専門職1号イ・ロ・ハ」の区分に従いポイント制により70
　　点以上であり、「高度専門職1号ロ」及び「高度専門職1号ハ」に
　　ついては報酬が年額300万円以上であること
b　「高度専門職1号」の在留資格で日本に3年以上在留して当該在留
　　資格に対応する活動を行っていたこと
c　素行が善良であること
d　当該外国人の在留が日本国の利益に適合すると認められること
　そのため、「高度専門職2号」は、行おうとする活動が「高度専門職2号」
に規定される活動であり、上記のa〜c及び②を満たす必要がある。

　㈒　ポイント制

　高度専門職の在留資格については、他の在留資格と異なるユニークな
制度がとられている[16]。すなわち、学歴、職歴、年収、年齢、日本語能
力等、様々な項目にポイントが配点されており、合計のポイントが70
点以上である場合に、在留資格が付与される仕組みとなっている。
　ポイント制の詳細な配点は、次の表のとおりである。このポイント表

[16]　高度専門職にも上陸許可基準が規定されており、それに加えて出入国管理及び難民認定法別表
第一の二の表の高度専門職の項の下欄の基準を定める省令（「高度専門職省令」）が規定されてお
り、その中でポイント制が規定されている。

35

で70点以上となり、高度専門職1号ロ（高度専門・技術活動）及び高度専門職1号ハ（高度経営・管理活動）については年収が300万円以上であれば[17]、高度専門職1号の在留資格が許可される。

　ポイント制においては、年齢や報酬等、在留資格の許可を受けた後に変動する項目も含まれている。しかし、高度専門職省令では、在留資格の許可を「**受ける時点**」においてポイント制の基準点に達していることを要件としており、その後年齢の増加等によってポイント制で計算した場合において基準点を下回ったとしても、許可されている在留資格が消滅することにはならない。もっとも、基準点を下回った状態では在留資格の更新は受けることができない[18]。

　このポイント制の中で、日本の大学を卒業し又は日本の大学院課程を修了した者には、ボーナスポイントとして10ポイントが付与される。また、法務大臣が告示で定める大学を卒業した者には、ボーナスポイントとして10点が付与される（高度専門職省令1条）。この告示で定める大学は、①QS・ワールド・ユニバーシティ・ランキングス、THE・ワールド・ユニバーシティ・ランキングス、アカデミック・ランキング・オブ・ワールド・ユニバーシティズの3つのランキングのうち、2つ以上において300位以内の外国の大学又はいずれかのランキングに掲載されている日本の大学、②スーパーグローバル大学創成支援事業（トップ型及びグローバル化牽引型）において、補助金の交付を受けている大学、③外務省が実施するイノベーティブ・アジア事業において「パートナー校」として指定を受けている大学である。

　そして、日本の大学を卒業し又は日本の大学院課程を修了したことによるボーナスポイントと、上記の告示で定められる大学の①～③を卒業したことによるボーナスポイントは重複して加算が認められる。

　そして、それまで13大学のみがこの重複して加算される大学であったが、2019年3月末に告示の改正がなされ、重複して加算される日本の大学は100以上となった。重複して加算が認められる大学は、次の表

17　法務省入国管理局「高度人材ポイント制Q&A」4～5頁
18　前掲注17、法務省入国管理局問8

第4　在留資格各論

のとおりである。今回の改正によって、日本の大学又は大学院に留学した外国人材については、「高度専門職」の在留資格を得ることができる可能性が高まったといえる。

図表2-11　加点大学一覧

No.	大学名	No.	大学名	No.	大学名
1.	愛知医科大学	32.	神戸大学	62.	立命館大学
2.	秋田大学	33.	高知大学	63.	佐賀大学
3.	青山学院大学	34.	工学院大学	64.	埼玉医科大学
4.	千葉工業大学	35.	熊本大学	65.	埼玉大学
5.	千葉大学	36.	関西学院大学	66.	札幌医科大学
6.	中部大学	37.	京都工芸繊維大学	67.	芝浦工業大学
7.	中央大学	38.	京都産業大学	68.	島根大学
8.	同志社大学	39.	京都大学	68.	信州大学
9.	愛媛大学	40.	九州工業大学	69.	静岡大学
10.	藤田保健衛生大学	41.	九州大学	70.	昭和大学
11.	岐阜大学	42.	明治大学	71.	上智大学
12.	群馬大学	43.	名城大学	72.	帝京大学
13.	浜松医科大学	44.	室蘭工業大学	73.	総合研究大学院大学
14.	広島大学	45.	長岡技術科学大学	74.	東京慈恵会医科大学
15.	一橋大学	46.	長崎大学	75.	会津大学
16.	北海道大学	47.	名古屋市立大学	76.	電気通信大学
17.	法政大学	48.	名古屋工業大学	77.	東京大学
18.	兵庫医科大学	49.	名古屋大学	78.	東邦大学
19.	兵庫大学	50.	奈良先端科学技術大学院大学	79.	東北大学
20.	茨城大学	51.	奈良県立医科大学	80.	東海大学
21.	岩手大学	52.	日本大学	81.	徳島大学
22.	順天堂大学	53.	新潟大学	82.	東京都市大学
23.	香川大学	54.	日本医科大学	83.	東京電機大学
24.	鹿児島大学	55.	お茶の水女子大学	84.	東京工業大学
25.	神奈川大学	56.	大分大学	85.	東京医科歯科大学
26.	金沢大学	57.	岡山大学	86.	東京医科大学
27.	関西医科大学	58.	大阪市立大学	87.	首都大学東京
28.	関西大学	59.	大阪府立大学	88.	東京農業大学
29.	慶應義塾大学	60.	大阪大学	89.	東京農工大学
30.	近畿大学	61.	立教大学	90.	東京海洋大学
31.	北里大学			91.	東京理科大学

37

No.	大学名	No.	大学名	No.	大学名
92.	鳥取大学	100.	筑波大学	108.	横浜国立大学
93.	東洋大学	101.	山梨大学	109.	東京外国語大学
94.	豊橋技術科学大学	102.	山梨大学	110.	東京芸術大学
95.	福井大学	103.	宇都宮大学	111.	国際教養大学
96.	宮崎大学	104.	早稲田大学	112.	創価大学
97.	静岡県立大学	105.	山形大学	113.	国際大学
98.	琉球大学	106.	山口大学	114.	立命館アジア太平洋大学
99.	富山大学	107.	横浜市立大学		

イ 在留資格の特徴

「高度専門職」は、他の在留資格と比較して、様々な点が優遇されている。

㈎ 「高度専門職1号」の優遇

① 複合的な在留活動の許容

「高度専門職1号」では、複数分野の在留活動が許容されている。すなわち、「高度専門職1号」では、活動内容として「又は当該活動と併せて」主たる活動とは別の活動についても行うことが認められている。

② 在留期間「5年」の付与

「高度専門職1号」では、在留期間が入管法で定められている中で最長の在留期間である「5年」を一律に付与される。また、この在留期間は更新可能である。

③ 在留歴に係る永住許可要件の緩和

永住許可の手続（入管法22条）を行う場合、原則として10年の在留が必要となる（永住許可に関するガイドライン）。しかし、「高度専門職1号」で在留している者は、特例として3年以上在留している場合、永住者に在留資格を変更できる可能性がある。

④ 配偶者の就労

「高度専門職1号」の配偶者は、他の在留資格の配偶者の場合と異なり、学歴要件を満たさずに「技術・人文知識・国際業務」等に該当する活動が可能となる（特定活動告示33号・別表第五）。

第4 在留資格各論

図表2-12 高度人材ポイント制ポイント表

《ポイント計算表》

	高度学術研究分野		高度専門・技術分野		高度経営・管理分野	
学歴	博士号(専門職に係る学位を除く。)取得者	30	博士号(専門職に係る学位を除く。)取得者	30	博士号又は修士号取得者(注7)	20
	修士号(専門職に係る博士を含む。)取得者	20	修士号(専門職に係る博士を含む。)取得者	20		
	大学を卒業又はこれと同等以上の教育を受けた者(博士号又は修士号取得者を除く。)	10	大学を卒業又はこれと同等以上の教育を受けた者(博士号又は修士号取得者を除く。)	10	大学を卒業又はこれと同等以上の教育を受けた者(博士号又は修士号取得者を除く。)	10
	複数の分野において、博士号、修士号又は専門職学位を有している者	5	複数の分野において、博士号、修士号又は専門職学位を有している者	5	複数の分野において、博士号、修士号又は専門職学位を有している者	5
職歴(実務経験)(注1)			10年~	20	10年~	25
	7年~	15	7年~	15	7年~	20
	5年~	10	5年~	10	5年~	15
	3年~	5	3年~	5	3年~	10
年収(注2)	年齢区分に応じ、ポイントが付与される年収の下限を異なるものとする。詳細は②参照	40	年齢区分に応じ、ポイントが付与される年収の下限を異なるものとする。詳細は②参照	40	3000万円~	50
					2500万円~	40
					2000万円~	30
					1500万円~	20
					1000万円~	10
年齢	~29歳	15	~29歳	15		
	~34歳	10	~34歳	10		
	~39歳	5	~39歳	5		
ボーナス①〔研究実績〕	詳細は③参照	25~20	詳細は③参照	15		
ボーナス②〔地位〕					代表取締役、代表執行役	10
					取締役、執行役	5
ボーナス③			職務に関連する日本の国家資格の保有(1つ5点)	10	職務に関連する日本の国家資格の保有(1つ5点)	10
ボーナス④	イノベーションを促進するための支援措置(法務大臣が告示で定めるもの)を受けている機関における就労(注3)	10	イノベーションを促進するための支援措置(法務大臣が告示で定めるもの)を受けている機関における就労(注3)	10	イノベーションを促進するための支援措置(法務大臣が告示で定めるもの)を受けている機関における就労(注3)	10
ボーナス⑤	試験研究費等比率が3%超の中小企業における就労	5	試験研究費等比率が3%超の中小企業における就労	5	試験研究費等比率が3%超の中小企業における就労	5
ボーナス⑥	職務に関連する外国の資格等	5	職務に関連する外国の資格等	5	職務に関連する外国の資格等	5
ボーナス⑦	本邦の高等教育機関において学位を取得	10	本邦の高等教育機関において学位を取得	10	本邦の高等教育機関において学位を取得	10
ボーナス⑧	日本語能力試験N1取得者(注4)又は外国の大学において日本語を専攻して卒業した者	15	日本語能力試験N1取得者(注4)又は外国の大学において日本語を専攻して卒業した者	15	日本語能力試験N1取得者(注4)又は外国の大学において日本語を専攻して卒業した者	15
ボーナス⑨	日本語能力試験N2取得者(注5)(ボーナス⑦又は⑧のポイントを獲得した者を除く。)	10	日本語能力試験N2取得者(注5)(ボーナス⑦又は⑧のポイントを獲得した者を除く。)	10	日本語能力試験N2取得者(注5)(ボーナス⑦又は⑧のポイントを獲得した者を除く。)	10
ボーナス⑩	成長分野における先端的事業に従事する者(法務大臣が認める事業に限る。)	10	成長分野における先端的事業に従事する者(法務大臣が認める事業に限る。)	10	成長分野における先端的事業に従事する者(法務大臣が認める事業に限る。)	10
ボーナス⑪	法務大臣が告示で定める大学を卒業した者	10	法務大臣が告示で定める大学を卒業した者	10	法務大臣が告示で定める大学を卒業した者	10
ボーナス⑫	法務大臣が告示で定める研修を修了した者(注6)	5	法務大臣が告示で定める研修を修了した者(注6)	5	法務大臣が告示で定める研修を修了した者(注6)	5
ボーナス⑬					経営する事業に1億円以上の投資を行っている者	5
合格点		70		70		70

①最低年収基準

高度専門・技術分野及び高度経営・管理分野においては、年収300万円以上であることが必要

②年収配点表

	~29歳	~34歳	~39歳	40歳~
1000万円	40	40	40	40
900万円	35	35	35	35
800万円	30	30	30	30
700万円	25	25	25	—
600万円	20	20	20	—
500万円	15	15	—	—
400万円	10	—	—	—

③研究実績

	高度学術研究分野	高度専門・技術分野
特許の発明 1件~	20	15
入国前に公的機関からグラントを受けた研究に従事した実績 3件~	20	15
研究論文の実績については、我が国の国の機関において利用されている学術論文データベースに登録されている学術論文雑誌に掲載されている論文(申請人が責任著者であるものに限る。) 3本~	20	15
上記の項目以外で、上記項目におけるものと同等の研究実績があると申請人がアピールする場合(著名な賞の受賞歴等)、関係行政機関の長の意見を聴いた上で法務大臣が個別にポイント付与の適否を判断	20	15

※高度学術研究分野については、2つ以上に該当する場合には25点

(注1)従事しようとする業務に係る実務経験に限る。
(注2)※1 主たる受入機関から受ける報酬の年額
※2 海外の機関からの転勤の場合には、当該機関から受ける報酬の年額を算入
※3 賞与(ボーナス)も年収に含まれる。
(注3)就労する機関が中小企業である場合には、別途10点の加点
(注4)同等以上の能力を試験(例えば、BJTビジネス日本語能力テストにおける480点以上の得点)により認められている者も含む。
(注5)同等以上の能力を試験(例えば、BJTビジネス日本語能力テストにおける400点以上の得点)により認められている者も含む。
(注6)本邦の高等教育機関における研修については、ボーナス⑦のポイントを獲得した者を含む。
(注7)経営管理に関する専門職学位(MBA、MOT)を有している場合には、別途5点の加点

⑤　一定の条件の下での親の帯同の許容

　他の就労を目的とする在留資格で在留する外国人の親の受入れは認められていないが、高度専門職1号の場合、①高度外国人材又はその配偶者の7歳未満の子（養子を含む。）を養育する場合　②高度外国人材の妊娠中の配偶者又は妊娠中の高度外国人材本人の介助等を行う場合には、一定の要件の下、親の帯同が許可される（特定活動告示34号）。

⑥　一定の条件の下での家事使用人の帯同の許容

　家事使用人の雇用は「経営・管理」、「法律・会計業務」等一定の在留資格に基づき在留する者にのみ認められているが、「高度専門職1号」でも、一定の要件の下、外国人の家事使用人を帯同することが可能である（特定活動告示2号の2）。

⑦　入国・在留手続の優先処理

　「高度専門職1号」については、入国・在留手続において、入国事前審査に係る申請については申請受理から10日以内を目途に、在留に係る申請については申請受理から5日以内を目途に処理するという優先処理が行われている。

　㈡　「高度専門職2号」の優遇

　「高度専門職1号」の優遇措置である③〜⑥に加えて、さらに次の事項で優遇される。

①　広範な在留活動

　「高度専門職2号」の在留資格は、在留資格該当性の部分で記載したとおり、「高度専門職1号イ・ロ・ハ」で行う活動と併せて、就労に関する在留資格で認められるほぼ全ての活動を行うことが可能である（入管法別表第一の二）。

②　在留期間の無期限

　「高度専門職2号」では、在留期間は無期限となる（入管法2条の2第3項、入管法施行規則3条、別表第二）。そのため、「高度専門職2号」の資格で在留する場合、在留期間の更新をうける必要がなくなる。

ウ　在留期間と更新

　「高度専門職1号」及び「高度専門職2号」の在留期間は、次のとお

りである（入管法2条の2第3項、入管法施行規則3条、別表第二）。

高度専門職1号	5年
高度専門職2号	無期限

　また、「高度専門職1号」は在留期間の更新が可能であり（入管法21条2項、入管法施行規則21条、別表第三の五）、「高度専門職2号」では、在留期間の更新は不要である。

エ　立証資料[19]

(ア)　在留資格認定証明書交付申請（高度専門職1号）

　「高度専門職1号」の在留資格認定証明書交付申請にかかる疎明資料は次のとおりである。

1　在留資格認定証明書交付申請書　1通
2　写真（縦4cm×横3cm）　1葉
3　返信用封筒（定形封筒に宛先を明記の上、必要な切手（簡易書留用）を貼付したもの）　1通
4　本邦において行おうとする活動に応じて、入管法施行規則別表第3の「教授」から「報道」まで又は「経営・管理」から「技能」までのいずれかの在留資格の項の下欄に掲げる資料
5　ポイント計算表（参考書式）　活動の区分（高度専門職1号イ、高度専門職1号ロ、高度専門職1号ハ）に応じ、いずれかの分野のものを1通
6　ポイント計算表の各項目に関する疎明資料

(イ)　在留資格変更許可申請（高度専門職1号）

　「高度専門職1号」の在留資格変更許可申請にかかる疎明資料は次のとおりである。

1　在留資格変更許可申請書　1通
2　写真（縦4cm×横3cm）　1葉
3　申請人のパスポート及び在留カード　提示
4　本邦において行おうとする活動に応じて、入管法施行規則別表第3の「教授」

19　詳細は出入国管理庁のウェブサイトに掲載されている（http://www.immi-moj.go.jp/newimmiact_3/pdf/procedure/201904/02.pdf）。

から「報道」まで又は「経営・管理」から「技能」までのいずれかの在留資格の項の下欄に掲げる資料

※本邦において行おうとする活動に応じた在留資格の提出資料が、カテゴリーにより分かれている場合は、当該カテゴリーに応じた資料

5　ポイント計算表（参考書式）

　活動の区分（高度専門職1号イ、高度専門職1号ロ、高度専門職1号ハ）に応じ、いずれかの分野のものを1通

6　ポイント計算表の各項目に関する疎明資料

㋒　在留期間更新許可申請（高度専門職1号）

「高度専門職1号」の在留期間更新許可申請にかかる疎明資料は次のとおりである。

1　在留期間更新許可申請書　1通
2　写真（縦4cm×横3cm）　1葉
3　申請人のパスポート及び在留カード　提示
4　本邦において行おうとする活動に応じて、入管法施行規則別表第3の5の「教授」から「報道」まで又は「経営・管理」から「技能」までのいずれかの在留資格の項の下欄に掲げる資料
※本邦において行おうとする活動に応じた在留資格の提出資料が、カテゴリーにより分かれている場合は、当該カテゴリーに応じた資料
5　ポイント計算表（参考書式）
　活動の区分（高度専門職1号イ、高度専門職1号ロ、高度専門職1号ハ）に応じ、いずれかの分野のものを1通
6　ポイント計算表の各項目に関する疎明資料

㋓　在留資格変更許可申請（高度専門職2号）

「高度専門職2号」の在留資格変更許可申請にかかる疎明資料は次のとおりである。

1　在留資格変更許可申請書　1通
2　写真（縦4cm×横3cm）　1葉
3　申請人のパスポート及び在留カード　提示
4　提出資料がカテゴリーにより分かれている場合は、所属機関がいずれかのカテゴリーに該当することを証する文書　1通

5　入管法施行規則別表第3に規定する在留資格の項の下欄に掲げる文書
　　6　ポイント計算表（参考書式）
　　7　ポイント計算表の各項目に関する疎明資料

⑵　技術・人文知識・国際業務

　「技術・人文知識・国際業務」は、専門的・技術的分野の在留資格に区分される在留資格の中では、最も利用されている在留資格である。

　実務上は、日本又は外国の大学学部課程を卒業した外国人材について申請する例が多く、大学を卒業したばかりのいわゆる新卒者であっても許可される可能性がある。

ア　在留資格の基準

㋐　在留資格該当性

　「技術・人文知識・国際業務」における活動内容は、次のとおり規定されている。

〈入管法〉

別表第一の二
二　〔技術・人文・国際業務の項、「本法において行うことができる活動」の欄〕
　本邦の公私の機関との契約に基づいて行う理学、工学その他の自然科学の分野若しくは法律学、経済学、社会学その他の人文科学の分野に属する技術若しくは知識を要する業務又は外国の文化に基盤を有する思考若しくは感受性を必要とする業務に従事する活動（一の表の教授の項、芸術の項及び報道の項の下欄に掲げる活動並びにこの表の経営・管理の項から教育の項まで及び企業内転勤の項から興行の項までの下欄に掲げる活動を除く。）

　活動内容は、①自然科学の分野に属する技術若しくは知識を要する業務を行う「技術」、②人文科学の分野に属する技術若しくは知識を要する業務を行う「人文知識」及び③外国の文化に基盤を有する思考若しくは感受性を必要とする業務を行う「国際業務」に区分される。

　「自然科学の分野」の代表的なものとしては、数理科学、物理科学、化学、生物科学、人類学、地質科学、地理学、地球物理学、科学教育統計学、情報学、核科学、基礎工学、応用物理学、機械工学、電気工学、電子工学、

43

情報工学、土木工学、建築学、金属工学、応用化学、資源開発工学、造船学、計測・制御工学、化学工学、航空宇宙工学、原子力工学、経営工学、農学、農芸化学、林学、水産学、農業経済学、農業工学、畜産学、獣医学、蚕糸学、家政学、地域農学、農業総合科学、生理科学、病理科学、内科系科学、外科系科学、社会医学、歯科学、薬科学が含まれる（審査要領）。

　また「人文科学の分野」の代表的なものとしては、語学、文学、哲学、教育学（体育学を含む。）、心理学、社会学、歴史学、地域研究、・基礎法学、公法学、国際関係法学、民事法学、刑事法学、社会法学、政治学、経済理論、経済政策、国際経済、経済史、財政学・金融論、商学、経営学、会計学、経済統計学が含まれる（審査要領）。

　「本邦の公私の機関」及び「契約」については、高度専門職の場合と同義である。「本邦の公私の機関」には、国、地方公共団体、独立行政法人、会社、公益法人等の法人のほか、任意団体も含まれる。また、本邦に事務所、事業所等を有する外国の国、地方公共団体（地方政府を含む。）外国の法人等も含まれる。さらに個人であっても、本邦で事務所、事業所等を有する場合は含まれる（審査要領）。

　「契約」には、雇用のほか、委任、委託、嘱託等が含まれるが、特定の機関（複数でもよい。）との継続的なものである必要がある。

　（イ）　上陸許可基準

　「技術・人文知識・国際業務」の上陸許可基準は、次のとおりである。

〈上陸許可基準令〉

〔法別表第一の二の表の技術・人文知識・国際業務の項の下欄に掲げる活動の項、基準の欄〕

　申請人が次のいずれにも該当していること。ただし、申請人が、外国弁護士による法律事務の取扱いに関する特別措置法（昭和六十一年法律第六十六号）第五十八条の二に規定する国際仲裁事件の手続についての代理に係る業務に従事しようとする場合は、この限りでない。

　一　申請人が自然科学又は人文科学の分野に属する技術又は知識を必要とする業務に従事しようとする場合は、従事しようとする業務について、次のいずれかに該当し、これに必要な技術又は知識を修得していること。ただし、申請人が情報処理に関する技術又は知識を要する業務に従事しようとする場合で、

法務大臣が告示をもって定める情報処理技術に関する試験に合格し又は法務大臣が告示をもって定める情報処理技術に関する資格を有しているときは、この限りでない。
　イ　当該技術若しくは知識に関連する科目を専攻して大学を卒業し、又はこれと同等以上の教育を受けたこと。
　ロ　当該技術又は知識に関連する科目を専攻して本邦の専修学校の専門課程を修了（当該修了に関し法務大臣が告示をもって定める要件に該当する場合に限る。）したこと。
　ハ　十年以上の実務経験（大学、高等専門学校、高等学校、中等教育学校の後期課程又は専修学校の専門課程において当該技術又は知識に関連する科目を専攻した期間を含む。）を有すること。
二　申請人が外国の文化に基盤を有する思考又は感受性を必要とする業務に従事しようとする場合は、次のいずれにも該当していること。
　イ　翻訳、通訳、語学の指導、広報、宣伝又は海外取引業務、服飾若しくは室内装飾に係るデザイン、商品開発その他これらに類似する業務に従事すること。
　ロ　従事しようとする業務に関連する業務について三年以上の実務経験を有すること。ただし、大学を卒業した者が翻訳、通訳又は語学の指導に係る業務に従事する場合は、この限りでない。
三　日本人が従事する場合に受ける報酬と同等額以上の報酬を受けること。

　まず①「技術・人文知識」についての基準と②「国際業務」についての基準に大別される。

a 「技術・人文知識」についての基準

「技術・人文知識」についての基準としては、学歴・実務経験要件と報酬要件である。

　学歴・実務経験要件としては、職務上必要となる技術又は知識について、①関連する科目を専攻して大学を卒業するか、それと同等の教育をうけること、②関連する科目を専攻して本邦の専修学校の専門課程を修了すること、③10年以上の実務経験があることのいずれかが求められる。

　学歴要件については、従事しようとする業務と大学等又は専修学校において専攻した科目とが関連していることが必要である。ただし、専攻科目と従事しようとする業務が一致していることまでは必要ではなく、関連していればよいとされる(審査要領)。また、大学を卒業した者については、

大学が、学術の中心として、広く知識を授けるとともに、深く専門の学芸を教授研究し、知的、道徳的及び応用的能力を展開させることを目的とし、また、その目的を実現するための教育研究を行い、その成果を広く社会に提供することにより、社会の発展に寄与するとされていることを踏まえ（学校教育法83条1項、2項）、大学における専攻科目と従事しようとする業務の関連性については、比較的緩やかに判断される（審査要領）。

報酬要件としては、日本人が従事する場合にうける報酬と同等額以上の報酬をうけることが求められる。この報酬[20]の金額については、「技術・人文知識・国際業務」の在留資格については、具体的な数字の基準は設けられていない。参考となるものとして、「興行」の在留資格では「月額20万円以上」との金額が示されており参考になるものといえる（上陸許可基準令）。また、実務上は、東京圏では17万円程度を下回ると許可の可能性が低くなると指摘されている[21]。

b 「国際業務」についての基準

「国際業務」についての基準としては、①業務該当性、②職務経験要件及び③報酬要件が規定されている。

① 業務該当性は、上陸許可基準令に規定されている「翻訳、通訳、語学の指導、広報、宣伝又は海外取引業務、服飾若しくは室内装飾に係るデザイン、商品開発その他これらに類似する業務」に該当することである。

② 職務経験要件としては、従事する業務について3年以上の実務経験を有することである。但し、大学を卒業した者が通訳等の業務に従事する場合は、この3年以上の実務経験は求められない。実務経験は、「関連する業務について」のものであれば足り、外国人が本邦において従事しようとする業務そのものについての実務経験を有することまでは必要とされていない（審査要領）。

③ 報酬要件については「技術・人文知識」の要件と同じである。

---

20 「報酬」とは、原則として基本給及び賞与をいい、通勤手当、扶養手当、住宅手当等の実費弁償の性格を有するものは含まれない（審査要領）。

21 前掲注13、山脇279頁

イ　在留資格の特徴

㈠　在留資格該当性と活動内容の専門性

「技術・人文知識・国際業務」は専門的・技術的分野の在留資格に位置づけられる。そして、在留資格の活動内容としても「自然科学の分野若しくは…（省略）…人文科学の分野に属する技術若しくは知識を要する業務又は外国の文化に基盤を有する思考若しくは感受性を必要とする業務」である。

かかる規定の意味は、技術の業務であれば、自然科学の分野に属する技術又は知識がなければできない業務を意味し、人文知識の業務であれば、人文科学の分野に属する技術又は知識がなければできない業務を意味するものであり、大学等において理科系又は文科系の科目を専攻して修得した一定の水準以上の専門的知識を必要とするものであって、単に経験を積んだことにより有している知識では足りず、学問的・体系的な知識を必要とするものでなければならないとされる（審査要領）。

また、国際業務についても、外国に特有な文化に根ざす一般の日本人が有しない思考方法や感受性を必要とする業務及び外国の社会、歴史・伝統の中で培われた発想、感覚を基にした一定水準以上の専門的能力を必要とする業務とされる（審査要領）。

この在留資格で規定されている活動内容から、単純作業を行うことを主たる目的に「技術・人文知識・国際業務」の在留資格の許可を受けることはできないことになる。もっとも、実際の仕事における業務の専門性というのは判断が難しいことが少なくない。特に、工事の施工管理といった業務の場合、工事を行っている現場に事務室が設けられており、当該事務室でデスクワークを行うこともあり、現業を行う場所と物理的に一体となった場所で仕事を行うことも想定される。

では、どういった活動であれば「技術・人文知識・国際業務」の在留資格で定められた活動といえるのか。例えば、機械を設計しあるいはその組立てを指揮する活動や橋梁を設計しあるいはその建設工事を指揮監督する活動は「技術」の在留資格に該当するが、単に機械の組み立て作業に従事する場合や単なる土木作業に従事する活動は該当しないとする

第**2**章 外国人材と出入国関連法令

見解がある[22]。

　また、平成30年12月改訂法務省入国管理局（現出入国在留管理庁）「留学生の在留資格「技術・人文知識・国際業務」への変更許可のガイドライン」の別紙1では次の不許可事例が掲載されている。

〈留学生の在留資格「技術・人文知識・国際業務」への変更許可ガイドライン〉

別紙1　本邦の専門学校を卒業し、専門士の称号を付与された留学生に係る事例1

○不許可事例

(2)　情報システム工学科を卒業した者から、本邦の料理店経営を業務内容とする企業との契約に基づき、月額25万円の報酬を受けて、コンピューターによる会社の会計管理（売上、仕入、経費等）、労務管理、顧客管理（予約の受付）に関する業務に従事するとして申請があったが、会計管理及び労務管理については、従業員が12名という会社の規模から、それを主たる活動として行うのに十分な業務量があるとは認められないこと、顧客管理の具体的な内容は電話での予約の受付及び帳簿への書き込みであり、当該業務は自然科学又は人文科学の分野に属する技術又は知識を必要とするものとは認められず、「技術・人文知識・国際業務」のいずれにも当たらないことから不許可となったもの。

(4)　国際情報ビジネス科を卒業した者から、本邦の中古電子製品の輸出・販売等を業務内容とする企業との契約に基づき、月額18万円の報酬を受けて、電子製品のチェックと修理に関する業務に従事するとして申請があったが、その具体的な内容は、パソコン等のデータ保存、バックアップの作成、ハードウェアの部品交換等であり、当該業務は自然科学又は人文科学の分野に属する技術又は知識を必要とするものとは認められず、「技術・人文知識・国際業務」に該当しないため不許可となったもの。

(9)　電気部品の加工を行う会社の工場において、部品の加工、組み立て、検査、梱包業務を行うとして申請があったが、当該工場には技能実習生が在籍しているところ、当該申請人と技能実習生が行う業務のほとんどが同一のものであり、申請人の行う業務が高度な知識を要する業務であるとは認められず、不許可となったもの。

　同様に平成27年12月付法務省入国管理局（現出入国在留管理庁）「ホテル・旅館等において外国人が就労する場合の在留資格の明確化につい

22　前掲注3、坂中＝齊藤110頁

て」でも、次の不許可事例が掲載されている。

〈ホテル・旅館等において外国人が就労する場合の在留資格の明確化について〉

2 具体的な事例

《不許可事例》

① 本国で経済学を専攻して大学を卒業した者が、本邦のホテルに採用される
として申 請があったが、従事する予定の業務に係る詳細な資料の提出を求め
たところ主たる4業務が宿泊客の荷物の運搬及び客室の清掃業務であり、「技
術・人文知識・国際業務」に該当する業務に従事するものとは認められず不
許可となったもの

③ 本邦で商学を専攻して大学を卒業した者が、新規に設立された本邦のホテル
に採用されるとして申請があったが、従事しようとする業務の内容が、駐車誘
導、レストランにおける料理の配膳・片付けであったことから、「技術・人文
知識・国際業務」に該当する業務に従事するものとは認められず不許可となっ
たもの

⑥ 本邦の専門学校においてホテルサービスやビジネス実務等を専攻し、専門
士の称号を付与された者が、本邦のホテルとの契約に基づき、フロント業務
を行うとして申請があったが、提出された資料から採用後最初の2年間は実
務研修として専らレストランでの配膳や客室の清掃に従事する予定であるこ
とが判明したところ、これらの「技術・人文知識・国際業務」の在留資格に
は該当しない業務が在留期間の大半を占めることとなるため不許可となった
もの

実務上は、許可事例や不許可事例を参考に、個別に在留資格該当性を
判断して申請に備えることになる。その際、在留資格該当性に不安があ
る場合は、立証資料の中で補足する対応を行うべきである。

(イ) 研修のための現場での執務の可否

「技術・人文知識・国際業務」の在留資格は、上述のとおりいわゆる
単純作業を行うことを主たる目的に在留することはできない。では、少
しでも単純作業を行うことが想定される場合在留資格が許可されないか
いうと、そうではない。在留資格該当性は在留期間中の活動を全体とし
て捉えて判断される[23]。

---

23 法務省入国管理局「留学生の在留資格「技術・人文知識・国際業務」への変更許可のガイドライン」等

第**2**章　外国人材と出入国関連法令

　例えば、入社時の研修のため、単純作業を行う点について「それが入社当初に行われる研修の一環であって、今後「技術・人文知識・国際業務」に該当する業務を行う上で必ず必要となるものであり、日本人についても入社当初は同様の研修に従事するといった場合には、「留学」から「技術・人文知識・国際業務」への在留資格変更許可申請等の際に、あらかじめ具体的な研修計画等を提出することにより、認められる場合があります。」（平成30年12月改訂法務省入国管理局（現出入国在留管理庁）「留学生の在留資格「技術・人文知識・国際業務」への変更許可のガイドライン」）とされており、一定の要件の下では許容されるといえる。

　もっとも、上記の平成27年12月付法務省入国管理局（現出入国在留管理庁）「ホテル・旅館等において外国人が就労する場合の在留資格の明確化について」に掲載された不許可事例⑥のように研修であれば無制限に許可されるというわけではない。あくまで在留資格該当性は、留学期間中の活動を全体として捉えて判断されるのであり、研修の期間は限定されていると解するべきである[24・25]。

ウ　在留期間と更新

　「技術・人文知識・国際業務」の在留期間は「五年、三年、一年又は三月」であり（入管法施行規則別表第二）、更新可能である（入管法施行規則別表第三の五参照）。

　在留期間が付与される基準は、次のとおりである（審査要領）。

24　法務省入国管理局「就労資格の在留諸申請に関連してお問い合わせの多い事項について（Q&A）」（平成29年9月）Q26参照

25　また、研修という側面からすると、ジョブローテーションにより広い業務を経験させるという意味で研修が行われることもある。「技術・人文知識・国際業務」は、平成26年の入管法改正で「技術」と「人文知識・国際業務」が統合され、在留資格として一つになった。そのため、「技術」の分野で活動を行うことを予定して「技術・人文知識・国際業務」の在留資格の許可を受けた者が、その後、配置転換等で「人文知識」や「国際業務」に該当する活動を行うようになった場合も、資格外活動罪や在留資格取消しの対象にならない（前掲注13、山脇250頁）。もっとも、在留資格更新許可申請時には、上陸許可基準該当性が求められるところ、学修内容と就業内容の関連性がない活動を在留期間中の主たる活動として行った場合、在留期間の更新が許可されない可能性があるので、注意が必要である。

第4 在留資格各論

図表2-13

在留期間	運用
5年	次の①、②及び⑤のいずれにも該当し、かつ、③又は④のいずれかに該当するもの。 ① 申請人が入管法上の届出義務（住居地の届出、住居地変更の届出、所属機関の変更の届出等）を履行しているもの（上陸時の在留期間決定の際には適用しない。） ② 学齢期（義務教育の期間をいう。）の子を有する親にあっては、子が小学校又は中学校（いわゆるインターナショナルスクール等も含む。）に通学しているもの（上陸時の在留期間決定の際には適用しない。） ③ 契約機関がカテゴリー1又はカテゴリー2に該当するもの（カテゴリーの区分については、立証資料部分を参照） ④ ③以外の場合は、「技術・人文知識・国際業務」の在留資格で3年の在留期間が決定されている者で、かつ、本邦において引き続き5年以上「技術・人文知識・国際業務」の在留資格に該当する活動を行っているもの ⑤ 就労予定期間が3年を超えるもの
3年	次のいずれかに該当するもの。 ① 次のいずれにも該当するもの 　a 5年の在留期間の決定の項の①及び②のいずれにも該当し、かつ、③又は④のいずれかに該当するもの 　b 就労予定期間が1年を超え3年以内であるもの ② 5年の在留期間を決定されていた者で、在留期間更新の際に次のいずれにも該当するもの 　a 5年の在留期間の決定の項の①又は②のいずれかに該当せず、かつ、③又は④のいずれかに該当するもの 　b 就労予定期間が1年を超えるもの ③ 5年、1年又は3月の項のいずれにも該当しないもの
1年	次のいずれかに該当するもの。 ① 契約機関がカテゴリー4に該当するもの ② 3年の在留期間を決定されていた者で、在留期間更新の際に5年の在留期間の項の①又は②のいずれかに該当しないもの ③ 職務上の地位、活動実績、所属機関の活動実績等から、在留状況を1年に1度確認する必要があるもの ④ 就労予定期間が1年以下であるもの
3月	就労予定期間が3月以下であるもの

　なお、上記基準以外に、申請人である外国人材が、納税義務を始めとする公的義務を履行していない場合や、刑事処分を受けた場合については、その内容を検討し、在留の可否及び在留を許可する場合の在留期間が検討される（審査要領）。

51

第**2**章　外国人材と出入国関連法令

エ　立証資料

「技術・人文知識・国際業務」の立証資料については、企業の規模によって異なる。次の表のとおり、受入れ企業はカテゴリー１からカテゴリー４に区分され、その区分毎に提出する書類が規定されている。

㋐　在留資格認定証明書交付申請

「技術・人文知識・国際業務」における在留資格認定証明書交付申請の立証資料は、**図表2-14**のとおりである。

2019年４月から、総合的対応策の施策の一環として、一定の要件を満たす企業について、一定の申請についてはカテゴリー１に区分されるようになった（平成31年４月法務省「一定の条件を満たす中小企業等への留学生の就職について」）。

一定の要件を満たす企業とは、厚生労働省が実施する「ユースエール認定制度」において、厚生労働大臣から「ユースエール認定企業」として認定を受けている企業である。

また、一定の申請とは、在留資格「留学」又は「特定活動（就職活動）」の在留資格をもって在留する者からの就労資格への在留資格変更許可申請をいう[26]。

㋑　在留資格変更許可申請時

「技術・人文知識・国際業務」における在留資格変更許可申請時の立証資料は、**図表2-15**のとおりである。

---

[26]　在留資格「留学」又は「特定活動（就職活動）」の在留資格をもって在留する者が、一時的に出国した後就労資格をもって新規上陸しようとする場合に行う在留資格認定証明書交付申請を含むとされる（平成31年４月法務省「一定の条件を満たす中小企業等への留学生の就職について」）。

52

第4 在留資格各論

図表2−14 カテゴリー区分

	カテゴリー1	カテゴリー2	カテゴリー3	カテゴリー4
区分 （所属機関）	(1) 日本の証券取引所に上場している企業 (2) 保険業を営む相互会社 (3) 日本又は外国の国・地方公共団体 (4) 独立行政法人 (5) 特殊法人・認可法人 (6) 日本の国・地方公共団体の公益法人 (7) 法人税法別表第1に掲げる公共法人 (8) 一定の条件を満たす中小企業等	前年分の給与所得の源泉徴収票等の法定調書合計表中、給与所得の源泉徴収票合計表の源泉徴収税額が1,500万円以上ある団体・個人	前年分の職員の給与所得の源泉徴収票等の法定調書合計表が提出された団体・個人（カテゴリー2を除く）	左のいずれにも該当しない団体・個人
提出資料 （共通）	1 在留資格認定証明書交付申請書 1通 2 写真（縦4cm×横3cm） 1葉 3 返信用封筒（定型封筒に宛先を明記の上、必要な切手（簡易書留用）を貼付したもの） 1通 4 上記カテゴリーのいずれかに該当することを証明する文書 適宜 5 専門学校を卒業し、専門士又は高度専門士の称号を付与された者については、専門士又は高度専門士の称号を付与されたことを証明する文書 1通			
提出資料	その他の資料は原則として不要		6 申請人の活動の内容等を明らかにする資料 7 申請人の学歴及び職歴その他経歴等を証明する文書 8 登記事項証明書 1通 9 事業内容を明らかにする資料	
		10 直近の年度の決算文書の写し。	10 直近の年度の決算文書の写し。新規事業の場合は事業計画書 1通 11 前年分の職員の給与所得の源泉徴収票等の法定調書合計表を提出できない理由を明らかにする資料	

53

第**2**章 外国人材と出入国関連法令

図表2-15

	カテゴリー1	カテゴリー2	カテゴリー3	カテゴリー4
区分 (所属機関)	(1) 日本の証券取引所に上場している企業 (2) 保険業を営む相互会社 (3) 日本又は外国の国・地方公共団体 (4) 独立行政法人 (5) 特殊法人・認可法人 (6) 日本の国・地方公共団体の公益法人 (7) 法人税法別表第1に掲げる公共法人 (8) 一定の条件を満たす中小企業等	前年分の給与所得の源泉徴収票等の法定調書合計表中、給与所得の源泉徴収合計表の源泉徴収税額が1,500万円以上ある団体・個人	前年分の職員の給与所得の源泉徴収票等の法定調書合計表が提出された団体・個人(カテゴリー2を除く)	左のいずれにも該当しない団体・個人
提出資料 (共通)	1　在留資格変更許可申請書　1通 2　写真(縦4cm×横3cm)　1葉 3　パスポート及び在留カード(在留カードとみなされる外国人登録証明書を含む。)　提示 4　上記カテゴリーのいずれかに該当することを証明する文書　適宜 5　専門学校を卒業し、専門士又は高度専門士の称号を付与された者については、専門士又は高度専門士の称号を付与されたことを証明する文書　1通			
提出資料	その他の資料は原則として不要		6　申請人の活動の内容等を明らかにする資料 7　申請人の学歴及び職歴その他経歴等を証明する文書 8　登記事項証明書　1通 9　事業内容を明らかにする資料	
			10　直近の年度の決算文書の写し。	10　直近の年度の決算文書の写し。新規事業の場合は事業計画書　1通 11　前年分の職員の給与所得の源泉徴収票等の法定調書合計表を提出できない理由を明らかにする資料

54

(ウ) 在留期間更新申請

「技術・人文知識・国際業務」における在留期間更新申請の立証資料は、次のとおりである。

図表2-16

	カテゴリー1	カテゴリー2	カテゴリー3	カテゴリー4
区分 （所属機関）	(1) 日本の証券取引所に上場している企業 (2) 保険業を営む相互会社 (3) 日本又は外国の国・地方公共団体 (4) 独立行政法人 (5) 特殊法人・認可法人 (6) 日本の国・地方公共団体の公益法人 (7) 法人税法別表第1に掲げる公共法人	前年分の給与所得の源泉徴収票等の法定調書合計表中、給与所得の源泉徴収票合計表の源泉徴収税額が1,500万円以上ある団体・個人	前年分の職員の給与所得の源泉徴収票等の法定調書合計表が提出された団体・個人（カテゴリー2を除く）	左のいずれにも該当しない団体・個人
提出資料 （共通）	1 在留期間更新許可申請書　1通 2 写真（縦4cm×横3cm）　1葉 3 パスポート及び在留カード（在留カードとみなされる外国人登録証明書を含む。）　提示 4 上記カテゴリーのいずれかに該当することを証明する文書　適宜			
提出資料	その他の資料は原則として不要		5 住民税の課税（又は非課税）証明書及び納税証明書（1年間の総所得及び納税状況が記載されたもの）各1通	

(3) 企業内転勤

「企業内転勤」の在留資格は、企業活動の国際展開に対応し、人事異動により外国の事業所から日本の事業所へ異動する専門技術者等を受け入れるために設けられた在留資格である[27]。

ア 在留資格の基準

(ア) 在留資格該当性

「企業内転勤」の活動内容は、次のとおりである。

---

27 前掲注3、坂中＝齊藤115頁

第**2**章　外国人材と出入国関連法令

〈入管法〉

別表第一
二〔企業内転勤の項、「**本邦において行うことができる活動**」の欄〕
　本邦に本店、支店その他の事業所のある公私の機関の外国にある事業所の職員が本邦にある事業所に期間を定めて転勤して当該事業所において行うこの表の技術・人文知識・国際業務の項の下欄に掲げる活動

　「企業内転勤」は「技術・人文知識・国際業務」の活動内容と同じ活動内容となる。そのため「企業内転勤」で行う活動も「自然科学の分野若しくは…（省略）…人文科学の分野に属する技術若しくは知識を要する業務又は外国の文化に基盤を有する思考若しくは感受性を必要とする業務」に従事する活動となり、いわゆる単純作業を行うことを主たる目的に在留することはできない。

　「本邦に本店、支店その他の事業所のある公私の機関」には、民間企業のみならず、公社、独立行政法人及びその他の団体も含まれる（審査要領）。

　「転勤」は、同一会社内の異動に加え、「親会社」、「子会社」及び「関連会社」（財務諸表等の用語、様式及び作成方法に関する規則（昭和38年大蔵省令第59号）8条。以下「財務諸表等規則」という。）への出向等も「転勤」に含まれる（審査要領）。

　「期間を定めて転勤して」との文言から、本邦の事業所での勤務が一定期間に限られていることを要する（審査要領）。

　　(イ)　**上陸許可基準**

「企業内転勤」の上陸許可基準は次のとおりである。

〈上陸許可基準令〉

〔法別表第一の二の長の企業内転勤の項の下欄に掲げる活動の項、基準の欄〕
　申請人が次のいずれにも該当していること。
一　申請に係る転勤の直前に外国にある本店、支店その他の事業所において法別表第一の二の表の技術・人文知識・国際業務の項の下欄に掲げる業務に従事している場合で、その期間（企業内転勤の在留資格をもって外国に当該事業所のある公私の機関の本邦にある事業所において業務に従事していた期間

56

第4 在留資格各論

がある場合には、当該期間を合算した期間）が継続して一年以上あること。
二　日本人が従事する場合に受ける報酬と同等額以上の報酬を受けること。

　申請前に行っていた活動内容が「技術・人文知識・国際業務」であることを要するが、日本において従事する業務と同一であることや関連する業務であることは要求されない（審査要領）。

　また、報酬については外国にある事業所及び日本にある事業所から別々に支給されている状態でも良く、その両者を合算して日本人が従事する場合における報酬と同等額以上であれば良い。

イ　在留資格の特徴

㈠　「事業所」の特定

　「企業内転勤」の活動内容に規定されるとおり、「企業内転勤」では定められた「事業所」において活動を行うこととされている。

　そのため、「技術・人文知識・国際業務」とは異なり、他社へ労働者派遣を行うことはできない[28]。また、「企業内転勤」の在留資格で上陸した外国人材が、他社に転職する場合、「技術・人文知識・国際業務」等別の在留資格に変更することになる[29]。

㈡　「転勤」の意義

　「転勤」には、同一法人における外国の事業所から日本の事業所への異動だけではなく、親会社、子会社及び関連会社間の相互の異動も含まれる[30]。そして、親会社、子会社及び関連会社は、それぞれ財務諸表等規則8条3項及び同条5項の定義による。

　「転勤」に該当するのは、次のとおり①本店と支店間の異動、②親会社と子会社間の異動、③子会社等の間の異動及び④関連会社への異動があげられる。なお、以下の図表中「↔」は「企業内転勤」に該当する人の動きを表す。

28　前掲注13、山脇348頁
29　前掲注13、山脇340頁
30　前掲注3、坂中＝齋藤116頁

57

a 本店と支店間の異動

本店(本社)から支店(支社、営業所)又は支店から本店への異動は「企業内転勤」に該当する(審査要領)。

図表2-17 本店と支店間の異動

b 親会社と子会社間の異動

まず、親会社とは、他の会社等の財務及び営業又は事業の方針を決定する機関を支配している会社等をいい(財務諸表等規則8条3項)、子会社とは、支配されている他の会社をいう(同条項)。また、親会社及び子会社又は子会社が、他の会社等の意思を決定する機関を支配している場合における当該他の会社(いわゆる孫会社)も、その親会社の子会社とみなされる(同条項後段)。

そして、親会社及び子会社間、子会社及び孫会社間、孫会社及び親会社間での異動も「企業内転勤」の対象となる(審査要領)。

図表2-18 親会社と子会社間の異動

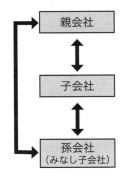

c 子会社等の間の異動

子会社間の異動については、近年、企業での分社化が進んでいること

を理由として、「企業内転勤」の対象とされている（審査要領）。

孫会社間の異動についても「企業内転勤」の対象とされる。一方、孫会社の子会社である曾孫会社については、縦の異動については「企業内転勤」の対象となるが、横の曾孫会社同士の異動は、親会社から曾孫会社まで一貫して100％出資となっている場合を除いて、対象とならない（審査要領）。

図表2-19 子会社等の間の異動

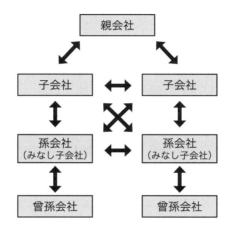

d　関連会社への異動

まず、関連会社とは、会社等及び当該会社等の子会社が、出資、人事、資金、技術、取引等の関係を通じて、子会社以外の他の会社等の財務及び営業又は事業の方針の決定に対して重要な影響を与えることができる場合における当該子会社以外の他の会社等をいう（財務諸表等規則8条5項）。

関連会社への異動は「企業内転勤」の対象となる。他方で、関連会社間の異動や、親会社及び子会社の関連会社間の異動は「企業内転勤」の対象とならない（審査要領）。

図表2-20 関連会社への異動

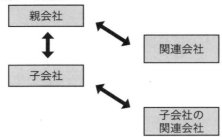

ウ 在留期間と更新

「企業内転勤」の在留期間は「五年、三年、一年又は三月」であり（入管法施行規則別表第二）、更新可能である（入管法施行規則別表第三の五参照）。

在留期間が付与される基準は、次のとおりである（審査要領）。

図表2-21

在留期間	運 用
5年	次の①、②及び⑤のいずれにも該当し、かつ、③又は④のいずれかに該当するもの。 ① 申請人が入管法上の届出義務（住居地の届出、住居地変更の届出、所属機関の変更の届出等）を履行しているもの（上陸時の在留期間決定の際には適用しない。） ② 学齢期（義務教育の期間をいう。）の子を有する親にあっては、子が小学校又は中学校（いわゆるインターナショナルスクール等も含む。）に通学しているもの（上陸時の在留期間決定の際には適用しない。） ③ 契約機関がカテゴリー1又はカテゴリー2に該当するもの ④ ③以外の場合は、「企業内転勤」の在留資格で3年の在留期間が決定されている者で、かつ、本邦において引き続き5年以上「企業内転勤」の在留資格に該当する活動を行っているもの ⑤ 就労予定期間が3年を超えるもの
3年	次のいずれかに該当するもの。 ① 次のいずれにも該当するもの 　a 5年の在留期間の決定の項の①及び②のいずれにも該当し、かつ、③又は④のいずれかに該当するもの 　b 就労予定期間が1年を超え3年以内であるもの ② 5年の在留期間を決定されていた者で、在留期間更新の際に次のいずれにも該当するもの 　a 5年の在留期間の決定の項の①又は②のいずれかに該当せず、かつ、③又は④のいずれかに該当するもの 　b 就労予定期間が1年を超えるもの ③ 5年、1年又は3月の項のいずれにも該当しないもの

第4　在留資格各論

在留期間	運　用
1年	次のいずれかに該当するもの。 ①　契約機関がカテゴリー4に該当するもの ②　3年の在留期間を決定されていた者で、在留期間更新の際に5年の在留期間の項の①又は②のいずれかに該当しないもの ③　職務上の地位、活動実績、所属機関の活動実績等から、在留状況を1年に1度確認する必要があるもの ④　就労予定期間が1年以下であるもの
3月	就労予定期間が3月以下であるもの

　上記基準以外に、「技術・人文知識・国際業務」等の場合と同様に、申請人である外国人材が、納税義務を始めとする公的義務を履行していない場合や、刑事処分を受けた場合については、その内容を検討し、在留の可否及び在留を許可する場合の在留期間が検討される（審査要領）。

エ　立証資料

　「企業内転勤」の立証資料は、「技術・人文知識・国際業務」の場合と同じように、企業の規模によって異なる。次の表のとおり、受入れ企業はカテゴリー1からカテゴリー4に区分され、その区分毎に提出する書類が規定されている。

㈎　在留資格認定証明書交付申請時

　「企業内転勤」の在留資格認定証明書交付申請書における立証資料は、次のとおりである。

図表2-22　カテゴリー区分

	カテゴリー1	カテゴリー2	カテゴリー3	カテゴリー4
区分 （所属機関）	⑴　日本の証券取引所に上場している企業 ⑵　保険業を営む相互会社 ⑶　日本又は外国の国・地方公共団体 ⑷　独立行政法人 ⑸　特殊法人・認可法人 ⑹　日本の国・地方公共団体の公益法人 ⑺　法人税法別表第1に掲げる公共法人	前年分の給与所得の源泉徴収票等の法定調書合計表中、給与所得の源泉徴収票合計表の源泉徴収税額が1,500万円以上ある団体・個人	前年分の職員の給与所得の源泉徴収票等の法定調書合計表が提出された団体・個人（カテゴリー2を除く）	左のいずれにも該当しない団体・個人

61

第**2**章　外国人材と出入国関連法令

	カテゴリー1	カテゴリー2	カテゴリー3	カテゴリー4
提出資料 （共通）	1　在留資格認定証明書交付申請書　1通 2　写真（縦4cm×横3cm）　1葉 3　返信用封筒（定型封筒に宛先を明記の上、必要な切手（簡易書留用）を貼付したもの）　1通 4　上記カテゴリーのいずれかに該当することを証明する文書　適宜			
提出資料	その他の資料は原則として不要		5　申請人の活動の内容等を明らかにする資料 6　転勤前に勤務していた事業所と転勤後の事業所の関係を示す資料 7　申請人の経歴を証明する文書 8　事業内容を明らかにする資料	
			9　直近の年度の決算文書の写し。	9　直近の年度の決算文書の写し。新規事業の場合は事業計画書　1通 10　前年分の職員の給与所得の源泉徴収票等の法定調書合計表を提出できない理由を明らかにする資料

㈠　在留資格変更許可申請時

　「企業内転勤」の在留資格変更許可申請時の立証資料は、次のとおりである。

第4　在留資格各論

図表2-23

	カテゴリー1	カテゴリー2	カテゴリー3	カテゴリー4
区分 （所属機関）	⑴　日本の証券取引所に上場している企業 ⑵　保険業を営む相互会社 ⑶　日本又は外国の国・地方公共団体 ⑷　独立行政法人 ⑸　特殊法人・認可法人 ⑹　日本の国・地方公共団体の公益法人 ⑺　法人税法別表第1に掲げる公共法人	前年分の給与所得の源泉徴収票等の法定調書合計表中、給与所得の源泉徴収票合計表の源泉徴収税額が1,500万円以上ある団体・個人	前年分の職員の給与所得の源泉徴収票等の法定調書合計表が提出された団体・個人（カテゴリー2を除く）	左のいずれにも該当しない団体・個人
提出資料 （共通）	1　在留資格変更許可申請書　1通 2　写真（縦4cm×横3cm）　1葉 3　パスポート及び在留カード（在留カードとみなされる外国人登録証明書を含む。）　提示 4　上記カテゴリーのいずれかに該当することを証明する文書　適宜			
提出資料	その他の資料は原則として不要		5　申請人の活動の内容等を明らかにする資料 6　転勤前に勤務していた事業所と転勤後の事業所の関係を示す資料 7　申請人の経歴を証明する文書 8　事業内容を明らかにする資料	
			9　直近の年度の決算文書の写し。	9　直近の年度の決算文書の写し。新規事業の場合は事業計画書　1通 10　前年分の職員の給与所得の源泉徴収票等の法定調書合計表を提出できない理由を明らかにする資料

63

㈠ 在留期間更新許可申請時

「企業内転勤」における在留期間更新許可申請時の立証資料は、次のとおりである。

図表2-24

	カテゴリー1	カテゴリー2	カテゴリー3	カテゴリー4
区分 （所属機関）	⑴　日本の証券取引所に上場している企業 ⑵　保険業を営む相互会社 ⑶　日本又は外国の国・地方公共団体 ⑷　独立行政法人 ⑸　特殊法人・認可法人 ⑹　日本の国・地方公共団体の公益法人 ⑺　法人税法別表第1に掲げる公共法人	前年分の給与所得の源泉徴収票等の法定調書合計表中、給与所得の源泉徴収票合計表の源泉徴収税額が1,500万円以上ある団体・個人	前年分の職員の給与所得の源泉徴収票等の法定調書合計表が提出された団体・個人（カテゴリー2を除く）	左のいずれにも該当しない団体・個人
提出資料 （共通）	1　在留期間更新許可申請書　1通 2　写真（縦4cm×横3cm）　1葉 3　パスポート及び在留カード（在留カードとみなされる外国人登録証明書を含む。）　提示 4　上記カテゴリーのいずれかに該当することを証明する文書　適宜			
提出資料	その他の資料は原則として不要		5　住民税の課税（又は非課税）証明書及び納税証明書（1年間の総所得及び納税状況が記載されたもの）各1通	

⑷　介　護

2016年6月24日に閣議決定された「日本再興戦略改訂2014 −未来への挑戦−」において、「我が国で学ぶ外国人留学生が、日本の高等教育機関を卒業し、介護福祉士等の特定の国家資格等を取得した場合、引き続き国内で活躍できるよう、在留資格の拡充を含め、就労を認めること等について年内を目途に制度設計等を行う。」と規定されたこと等を踏まえて、2016年に出入国管理及び難民認定法の一部を改正する法律（平成28年11月28日法律第88号）によって、新たに追加された在留資格である。

第4 在留資格各論

ア 在留資格の基準

(ア) 在留資格該当性

入管法別表一の二によれば、「介護」の在留資格の活動は、次のとおりである。

┌─〈入管法〉─────────────────────────┐

別表第一
二 〔介護の項、「**本項において行うことができる活動**」の欄〕
　本邦の公私の機関との契約に基づいて介護福祉士の資格を有する者が介護又は介護の指導を行う業務に従事する活動

└────────────────────────────────┘

「介護福祉士」とは、専門的知識及び技術をもって、身体上又は精神上の障害があることにより日常生活を営むのに支障がある者につき心身の状況に応じた介護（喀痰吸引その他のその者が日常生活を営むのに必要な行為であって、医師の指示の下に行われるもの（厚生労働省令で定めるものに限る。）を含む。）を行い、並びにその者及びその介護者に対して介護に関する指導を行うこと（以下「介護等」という。）を業とする者をいう（社会福祉士及び介護福祉士法2条2項）。

「介護の指導」とは、資格を有しない者が行う食事、入浴、排泄の介助等の介護業務について指導を行うことや、要介護者に対して助言を行うことを指し、教員の立場で、生徒に対し介護の指導を行う場合はこれには該当しない（審査要領）。

(イ) 上陸許可基準

「介護」についての上陸許可基準は、次のとおりである。

┌─〈上陸許可基準令〉─────────────────────┐

〔法別表第一の二の表の介護の項の下欄に掲げる活動の項、基準の欄〕
　申請人が次のいずれにも該当していること。
一　社会福祉士及び介護福祉士法（昭和六十二年法律第三十号）第四十条第二項第一号から第三号までのいずれかに該当すること。
二　日本人が従事する場合に受ける報酬と同等額以上の報酬を受けること。

└────────────────────────────────┘

65

第**2**章　外国人材と出入国関連法令

　　社会福祉士及び介護福祉士法40条2項1号から3号に該当する場合とは、次の3号を指し、①高等学校卒業後、2年以上、介護福祉士養成施設において学んだ者、②福祉系の大学において所定の科目を修めて卒業し、1年以上、介護福祉士養成施設において学んだ者、③高等学校卒業後、社会福祉士養成施設等を卒業した後、1年以上、介護福祉士養成施設において学んだ者という、いわゆる「養成施設ルート」をいう。

　　いわゆる実務経験ルートは、対象とならない（審査要領）。

┌─**〈社会福祉士及び介護福祉士法〉**────────────────────
│
│　**第40条**　〔中略〕
│　2　介護福祉士試験は、次の各号のいずれかに該当する者でなければ、受けることができない。
│　　一　学校教育法第九十条第一項の規定により大学に入学することができる者（略）であつて、文部科学大臣及び厚生労働大臣の指定した学校又は都道府県知事の指定した養成施設において二年以上介護福祉士として必要な知識及び技能を修得したもの
│　　二　学校教育法に基づく大学において文部科学省令・厚生労働省令で定める社会福祉に関する科目を修めて卒業した者（略）その他その者に準ずるものとして厚生労働省令で定める者であつて、文部科学大臣及び厚生労働大臣の指定した学校又は都道府県知事の指定した養成施設において一年以上介護福祉士として必要な知識及び技能を修得したもの
│　　三　学校教育法第九十条第一項の規定により大学に入学することができる者（略）であつて、厚生労働省令で定める学校又は養成所を卒業した後、文部科学大臣及び厚生労働大臣の指定した学校又は都道府県知事の指定した養成施設において一年以上介護福祉士として必要な知識及び技能を修得したもの
└────────────────────────────────────

　　なお、「新しい経済政策パッケージ」（2017年12月8日閣議決定）において「アジア健康構想の下、介護分野における技能実習や留学中の資格外活動による3年以上の実務経験に加え、実務者研修を受講し、介護福祉士の国家試験に合格した外国人に在留資格（介護）を認めることや、海外における日本語習得環境の整備を通じ、介護分野での外国人人材の受入れに向けた国内外の環境整備を図る。」とされ、現在、法務省において法務省令の改正に向けて準備中とのことであり（厚生労働省「外国人介護人

材の受入れについての考え方」)、養成ルート以外についても「介護」の在留資格が取得できるよう、上陸許可基準令が改正される可能性がある。

イ　在留資格の特徴

(ア)　介護サービスの種別制限

「特定技能1号」や「技能実習」では、就労・実習することができる施設に制限があり、いわゆる「訪問介護」については就労・実習することができない。他方で、「介護」の在留資格の場合、就労する施設について制限はなく、訪問介護サービスについても就労することができる。

(イ)　人員配置基準について

介護施設については、「介護老人保健施設の人員、施設及び設備並びに運営に関する基準」等で、入所者3：看護職員・介護職員1という基準が設けられている（同基準2条3号）。

在留資格「介護」の職員については就業当初から、人員配置基準の介護職員として人員配置基準についての算定に算入することが可能である（三菱UFJリサーチ＆コンサルティング株式会社「外国人介護職員の雇用に関する介護事業者向けガイドブック」）。

ウ　在留期間

「介護」の在留期間は「五年、三年、一年又は三月」であり（入管法施行規則別表第二）、更新可能である（入管法施行規則別表第三の五参照）。

在留期間が付与される基準は、次のとおりである（審査要領）。

図表2-25

在留期間	運　用
5年	次の①から⑤のいずれにも該当するもの。 ①　申請人が入管法上の届出義務（住居地の届出、住居地変更の届出、所属機関の変更の届出等）を履行しているもの（上陸時の在留期間決定の際には適用しない。） ②　学齢期（義務教育の期間をいう。）の子を有する親にあっては、子が小学校又は中学校（いわゆるインターナショナルスクール等も含む。）に通学しているもの（上陸時の在留期間決定の際には適用しない。） ③　「介護」の在留資格で3年の在留期間が決定されている者で、かつ、本邦において引き続き5年以上「介護」の在留資格に該当する活動を行っているもの ④　1年の在留期間の決定の項の②に該当しないもの ⑤　就労予定期間が3年を超えるもの

在留期間	運　用
3年	次のいずれにも該当するもの。 ① 次のいずれにも該当するもの 　a　5年の在留期間の決定の項の①、②及び③のいずれにも該当するもの 　b　就労予定期間が1年を超え3年以内であるもの ② 5年の在留期間を決定されていた者で、在留期間更新の際に次のいずれにも該当するもの 　a　5年の在留期間の決定の項の①又は②のいずれかに該当しないもの 　b　就労予定期間が1年を超えるもの ③ 5年、1年又は3月の項のいずれにも該当しないもの
1年	次のいずれかに該当するもの。 ① 3年の在留期間を決定されていた者で、在留期間更新の際に5年の在留期間の項の①又は②のいずれかに該当しないもの ② 社会福祉士及び介護福祉士法の一部を改正する法律（平成19年法律第125号）附則第6条の2の第1項の規定に基づき介護福祉士の登録をした者であって、同項にいう「5年経過日」を経過していないか、又は介護福祉士国家試験に合格していない者 ③ 職務上の地位、活動実績、所属機関の活動実績等から、在留状況を1年に1度確認する必要があるもの ④ 就労予定期間が1年以下であるもの
3月	就労予定期間が3月以下であるもの

　上記基準以外に、「技術・人文知識・国際業務」等の場合と同様に、申請人である外国人材が、納税義務を始めとする公的義務を履行していない場合や、刑事処分を受けた場合については、その内容を検討し、在留の可否及び在留を許可する場合の在留期間が検討される（審査要領）。

エ　立証資料

㈠　在留資格認定証明書交付申請時

　「介護」の在留資格認定証明書交付申請時における立証資料は、次のとおりである。

1　在留資格認定証明書交付申請書　1通
2　写真（縦4cm×横3cm）　1葉
3　返信用封筒（定形封筒に宛名及び宛先を明記の上、必要な切手（簡易書留用）を貼付したもの）　1通
4　介護福祉士登録証（写し）　1通
5　本邦の介護福祉士養成施設の卒業証明書　1通
6　労働基準法第15条第1項及び同法施行規則第5条に基づき、労働者に交付

第4 在留資格各論

される労働条件を明示する文書 1通
7 招へい機関の概要を明らかにする次のいずれかの文書
⑴ 勤務先等の沿革、役員、組織、事業内容等が詳細に記載された案内書 1通
⑵ その他の勤務先等の作成した上記⑴に準ずる文書 1通

㈡ 在留資格変更許可申請時

「介護」の在留資格変更許可申請時の立証資料は、次のとおりである。

1 在留資格変更許可申請書 1通
2 写真（縦4cm×横3cm） 1葉
3 パスポート及び在留カード 提示
4 介護福祉士登録証（写し） 1通
5 本邦の介護福祉士養成施設の卒業証明書 1通
6 労働基準法第15条第1項及び同法施行規則第5条に基づき、労働者に交付される労働条件を明示する文書 1通
7 契約機関の概要を明らかにする次のいずれかの文書
⑴ 勤務先等の沿革、役員、組織、事業内容等が詳細に記載された案内書 1通
⑵ その他の勤務先等の作成した上記⑴に準ずる文書 1通

㈢ 在留期間更新許可申請時

「介護」の在留資格更新許可申請時の立証資料は、次のとおりである。

1 在留期間更新許可申請書 1通
2 写真（縦4cm×横3cm） 1葉
3 パスポート及び在留カード 提示
4 住民税の課税（又は非課税）証明書及び納税証明書（1年間の総所得及び納税状況が記載されたもの） 各1通

第2章　外国人材と出入国関連法令

⑸　特定活動

ア　在留資格の基準

㋐　在留資格該当性

「特定活動」の活動内容は次のとおり規定される（入管法別表第一の五）。

〈入管法〉

別表第一

五　〔特定活動の項、「本邦において行うことができる活動」の欄〕
　法務大臣が個々の外国人について特に指定する活動

　特定活動の在留資格は、特定活動を除く28類型ある在留資格のいずれの在留資格に該当しない活動を行う外国人の上陸・在留を認める必要が生じた場合に、柔軟に対応できるようにするために設けられた在留資格である[31]。

　「特定活動」には、あらかじめ法務大臣が告示によって定めた類型（以下「告示特定活動」[32]という。）と告示に該当しない類型（以下「非告示特定活動[33]」という。）が存在する。

　そして、入管法は「特定活動」について、通常の上陸許可の対象を、告示特定活動に限っている（入管法7条1項2号）。このあらかじめ法務大臣が定めた告示として特定活動告示及び高度人材告示が存在する[34]。

㋑　上陸許可基準

　「特定活動」には、「特定活動」について規定した上陸許可基準がない（入管法7条1項2号）。「特定活動」に該当するかの基準は、告示特定活動であれば告示によることになり、非告示特定活動については、先例により判断することになる。

イ　在留期間と更新

　「特定活動」の在留期間と更新の可否は、それぞれの類型によって異なる。

31　前掲注3、坂中＝齋藤144頁
32　当該略語は前掲注13、山脇536頁による。
33　同上
34　高度人材告示は「高度専門職」の在留資格が創設される以前は意義があったが、現在では、重要ではない。

ウ 「特定活動」（本邦大学卒業者）

特定活動については、2019年5月に、次の内容で新しい類型の告示活動が設けられた（「特定活動」（本邦大学卒業者））。

〈特定活動告示〉

四十六 別表第十一に掲げる要件のいずれにも該当する者が、法務大臣が指定する本邦の公私の機関との契約に基づいて、当該機関の常勤の職員として行う当該機関の業務に従事する活動（日本語を用いた円滑な意思疎通を要する業務に従事するものを含み、風俗営業活動及び法律上資格を有する者が行うこととされている業務に従事するものを除く。）

別表第十一
一 本邦の大学（短期大学を除く。以下同じ。）を卒業し又は大学院の課程を修了して学位を授与されたこと。
二 日本人が従事する場合に受ける報酬と同等額以上の報酬を受けること。
三 日常的な場面で使われる日本語に加え、論理的にやや複雑な日本語を含む幅広い場面で使われる日本語を理解することができる能力を有していることを試験その他の方法により証明されていること。
四 本邦の大学又は大学院において修得した広い知識及び応用的能力等を活用するものと認められること。

「特定活動」（本邦大学卒業者）は、日本の大学学部課程を卒業し又は大学院課程を修了したもので、一定の日本語能力を有する外国人材に対し、就労可能な在留資格を許可するものである。

「特定活動」（本邦大学卒業者）の特徴は、その活動内容の広汎性と学修内容と活動内容の関連性の緩やかさである。

㋐ 対象者

本邦の大学を卒業又は大学院の課程を修了し、学位を授与された外国人材のうち、高い日本語能力を有することが必要である。具体的にはa及びbを満たす必要がある。

a 学歴について

日本の4年制大学の卒業及び大学院の修了に限られる。短期大学及び専修学校の卒業並びに外国の大学の卒業及び大学院の修了は対象にならない。

b 日本語能力について

以下の①、②のいずれかを満たす必要がある。

① 日本語能力試験N1又はBJTビジネス日本語能力テストで480点以上を有すること

② 大学又は大学院（外国の大学・大学院を含む）において「日本語」を専攻して大学を卒業したこと

(イ) 活動内容

活動に規定される「日本語を用いた円滑な意思疎通を要する業務」とは、「単に雇用主等からの作業指示を理解し、自らの作業を行うだけの受動的な業務では足りず、いわゆる「翻訳・通訳」の要素のある業務や、自ら第三者へ働きかける際に必要となる日本語能力が求められ、他者との双方向のコミュニケーションを要する業務であることを意味」する（令和元年5月出入国在留管理庁「留学生の就職支援に係る「特定活動」（本邦大学卒業者）についてのガイドライン」）。

また、活動については「本邦の大学又は大学院において修得した広い知識及び応用的能力等を活用するものと認められること。」が必要である。かかる活動の水準は、「「技術・人文知識・国際業務」の在留資格の対象となる学術上の素養等を背景とする一定水準以上の業務が含まれていること、又は、今後当該業務に従事することが見込まれること」を要する。

活動の具体例が令和元年5月出入国在留管理庁「留学生の就職支援に係る「特定活動」（本邦大学卒業者）についてのガイドライン」に記載されている。同ガイドラインによれば、以下の活動が対象となる。

〈留学生の就職支援に係る「特定活動」についてのガイドライン〉

5 具体的な活動例

ア 飲食店に採用され、店舗において外国人客に対する通訳を兼ねた接客業務を行うもの（それに併せて、日本人に対する接客を行うことを含む。）。

※厨房での皿洗いや清掃にのみ従事することは認められません。

イ 工場のラインにおいて、日本人従業員から受けた作業指示を技能実習生や他の外国人従業員に対し外国語で伝達・指導しつつ、自らもラインに入って業務を行うもの。

※ラインで指示された作業にのみ従事することは認められません。

ウ　小売店において、仕入れや商品企画等と併せ、通訳を兼ねた外国人客に対する接客販売業務を行うもの（それに併せて、日本人に対する接客販売業務を行うことを含む。）。
※商品の陳列や店舗の清掃にのみ従事することは認められません。
エ　ホテルや旅館において、翻訳業務を兼ねた外国語によるホームページの開設、更新作業を行うものや、外国人客への通訳（案内）、他の外国人従業員への指導を兼ねたベルスタッフやドアマンとして接客を行うもの（それに併せて、日本人に対する接客を行うことを含む。）。
※客室の清掃にのみ従事することは認められません。
オ　タクシー会社に採用され、観光客（集客）のための企画・立案を行いつつ、自ら通訳を兼ねた観光案内を行うタクシードライバーとして活動するもの（それに併せて、通常のタクシードライバーとして乗務することを含む。）。
※車両の整備や清掃のみに従事することは認められません。
カ　介護施設において、外国人従業員や技能実習生への指導を行いながら、外国人利用者を含む利用者との間の意思疎通を図り、介護業務に従事するもの。
※施設内の清掃や衣服の洗濯のみに従事することは認められません。

　かかる活動は、これまで、専門的・技術的分野の在留資格で認められていた活動より、産業の現場で行う活動を含むものであって、活動範囲が広範であるといえる。そのため、「特定活動」（本邦大学卒業者）は、例えば「技術・人文知識・国際業務」等と比較して、より広範な業務に就くことが可能といえる。

　　㈡　在留期間と更新

　「特定活動」（本邦大学卒業者）は、告示特定活動であるところ、在留期間は「五年、三年、一年、六月又は三月」であり（入管法施行規則別表第二）、更新可能である（令和元年５月出入国在留管理庁「留学生の就職支援に係る「特定活動」（本邦大学卒業者）についてのガイドライン」）。

　　㈢　立証資料

　　　a　在留資格認定証明書交付申請及び在留資格変更許可申請時

　「特定活動（本邦大学卒業者）」についての提出資料は、次のとおりである。

⑴　申請書（在留資格認定証明書交付申請書又は在留資格変更許可申請書）　1通
⑵　写真（縦4cm×横3cm）　1葉
⑶　返信用封筒（定形封筒に宛先を明記の上、必要な切手（簡易書留用）を貼付したもの）　1通（在留資格認定証明書交付申請時のみ）
⑷　パスポート及び在留カード（在留資格変更許可申請時のみ、提示）
⑸　申請人の活動内容等を明らかにする資料　1通
　　労働基準法第15条第1項及び同法施行規則第5条に基づき、労働者に交付される労働条件を明示する文書（写し）
⑹　雇用理由書　1通
　　所属機関が作成した所属機関名及び代表者名の記名押印があるもの。
⑺　申請人の学歴を証明する文書　1通
　　卒業証書（写し）又は卒業証明書（学位の確認が可能なものに限る。）
⑻　申請人の日本語能力を証明する文書　1通
　　日本語能力試験N1又はBJTビジネス日本語能力テスト480点以上の成績証明書（写し）。
　　外国の大学において日本語を専攻した者については当該大学の卒業証書（写し）又は卒業証明書（学部・学科、研究科等が記載されたものに限る。）
⑼　事業内容を明らかにする次のいずれかの資料　1通
　ア　勤務先等の沿革、役員、組織、事業内容（主要取引先と取引実績を含む。）等
　が記載された案内書
　イ　その他の勤務先等の作成した上記アに準ずる文書
　ウ　勤務先のホームページの写し（事業概要が確認できるトップページ等のみで可）
　エ　登記事項証明書

b　在留期間更新許可申請時

「特定活動」（本邦大学卒業者）における在留期間更新許可申請時の立証資料は、次のとおりである。

⑴　在留期間更新許可申請書　1通
⑵　写真（縦4cm×横3cm）　1葉
⑶　パスポート及び在留カード　提示
⑷　課税証明書及び納税証明書（証明書が取得できない期間については、源泉徴収票及び当該期間の給与明細の写し、賃金台帳の写し等）　1通

第4　在留資格各論

⑹　技能実習

ア　技能実習制度

　技能実習は、技能実習法1条に「人材育成を通じた開発途上地域等への技能、技術又は知識（省略）の移転による国際協力を推進することを目的とする」とあるように、国際協力の推進のための制度である。また、「技能実習は、労働力の需給の調整の手段として行われてはならない。」（同法3条2項）とあるように、技能実習は、労働力確保のための制度ではない。

　現在、産業の現場を支えてくれているのは、間違いなく技能実習生[35]であるといえるが、まず、この制度目的を再認識する必要がある。

　その上で技能実習の制度について概観する。

㈠　技能実習の種類

　技能実習には大きく区分すると、「企業単独型技能実習」（同法2条2項）と「団体監理型技能実習」（同法2条4項）に分けることができる。両類型での在留状況をまとめたのが次の表である。

図表2-26

類型	在留資格	人数（2018年末時点、人）
技能実習全体	技能実習1号～3号イ・ロ	328,360
企業単独型技能実習	技能実習1号イ	5,128
	技能実習2号イ	3,712
	技能実習3号イ	220
団体監理型技能実習	技能実習1号ロ	138,249
	技能実習2号ロ	173,873
	技能実習3号ロ	7,178

※2019年3月22日法務省入国管理局「平成30年末現在における在留外国人数について」より作成

　これを見ると、団体監理型技能実習が、技能実習全体の97%を占めており、技能実習の大半が団体監理型技能実習で行われていることがわかる。

35　技能実習法2条1項に同じ。

第2章　外国人材と出入国関連法令

　また、次の表は、JITCOが支援を行った「技能実習1号イ」（企業単独型技能実習）及び「技能実習1号ロ」（団体監理型）の技能実習について、資本金及び従業員規模別で企業を区分けし、受入れ人数をまとめた表である。

図表2-27

資本金 レンジの上限は未満 （万円）	合計		企業単独型技能実習 （技能実習1号イ）		団体監理型技能実習 （技能実習1号ロ）	
	人数	構成比	人数	構成比	人数	構成比
300	6,558	13.4%	2	0.1%	6,537	14.2%
300 ～ 500	5,842	11.9%	9	0.3%	5,826	12.7%
500 ～ 1000	3,967	8.1%	2	0.1%	3,950	8.6%
1000 ～ 3000	13,627	27.8%	207	7.9%	13,332	29.0%
3000 ～ 10000	10,664	21.8%	368	14.0%	10,273	22.4%
10000 ～ 100000	4,005	8.2%	186	7.1%	3,800	8.3%
100000 ～	4,246	8.7%	1,859	70.6%	2,203	4.8%
不明	26	0.1%	0	0.0%	26	0.1%
合計	48,935	100.0%	2,633	100.0%	45,947	100.0%

※公益財団法人国際研修協力機構編『2018年版外国人技能実習・研修事業実施状況報告
　JITCO白書』58頁

図表2-28

従業員数 （人）	合計		企業単独型技能実習 （技能実習1号イ）		団体監理型技能実習 （技能実習1号ロ）	
	人数	構成比	人数	構成比	人数	構成比
1 ～ 19	19,654	40.2%	22	0.8%	19,535	42.5%
20 ～ 49	5,693	11.6%	35	1.3%	5,620	12.2%
50 ～ 99	5,823	11.9%	104	3.9%	5,695	12.4%
100 ～ 199	5,219	10.7%	244	9.3%	4,954	10.8%
200 ～ 299	2,420	4.9%	146	5.5%	2,269	4.9%
300 ～ 999	4,510	9.2%	380	14.4%	4,112	8.9%
1000 ～	5,616	11.5%	1,702	64.6%	3,762	8.2%
合計	48,935	100.0%	2,633	100.0%	45,947	100.0%

※公益財団法人国際研修協力機構編『2018年版外国人技能実習・研修事業実施状況報告
　JITCO白書』59頁

第4　在留資格各論

　この表のとおり、企業単独型技能実習は、規模の大きな企業で活用されており、団体監理型技能実習は、小規模な企業から大規模な企業まで広範に活用されているが、相対的に規模が小さい企業での活動が多いことがわかる。これは、次に述べるとおり、企業単独型技能実習が受入国に子会社等を有している必要があるため、企業単独型技能実習に取り組むことができる企業が、比較的規模の大きな企業になることが要因として考えられる。

　また、次の表は、受入れ形態別で「不正行為」の機関数をまとめた表である。2017年の不正行為213件のうち、企業単独型技能実習生で発生した不正行為の件数は3件であり、不正行為に占める割合は1.4%である。企業単独型技能実習が、技能実習に占める割合が3.4%[36]であることもあり、企業単独型技能実習が不正発生に占める割合も小さくなっているものと推察される。

図表2-29

類型		2015年	2016年	2017年
企業単独型		3（1.0%）	2（0.8%）	3（1.4%）
団体監理型	監理団体	32（11.7%）	35（14.6%）	27（12.6%）
	実習実施者	238（87.1%）	202（84.5%）	183（85.9%）
合計		273	239	213

※平成30年2月入国管理局「平成29年「不正行為」について」より作成

a　企業単独型技能実習

　企業単独型技能実習は、日本の機関の海外の事業所等の職員を当該日本の機関に招聘し、技能等を修得するため、技能実習生が当該日本の機関で講習を受け業務に従事するという制度である。図解すると次のとおりとなる。

36　2017年12月末時点の法務省在留外国人統計における「技能実習」の在留資格で在留する外国人材が274,233人であり、「技能実習1号イ」「技能実習2号イ」「技能実習3号イ」の在留資格で在留する外国人材が9,395人であることから求めた。

図表2-30

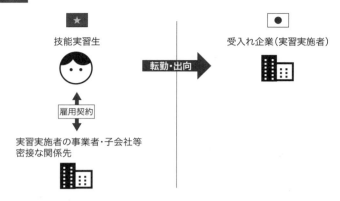

　企業単独型技能実習において、技能実習候補者は、「本邦の公私の機関の外国にある事業所の職員」又は「本邦の公私の機関と主務省令で定める密接な関係を有する外国の公私の機関の外国にある事業所の職員」であることを要する（技能実習法2条2項1号）。

　「本邦の公私の機関の外国にある事業所」の範囲は、「企業内転勤」として職員を本邦に転勤させることができる外国の事業所の範囲と同じである（審査要領）。そのため、同一会社内の異動に加え、「親会社」、「子会社」、「関連会社」（財務諸表等規則8条）「孫会社（みなし子会社）」からの転籍・出向が対象となる（審査要領）。詳細は企業内転勤部分も参照いただきたい。

　また、「本邦の公私の機関と主務省令で定める密接な関係を有する外国の公私の機関の外国にある事業所の職員」は「本邦の公私の機関と引き続き一年以上の国際取引の実績又は過去一年間に十億円以上の国際取引の実績を有する機関」及び「本邦の公私の機関と国際的な業務上の提携を行っていることその他の密接な関係を有する機関として法務大臣及び厚生労働大臣が認めるもの」をいう（技能実習法施行規則2条1項、2項）。

　この後者の類型の代表的なものとして、技能実習運用要領（28頁）では、次の具体例が記載されている。

第4 在留資格各論

〈技能実習運用要領〉

第3章　技能実習法の目的・定義等

第2節　定義（技能実習法第2条）

〔中略〕

・A国のY社と蒸気タービンの定期検査及び保守に係る技術提携契約を締結している日本のX社が、Y社から技能実習生を受け入れて蒸気タービンの据付けの技能等を修得させようとする事例。X社は今後数年間にわたってA国の発電所への蒸気タービン部品の納入を予定しており、Y社はそれに伴って蒸気タービンの部品の取付け工事を行うもの。Y社は発電設備の据付け等の技術力に乏しく、X社に職員を派遣して技能実習を行わせることにより、据付け工事を成功させることができればA国内での今後の据付け工事の受注において有利な実績となり、他方、X社はY社の職員に対して技能実習を行うことにより、不足する技術アドバイザーを確保できることから、事業上のメリットがあるもの。

・日本のX社が、A国のY社から技能実習生を受け入れて経営ノウハウを修得させようとする事例。Y社はX社のB国現地法人であるZ社（会計上X社と連結決算方式））と商標権提供契約を締結しており、Y社は売上げに応じて商標権の使用料をZ社に支払うこととされている。X社はY社から技能実習生を受け入れて経営ノウハウを修得させることによって、Y社の売上げが増加するとX社の増収となることから、事業上のメリットがあるもの。

以上をまとめると、次のとおりとなる。

図表2-31

受入候補者の所属機関（受け入れる法人から見た関係）		
自社の外国にある事業所 ・支店 ・子会社 ・関連会社 ・孫会社（みなし子会社）	密接な関係を有する外国の公私の機関の外国にある事業所	
	自社と、引き続き一年以上の国際取引の実績又は過去一年間に十億円以上の国際取引の実績を有する機関	本邦の公私の機関と国際的な業務上の提携を行っていることその他の密接な関係を有する機関として法務大臣及び厚生労働大臣が認める

b　団体監理型技能実習

団体監理型技能実習は、日本の営利を目的としない法人（事業協同組合等）により受け入れられて必要な講習を受けること及び当該法人による実習監理を受ける日本の機関で業務に従事するという制度である。図解すると次のとおりとなる（代表例として、監理団体が事業協同組合の

図表2-32

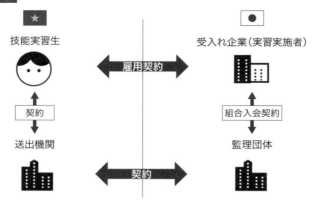

場合を想定する。)。

(a) 監理団体

団体監理型技能実習には、不可欠な機関として、監理団体がある。監理団体とは、技能実習法に基づく監理許可を受けて実習監理を行う事業(以下「監理事業」という。)を行う日本の営利を目的としない法人をいう(技能実習法2条10号)。

監理団体の許可は、第一号技能実習[37]から第三号技能実習[38]の監理を行う一般監理事業と、第一号技能実習と第二号技能実習[39]のみの監理を行う特定監理事業に分かれる(技能実習法23条1項)。

監理団体の許可を受けられる法人は、次のとおりである(技能実習法25条1項1号、技能実習法施行規則29条1項)。そして、監理団体の多くが3号の中小企業団体のうち事業協同組合(中小企業団体の組織に関する法律3条1項1号)である。

〈技能実習法施行規則〉

第29条　〔中略〕
　一　商工会議所(その実習監理を受ける団体監理型実習実施者が当該商工会議所の会員である場合に限る。)
　二　商工会(その実習監理を受ける団体監理型実習実施者が当該商工会の会

---

[37] 技能実習法施行規則1条1号に同じ。
[38] 技能実習法施行規則1条3号に同じ。
[39] 技能実習法施行規則1条2号に同じ。

第4　在留資格各論

員である場合に限る。）

三　中小企業団体（中小企業団体の組織に関する法律（昭和三十二年法律第百八十五号）第三条第一項に規定する中小企業団体をいう。）（その実習監理を受ける団体監理型実習実施者が当該中小企業団体の組合員又は会員である場合に限る。）

四　職業訓練法人

五　農業協同組合（その実習監理を受ける団体監理型実習実施者が当該農業協同組合の組合員であって農業を営む場合に限る。）

六　漁業協同組合（その実習監理を受ける団体監理型実習実施者が当該漁業協同組合の組合員であって漁業を営む場合に限る。）

七　公益社団法人

八　公益財団法人

九　前各号に掲げる法人以外の法人であって、監理事業を行うことについて特別の理由があり、かつ、重要事項の決定及び業務の監査を行う適切な機関を置いているもの

　監理団体については、外国人技能実習機構のウェブサイトで閲覧することができ、2019年10月8日時点では、一般監理事業の許可を受けている監理団体が1,277団体あり、特定監理事業の許可を受けている監理団体が1,421団体ある[40]。外国人技能実習機構のウェブサイトでは、それぞれの監理団体について対応している国、2号移行対象職種・作業、介護職種の有無が一覧として掲載されているため、技能実習制度に取り組む際は、自社が取り組む職種・作業に対応する監理団体を選ぶ際に参考になる。

(b)　送出機関

　また、同様に団体監理型技能実習の担い手として、送出機関がある。送出機関[41]とは団体監理型技能実習生になろうとする者からの団体監

40　外国人技能実習機構のウェブサイト（https://www.otit.go.jp/search_kanri/）

41　技能実習法上、送出機関には「外国の送出機関」（技能実習法23条2項6号）及び「取次送出機関」（技能実習法施行規則1条8号）という2つの概念が存在する。「外国の送出し機関」は主に監理団体の許可の際に用いられる概念であり、「取次送出機関」は「外国の送出し機関」のうち、団体監理型技能実習を監理団体に実際に取り次ぐものであり、個別の技能実習計画の認定の際に用いられる概念である（技能実習運用要領195頁）。なお、送出機関に似た機関として、技能実習生になろうとする者の外国における準備に関与する外国の機関として「外国の準備機関」（技能実習法施行規則1条9号）が存在する。「外国の準備機関」について偽変造文書の行使があると、技能実習計画が認定されない（技能実習法9条2項、技能実習法施行規則10条2項5号）。

81

第**2**章　外国人材と出入国関連法令

理型技能実習に係る求職の申込みを適切に本邦の監理団体に取り次ぐことができる者として主務省令で定める要件に適合するものをいう（技能実習法23条2項6号かっこ書）。

技能実習法施行規則25条で、主務省令で定める要件が規定されている。二国間覚書（技能実習の適正な実施及び技能実習生の保護に関する基本方針）が締結されている国について、送出国政府から認定を受けている送出機関については技能実習法施行規則25条の要件を満たしているものとみなされる（技能実習運用要領194頁）。

送出機関は、それぞれの送出国側の法律により設立、許可の付与等がされている。例えば、ベトナムを例にとると、「契約に基づくベトナム人労働者の海外派遣に関する法律」（72/2006/QH11）、政令126号（126/2007/ND-CP）、及び、通達21号（21/2013/TT-BLDTBXH）に基づき送出機関の許可が出されている。

送出機関の一覧についても、外国人技能実習機構のウェブサイトで公開されている[42]。

c　技能実習の在留資格の種類

技能実習の在留資格は、「技能実習1号」（技能実習1年目）、「技能実習2号」（技能実習2～3年目）及び「技能実習3号」（技能実習4～5年目）にわかれる。これは企業単独型技能実習でも団体監理型技能実習でも同じである。

また、企業単独型技能実習の場合、在留資格は、それぞれ「技能実習1号イ」、「技能実習2号イ」、「技能実習3号イ」とされ、団体監理型技能実習では「技能実習1号ロ」、「技能実習2号ロ」、「技能実習3号ロ」という在留資格となる[43]（入管法別表第一の二）。

㈠　技能実習生の要件

企業単独型技能実習でも、団体監理型技能実習でも、技能実習によって技能を身につけるのは技能実習生である。技能実習生の要件について

42　https://www.otit.go.jp/soushutsu_kikan_list/
43　「技能実習1号イ」、「技能実習2号イ」、「技能実習3号イ」、「技能実習1号ロ」、「技能実習2号ロ」及び「技能実習3号ロ」は、それぞれ別の在留資格である（入管法2条の2第1項かっこ書）。

は、技能実習計画（後述）の認定の基準として規定されている（技能実習法9条2号、技能実習法施行規則10条3項）。

　技能実習生の要件は、次のとおり規定されている（技能実習法施行規則10条2項3号）。

〈技能実習法施行規則〉

第10条

2　〔中略〕

　三　技能実習生が次のいずれにも該当する者であること。

　　イ　十八歳以上であること。

　　ロ　制度の趣旨を理解して技能実習を行おうとする者であること。

　　ハ　本国に帰国後本邦において修得等をした技能等を要する業務に従事することが予定されていること。

　　ニ　企業単独型技能実習に係るものである場合にあっては、申請者の外国にある事業所又は第二条の外国の公私の機関の外国にある事業所の常勤の職員であり、かつ、当該事業所から転勤し、又は出向する者であること。

　　ホ　団体監理型技能実習に係るものである場合にあっては、本邦において従事しようとする業務と同種の業務に外国において従事した経験を有すること又は団体監理型技能実習に従事することを必要とする特別な事情があること。

　　ヘ　団体監理型技能実習に係るものである場合にあっては、当該者が国籍又は住所を有する国又は地域（出入国管理及び難民認定法（昭和二十六年政令第三百十九号。以下「入管法」という。）第二条第五号ロに規定する地域をいう。以下同じ。）の公的機関（政府機関、地方政府機関又はこれらに準ずる機関をいう。以下同じ。）から推薦を受けて技能実習を行おうとする者であること。

　　ト　第三号技能実習に係るものである場合にあっては、第二号技能実習の終了後本国に一月以上帰国してから第三号技能実習を開始するものであること。

　　チ　同じ技能実習の段階（第一号技能実習、第二号技能実習又は第三号技能実習の段階をいう。）に係る技能実習を過去に行ったことがないこと（やむを得ない事情がある場合を除く。）。

---

a　「本国に帰国後本邦において修得等をした技能等を要する業務に従事することが予定されていること」（10条3項ロ）

　技能実習制度の目的が、技術移転による国際協力の推進（1条）にあることから求められる要件と解される。

要件を充足する具体例として「技能実習開始前に所属していた勤務先等に復職することが予定されていること（新たな就職先への内定を含む。）」「技能実習開始前に所属していた勤務先等に復職することが予定されていない場合にあっては、帰国後に技能実習生が修得等した技能等を適切に活用できるよう、取次送出機関が就職先のあっせんその他の必要な支援を行うこととされていること」があげられる（技能実習運用要領54頁）。

b　「団体監理型技能実習に係るものである場合にあっては、本邦において従事しようとする業務と同種の業務に外国において従事した経験を有すること又は団体監理型技能実習に従事することを必要とする特別な事情があること。」（10条3項ホ）

いわゆる前職要件を定めたものである。

「本邦において従事しようとする業務と同種の業務に外国において従事した経験を有すること」については、日本で行う技能実習で中心的に学ぶ技能について技能等について送出国で業務として従事した経験を有することが求められる[44]（技能実習運用要領54頁）。

「団体監理型技能実習に従事することを必要とする特別な事情があること。」について、技能実習運用要領では、「①実習実施者又は監理団体と送出国との間の技術協力上特に必要があると認められる場合」、「②教育機関において同種の業務に関連する教育課程を修了している場合（修了見込みの場合も含む。）」及び「③技能実習生が技能実習を行う必要性を具体的に説明でき、かつ、技能実習を行うために必要な最低限の訓練を受けている場合」の3つの類型があげられている。

①ないし③の具体的な内容は、次のとおりである。

図表2-33

①　実習実施者又は監理団体と送出国との間の技術協力上特に必要があると認められる場合
実習実施者や監理団体と送出国の公的機関との間で技能実習制度を活用して人材育成を行う旨の協定等に基づき、技能実習を行わせると認められる場合である。 この場合、実習実施者や監理団体と送出国の公的機関との間の技術協力上の必要性を立証する資料を提出することが必要となる。

44　送出国で業務として従事していた業務の名称と日本で技能実習として取り組む業務名が形式的に同一であることまでは求められない（技能実習運用要領54頁）。

第4　在留資格各論

②　教育機関において同種の業務に関連する教育課程を修了している場合（修了見込みの場合も含む。）
教育を受けた期間については6か月以上又は320時間以上であることが必要である。教育機関の形態は問われない。この場合、以下の資料を提出することが必要となる。 　A）技能実習生が教育機関に在籍したまま技能実習を行い、技能実習の終了後に当該教育機関に復学する予定である場合には、教育機関と実習実施者、監理団体又は外国の送出機関との間において締結された協定書の写し（教育機関の修了生に対し日本での技能実習を行うことを支援する内容が定められたものに限る。）又は協定内容証明書（参考様式第1−32号） 　B）教育機関の概要を明らかにする書類（同種の業務に関連する分野の教育を行っていることが分かる書類に限る。）（参考様式第1−33号） 　C）技能実習生が当該教育機関において関連する教育課程を修了したことを証明する書類（修了見込みの証明も含む。）
③　技能実習生が技能実習を行う必要性を具体的に説明でき、かつ、技能実習を行うために必要な最低限の訓練を受けている場合
③−1　技能実習生が技能実習を行う必要性
具体的には「家業を継ぐことになり、当該分野の技能実習を行う必要性が生じた場合」「本国で急成長している分野での就業を希望し、そのために当該分野での技能実習を行う必要性が生じた場合」等をいい、技能実習を行わせる理由書により立証する。
③−2　必要な最低限の訓練
次の場合が該当する。 　a　2か月以上の期間かつ320 時間以上の課程を有し、そのうち1か月以上の期間かつ160 時間以上の課程が本邦での円滑な技能等の修得等に資する知識（日本語及び本邦での生活一般に関する知識は含まない。）の科目に充てられた入国前講習である場合 　b　2か月以上の期間かつ320 時間以上の課程を有し、そのうち1か月以上の期間かつ160時間以上の課程が入国前講習、その余の1か月以上の期間かつ160 時間以上の課程が技能実習と同種の業務に関連する訓練がこれに該当 この場合、aについて入国前講習実施（予定）表（参考様式第1-29号）で、bについては入国前講習実施（予定）表に加え、訓練実施（予定）表（参考様式第1−34号）で立証する。

（技能実習運用要領54 〜 55頁）

c　「第三号技能実習に係るものである場合にあっては、第二号技能実習の終了後本国に一月以上帰国してから第三号技能実習を開始するものであること」

　技能実習法施行規則附則において、特定就労活動に従事した者に関する特例（附則4条）、旧特定就労活動に従事した者に関する経過措置（附則5条）、介護等特定活動従事者を雇用する場合（附則6条）が置かれている。候補者が該当する場合には留意が必要である。

　また、本要件について、1ヶ月以上の帰国の時期を、「第2号技能実習の終了後第3号技能実習の開始までの間」だけではなく「第3号技能

85

第**2**章 外国人材と出入国関連法令

実習の開始から1年以内の間」についても選択できるよう2019年9月
に改正が行われた。

d 技能実習の実施の基準による影響

技能実習計画の認定基準を定めた技能実習法施行規則10条2項6号
は、実習実施者、監理団体、取次送出機関、外国の準備機関等に限らず、
日本国内で技能実習に関与するブローカーから実習生を保護するため、
技能実習の実施に関する基準として、次の規定を置いている。

〈技能実習法施行規則〉

第10条

2 〔中略〕

六 技能実習の実施に関し次のいずれにも該当すること。

イ 技能実習生等(技能実習生又は技能実習生になろうとする者をいう。
以下同じ。)又はその配偶者、直系若しくは同居の親族その他技能実習
生等と社会生活において密接な関係を有する者が、当該技能実習生等が
本邦において行う技能実習に関連して、保証金の徴収その他名目のいか
んを問わず、金銭その他の財産を管理されず、かつ、技能実習に係る契
約の不履行について違約金を定める契約その他の不当に金銭その他の財
産の移転を予定する契約をしないこと。

ロ 申請者又は外国の準備機関(団体監理型技能実習に係るものである場合
にあっては、申請者、監理団体、取次送出機関又は外国の準備機関)が、
他のこれらの者との間で、技能実習生等が本邦において行う技能実習に関
連して、技能実習に係る契約の不履行について違約金を定める契約その他
の不当に金銭その他の財産の移転を予定する契約をしていないこと。

ハ (省略)

ニ 団体監理型技能実習に係るものである場合にあっては、団体監理型技
能実習生等(団体監理型技能実習生又は団体監理型技能実習生になろう
とする者をいう。以下同じ。)が団体監理型技能実習の申込みの取次ぎ
又は外国における団体監理型技能実習の準備に関して取次送出機関又は
外国の準備機関に支払う費用につき、その額及び内訳を十分に理解して
これらの機関との間で合意していること。

技能実習法施行規則10条2項6号は、①技能実習生等又は密接な関
係を有する者が保証金を徴収されず、違約金の合意がないこと(6号イ)、
②申請者又は外国の準備機関等が違約金等の契約をしていないこと(6

86

号ロ）、③技能実習生が取次送出機関や外国の準備期間に支払う必要について、十分に理解してこれらの機関と合意していること（6号ニ）が求められている。

これらの趣旨は、上述のとおり技能実習生の保護にある。しかし、実務上、実習の準備に関する費用ではあるが、技能実習生（候補者）が取次送出機関や外国の準備機関と接触する前に金銭を支払う場合があるので、補足としてここで述べたい。

通常、技能実習生候補者のリクルートは（取次）送出機関や外国の準備機関が行う。その際、（取次）送出機関や外国の準備機関が自社でリクルートをしていれば問題がないが、自社でリクルートをせずに、ブローカーを使用することがある。このブローカーへの支払い（例：1名1000USD等）を（取次）送出機関や外国の準備機関が行う場合もあるが、実習生候補者が行う場合もある。

実習生候補者が（取次）送出機関や外国の準備機関と接触する前にブローカーに手数料を支払ってしまっている場合、一般的な（取次）送出機関や外国の準備機関であれば、当該事情を（取次）送出機関や外国の準備機関への入所・入学時点で聴取できれば、入所・入学をさせないという取扱いをすると思う。

しかし、（取次）送出機関や外国の準備機関と接触する前にブローカーが介在している場合、ブローカーが技能実習生候補者に、「ブローカーへの支払いを（取次）送出機関、外国の準備機関、日本の組織にいうと、日本に渡航できなくなる」等を申し向け、技能実習生候補者が（取次）送出機関や外国の準備機関の職員や、面接に来る日本の監理団体職員、実習実施者の職員に対し、ブローカーに金銭を支払ったことを表明することが困難となっている例がある。そして、その後、技能実習生として日本に渡航した後で、実習実施者の職員に告白するケースや、誰にも相談できない一方負っている経済的な負担と技能実習で得られる賃金の差から、他で仕事を求めるべく失踪する場合がある。

このような問題を出さないために、リクルートを自社で行い、リクルートにブローカーを介在させない（取次）送出機関や外国の準備機関との

関係構築を徹底することが重要なのは言うまでもない。

また、日本側でも、無理な求人を行うと、（取次）送出機関や外国の準備機関の自社でのリクルート能力を超えてしまい、ブローカーの利用を誘発することがあるため、求人の平準化を行うなど、可能な取組を行うべきように思う。

図表2-34

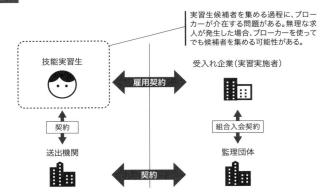

※ブローカーがリクルートの起点のみに介在するという趣旨ではない。

(ウ) 実習実施者の要件

技能実習法では、独立して実習実施者の要件を規定していない。ここでは、技能実習計画の認定基準や欠格事由等のうち、実習実施者に関するものを実習実施者の要件としてまとめたい。

なお、特定技能制度では、特定技能所属機関の体制として、適合特定技能雇用契約（後述）の適正な履行及び適合一号特定技能外国人支援計画の適正な実施が、特定技能雇用契約の相手方となる本邦の公私の機関が満たすべき基準とされているため（入管法2条の5第3項）、実習実施者の要件として、技能実習生の待遇等についてもここで扱う。

a 実習実施者の責務

技能実習法は5条で、実習実施者の責務として「実習実施者は、技能実習の適正な実施及び技能実習生の保護について技能実習を行わせる者としての責任を自覚し、第3条の基本理念にのっとり、技能実習を行わせる環境の整備に努めるとともに、国及び地方公共団体が講ずる施策に

第4　在留資格各論

協力しなければならない。」と規定している。

　そのため、実習実施者は、技能実習生が技能実習へ専念できるよう保護を図る体制の確立、労働力の需給の調整の手段として用いないことという基本理念（技能実習法3条）に基づいて技能実習の実施体制の整備に努めるものでなくてはならない。

b　実習実施者に関するもの

　技能実習計画（後述）の内容として、実習実施者が①制度の趣旨を理解して技能実習を行わせようとする者であること、及び、②第二号技能実習に係るものである場合にあっては、当該技能実習計画に係る技能実習生に第一号技能実習を行わせた者であること（第一号技能実習を行わせた者が第二号技能実習を行わせることができない場合、第一号技能実習を行わせた者が第二号技能実習を行わせることが適当でない場合その他やむを得ない事情がある場合を除く。）が必要となる（技能実習法9条2号、技能実習法施行規則10条2項4号）。

　第一号技能実習と第二号技能実習の間で、原則として同一の実習実施者による技能実習を行わせることとしているのは、同期間が、基礎的な技能等を効果的・効率的に修得する等の期間であり、同一の実習実施者において計画的かつ効率的に一貫して技能等を修得させることが重要とされるためである（技能実習運用要領59頁）。

c　技能実習を行わせる体制

　技能実習法は、技能実習計画の認定基準の一つとして、次のとおり技能実習を行わせる体制をあげる。

〈技能実習法〉

第9条　出入国在留管理庁長官及び厚生労働大臣は、前条第一項の認定の申請があった場合において、その技能実習計画が次の各号のいずれにも適合するものであると認めるときは、その認定をするものとする。〔中略〕

六　技能実習を行わせる体制及び事業所の設備が主務省令で定める基準に適合していること。

七　技能実習を行わせる事業所ごとに、主務省令で定めるところにより技能実習の実施に関する責任者が選任されていること。

89

第**2**章 外国人材と出入国関連法令

　かかる規定を受けて、技能実習法施行規則12条及び13条にて、技能実習を行わせる体制及び事業所の設備について規定がおかれている。

（a）　技能実習責任者による統括（技能実習法施行規則12条1項1号）

〈技能実習法施行規則〉

第12条　法第九条第六号（法第十一条第二項において準用する場合を含む。）の主務省令で定める基準のうち技能実習を行わせる体制に係るものは、次のとおりとする。

　一　技能実習責任者が、自己以外の技能実習指導員、生活指導員その他の技能実習に関与する職員を監督し、技能実習の進捗状況を管理するほか、次に掲げる事項を統括管理することとされていること。

　　イ　技能実習計画の作成に関すること。

　　ロ　法第九条第五号（法第十一条第二項において準用する場合を含む。）に規定する技能実習生が修得等をした技能等の評価に関すること。

　　ハ　法又はこれに基づく命令の規定による法務大臣及び厚生労働大臣又は機構（団体監理型技能実習に係るものである場合にあっては、法務大臣及び厚生労働大臣若しくは機構又は監理団体）に対する届出、報告、通知その他の手続に関すること。

　　ニ　法第二十条に規定する帳簿書類の作成及び保管並びに法第二十一条に規定する報告書の作成に関すること。

　　ホ　技能実習生の受入れの準備に関すること。

　　ヘ　団体監理型技能実習に係るものである場合にあっては、監理団体との連絡調整に関すること。

　　ト　技能実習生の保護に関すること。

　　チ　技能実習生の労働条件、産業安全及び労働衛生に関すること。

　　リ　国及び地方公共団体の機関であって技能実習に関する事務を所掌するもの、機構その他関係機関との連絡調整に関すること。

　技能実習責任者は、技能実習を行う事業所ごとに選任される技能実習の実施に関する責任者である（技能実習法9条7号）。

　技能実習法施行規則12条1号イからリまでの事項を技能実習責任者が統括管理する必要がある。統括管理するために、技能実習責任者は、①実習実施者又はその常勤の役員若しくは職員である者、②自己以外の技能実習指導員、生活指導員その他技能実習に関与する職員を監督する

90

ことができる立場にある者、③過去3年以内に技能実習責任者に対する講習を修了した者であることを要する（技能実習法施行規則13条）。なお、③については附則6条で経過措置が設けられており2020年3月31日までは講習を受けない者でも要件を満たす。

(b) 技能実習指導員の選任（技能実習法施行規則12条1項2号）

〈技能実習法施行規則〉

第12条 〔中略〕

二　技能実習の指導を担当する者として、申請者又はその常勤の役員若しくは職員のうち、技能実習を行わせる事業所に所属する者であって、修得等をさせようとする技能等について五年以上の経験を有し、かつ、次のいずれにも該当しないものの中から技能実習指導員を一名以上選任していること。

イ　法第十条第一号から第七号まで又は第九号のいずれかに該当する者

ロ　過去五年以内に出入国又は労働に関する法令に関し不正又は著しく不当な行為をした者

ハ　未成年者

技能実習生に直接指導する立場にあるものとして、技能実習指導員を選任する必要がある。技能実習指導員は、欠格事由に該当しないことの他、次の①及び②を満たす必要がある。

①実習実施者又はその常勤の役員若しくは職員のうち、技能実習を行わせる事業所に所属する者

②修得等をさせようとする技能等について5年以上の経験を有する者

②の5年の経験については、技能実習指導員が技能実習生に直接指導する立場にあることに鑑み、移行対象職種・作業である場合は、職種及び作業単位での一致する経験を有すること、指導する職種及び作業に係る技能検定等の2級の合格者であるなどの有資格者であることが望ましいとされる（技能実習運用要領76頁）。

なお、技能実習指導員については技能実習責任者と異なり講習についての受講義務はないが、技能実習生の受入れ人数枠が増加する「優良な実習実施者」の判定において、加点要素として扱われる（技能実習法施行規則15条1号）。

91

第**2**章 外国人材と出入国関連法令

(c) 生活指導員の選任（技能実習法施行規則12条1項3号）

--〈技能実習法施行規則〉--------------------------------

第12条 〔中略〕

　三　技能実習生の生活の指導を担当する者として、申請者又はその常勤の役
　　員若しくは職員のうち、技能実習を行わせる事業所に所属する者であって、
　　前号イからハまでのいずれにも該当しないものの中から生活指導員を一名
　　以上選任していること。

　実習実施者又はその常勤の役員若しくは職員のうち、技能実習を行わ
せる事業所に所属する者の中から生活指導員を選任する必要がある。生
活指導員も技能実習法施行規則12条1項2号に規定される欠格事由に
該当しないことが必要である。

　生活指導員は、技能実習生を生活面から直接指導する必要があること
から、技能実習を行わせる事業所（工場等）に所属して勤務する者から
選任する必要がある（技能実習運用要領77頁）。

　なお、生活指導員についても、技能実習責任者と異なり講習について
の受講義務はないが、技能実習生の受入れ人数枠が増加する「優良な実
習実施者」の判定において、加点要素として扱われる（技能実習法施行
規則15条1号）。

(d) 入国後講習の施設確保（技能実習法施行規則12条1項4号）

--〈技能実習法施行規則〉--------------------------------

第12条 〔中略〕

　四　第一号企業単独型技能実習に係るものである場合にあっては申請者が、
　　第一号団体監理型技能実習に係るものである場合にあっては監理団体が、
　　入国後講習を実施する施設を確保していること。

　入国後講習（技能実習法第二条第二項第一号及び同条第四項第一号に
規定される講習（技能実習法施行規則1条7号））を実施する施設につき、
企業単独型技能実習の場合は実習実施者、団体監理型技能実習につい
ては監理団体が確保する必要がある。

　入国後講習を実施する施設は、入国後講習が座学で行われることから、
机と椅子が整えられた学習に適した施設である必要があるが、施設の自

92

己所有までは求められず、賃借するなどの方法で施設を確保することで足りる（技能実習運用要領78頁）。

（e）　労災保険関係成立等の措置（技能実習法施行規則12条1項5号）

〈技能実習法施行規則〉

第12条　〔中略〕

　　五　企業単独型技能実習に係るものである場合にあっては申請者が、団体監理型技能実習に係るものである場合にあっては申請者又は監理団体が、申請者の事業に関する労働者災害補償保険法（昭和二十二年法律第五十号）による労働者災害補償保険に係る保険関係の成立の届出その他これに類する措置を講じていること。

　企業単独型技能実習である場合は実習実施者が、団体監理型技能実習の場合は実習実施者又は監理団体が労働者災害補償保険に係る保険関係の成立の届出をする必要がある。

　「その他これに類する措置」とは、労災保険制度において暫定任意適用事業とされている農林水産の事業の一部を想定した規定であり、暫定任意適用事業に該当する場合で労災保険に加入していない場合、労災保険の代替措置として民間の任意保険に加入する必要がある（技能実習運用要領78頁）。

　暫定任意適用事業は、次のものがあげられる（労働災害保険法附則（昭和44年）12条）。

　①　労働者数5人未満の個人経営の農業であって、特定の危険又は有害な作業を主として行う事業以外のもの
　②　労働者を常時は使用することなく、かつ、年間使用延労働者数が300人未満の個人経営の林業
　③　労働者数5人未満の個人経営の畜産、養蚕又は水産（総トン数5トン未満の漁船による事業等）の事業

（f）　帰国旅費の負担（技能実習法施行規則12条1項6号）

〈技能実習法施行規則〉

第12条　〔中略〕

　　六　企業単独型技能実習に係るものである場合にあっては申請者が、団体監理

第**2**章　外国人材と出入国関連法令

> 型技能実習に係るものである場合にあっては監理団体が、技能実習の終了後
> の帰国（第二号技能実習の終了後に行う第三号技能実習の開始前の一時帰国
> を含む。）に要する旅費（第三号技能実習に係るものであって、第二号技能
> 実習生が第二号技能実習を行っている間に申請がされた場合にあっては、第
> 三号技能実習の開始前の本邦への渡航に要する旅費及び第三号技能実習の終
> 了後の帰国に要する旅費）を負担するとともに、技能実習の終了後の帰国が
> 円滑になされるよう必要な措置を講ずることとしていること。

　企業単独型技能実習の場合には実習実施者が、団体監理型技能実習の
場合は監理団体が技能実習終了後の帰国旅費を負担する必要がある。こ
れは、技能等を移転するという技能実習制度の趣旨に鑑み、技能実習生
の帰国に支障を来さないようにするためである（技能実習運用要領79頁）。
　また、帰国事由が技能実習生の「自己都合」である場合であっても、
帰国旅費は、実習実施者又は監理団体が負担する必要がある（技能実習
運用要領80頁）。

(g)　外国の送出機関からの取次ぎ（技能実習法施行規則12条1項7号）

〈技能実習法施行規則〉

第12条　〔中略〕
　七　団体監理型技能実習において、監理団体が団体監理型技能実習の申込みの
　　　取次ぎを受ける場合にあっては、外国の送出機関からの取次ぎであること。

　団体監理型技能実習については、監理団体が取次ぎをうける場合には、
外国の送出機関から取次ぎを受ける必要がある。これは、技能実習生を
保護するため、技能実習法施行規則25条の要件を満たす外国の送出機
関からの取次ぎのみを認めるものである。

(h)　人権侵害行為、偽変造文書等の行使（技能実習法施行規則12条1項8号・9号）

〈技能実習法施行規則〉

第12条　〔中略〕
　八　申請者又はその役員（業務を執行する社員、取締役、執行役又はこれら

第4　在留資格各論

に準ずる者をいい、相談役、顧問その他いかなる名称を有する者であるか
を問わず、法人に対し業務を執行する社員、取締役、執行役又はこれらに
準ずる者と同等以上の支配力を有するものと認められる者を含む。次号に
おいて同じ。）若しくは職員が、過去五年以内に技能実習生の人権を著し
く侵害する行為を行っていないこと。

九　申請者又はその役員若しくは職員が、過去五年以内に、不正に法第八条第
一項若しくは第十一条第一項の認定を受ける目的、監理事業を行おうとする
者に不正に法第二十三条第一項若しくは第三十二条第一項の許可若しくは法
第三十一条第二項の更新を受けさせる目的、出入国若しくは労働に関する法
令の規定に違反する事実を隠蔽する目的又はその事業活動に関し外国人に不
正に入管法第三章第一節若しくは第二節の規定による証明書の交付、上陸許
可の証印若しくは許可、同章第四節の規定による上陸の許可若しくは入管法
第四章第一節若しくは第二節若しくは第五章第三節の規定による許可を受け
させる目的で、偽造若しくは変造された文書若しくは図画又は虚偽の文書若
しくは図画を行使し、又は提供する行為を行っていないこと。

　実習実施者又は役員、若しくは職員が過去5年間に技能実習生の人権を
著しく侵害する行為を行っていないことが必要となる（8号）。「人権を著
しく侵害する行為」には、人権侵害を受けた旨の申告により人権擁護機関
において人権侵害の事実が認められた場合や、技能実習生の意に反して
預金通帳を取り上げていた場合等が考えられる（技能実習運用要領81頁）。

　また、実習実施者又は役員、若しくは職員が過去5年間に不正な目的
で偽変造文書を行使等していないことが必要となる（9号）。典型的な
事例としては、実地検査の際に、技能実習生に対する賃金不払いの事実
を隠避するために、二重に作成した賃金台帳を示すような場合である（技
能実習運用要領81～82頁）。

（i）　法令違反時の報告（技能実習法施行規則12条1項10号）

--- 〈技能実習法施行規則〉 ---

第12条　〔中略〕

　十　法第十六条第一項各号のいずれかに該当するに至ったときは、直ちに、
企業単独型実習実施者にあっては機構に、団体監理型実習実施者にあって
は監理団体に、当該事実を報告することとされていること。

95

第**2**章　外国人材と出入国関連法令

〈技能実習法〉

第16条　出入国在留管理庁長官及び厚生労働大臣は、次の各号のいずれかに
該当するときは、実習認定を取り消すことができる。

一　実習実施者が認定計画に従って技能実習を行わせていないと認めるとき。

二　認定計画が第九条各号のいずれかに適合しなくなったと認めるとき。

三　実習実施者が第十条各号のいずれかに該当することとなったとき。

四　第十三条第一項の規定による報告若しくは帳簿書類の提出若しくは提示を
せず、若しくは虚偽の報告若しくは虚偽の帳簿書類の提出若しくは提示をし、
又は同項の規定による質問に対して答弁をせず、若しくは虚偽の答弁をし、
若しくは同項の規定による検査を拒み、妨げ、若しくは忌避したとき。

五　第十四条第一項の規定により機構が行う報告若しくは帳簿書類の提出若しく
は提示の求めに虚偽の報告若しくは虚偽の帳簿書類の提出若しくは提示をし、
又は同項の規定により機構の職員が行う質問に対して虚偽の答弁をしたとき。

六　前条第一項の規定による命令に違反したとき。

七　出入国又は労働に関する法令に関し不正又は著しく不当な行為をしたとき

　技能実習法16条1項各号が規定する技能実習計画に対する認定（実
習認定）の取消事由に該当するに至った場合、実習実施者は、企業単独
型技能実習である場合は外国人技能実習機構に、団体監理型である場合
は監理団体に報告することを要する。

　企業単独型技能実習の場合で外国人技能実習機構に報告する場合は報
告書（参考書式第3-1号）を用い、団体監理型技能実習の実習実施者が
監理団体に報告する場合は、適宜の方式で良い（技能実習運用要領82頁）。

（j）　二重契約の禁止（技能実習法施行規則12条1項11号）

〈技能実習法施行規則〉

第12条　〔中略〕

十一　申請者又は監理団体において、技能実習生との間で、技能実習計画と
反する内容の取決めをしていないこと。

　実習実施者及び監理団体は、技能実習計画と反する内容の取り決めを
してはならない。「技能実習計画と反する」には、技能実習計画の認定（技
能実習法8条）を受ける際に提出した労働契約書に記載された内容と実

第4　在留資格各論

際の内容（例：賃金等）が異なることも含むと解されている（技能実習
運用要領82頁）。

⒦　監理団体の改善命令（技能実習法施行規則12条1項12号）

〈技能実習法施行規則〉

第12条　〔中略〕

　十二　団体監理型技能実習に係るものであり、監理団体が法第三十六条第一
　　　項の規定による改善命令を受けたことがある場合にあっては、当該監理団
　　　体が改善に必要な措置をとっていること。

　団体監理型技能実習において、監理団体が技能実習法その他出入国若
しくは労働に関する法律又はこれらに基づく命令の規定に違反した場合
において、監理事業の適正な運営を確保するために必要があると認める
ときに該当するとして主務大臣から改善命令を受けた場合、必要な措置
がとられていることを要する。

⑴　技能実習を継続して行わせる体制（技能実習法施行規則12条1項13号）

〈技能実習法施行規則〉

第12条　〔中略〕

　十三　技能実習生に対する指導体制その他の技能実習を継続して行わせる体
　　　制が適切に整備されていること。

　技能実習を継続して行わせる体制としては、主に財務基盤及び人的資
源の面から体制を適切に整備することが求められる。

　財務基盤については、実習実施者の事業年度末における欠損金の有無、
債務超過の有無等から総合的に勘案される（技能実習運用要領83頁）。
また人的資源の面については、技能実習生の人数及び作業内容に照ら
して、技能実習指導員の数が著しく少ない場合には、人員について補充す
る等が必要となると解される（技能実習運用要領83頁）。

⒨　特定の職種・作業に関するもの（技能実習法施行規則12条1項14号）

技能実習法では、主務大臣が制度全体の適正化を図り、個別の職種分

97

第**2**章　外国人材と出入国関連法令

野について、当該職種に係る知識を有する事業所管省庁が当該特定職種
及び作業に特有の事情を踏まえた告示を制定することが可能な仕組みと
なっている（技能実習運用要領85頁）。

　2019年7月1日時点では、自動車整備職種及び作業関係、漁船業職
種及び養殖業職種に関する作業関係、介護職種及び作業関係についての
告示が存在する。また、今後建設職種についても告示が追加され、令和
2年1月1日（一部令和2年4月1日）に施行が予定されている。

d　技能実習を行わせる事業所の設備に関するもの

〈技能実習法〉

第9条　出入国在留管理庁長官及び厚生労働大臣は、前条第一項の認定の申請
　があった場合において、その技能実習計画が次の各号のいずれにも適合する
　ものであると認めるときは、その認定をするものとする。
　六　技能実習を行わせる体制及び事業所の設備が主務省令で定める基準に適
　　合していること。

〈技能実習法施行規則〉

第12条　法第九条第六号（法第十一条第二項において準用する場合を含む。）
　の主務省令で定める基準のうち技能実習を行わせる体制に係るものは、次の
　とおりとする。〔中略〕
2　法第九条第六号（法第十一条第二項において準用する場合を含む。）の主務
　省令で定める基準のうち技能実習を行わせる事業所の設備に係るものは、次
　のとおりとする。
　一　技能等の修得等に必要な機械、器具その他の設備を備えていること。
　二　前号に掲げるもののほか、法務大臣及び厚生労働大臣が告示で定める特
　　定の職種及び作業に係るものにあっては、当該特定の職種及び作業に係る
　　事業所管大臣が、法務大臣及び厚生労働大臣と協議の上、当該職種及び作
　　業に特有の事情に鑑みて告示で定める基準に適合すること。

　技能実習の実施に必要な機械、器具その他の設備を備えていること
が求められる。どのような機械、器具等が必要となるかは、当該移行
対象職種・作業の審査基準や実習計画モデル例を参考に判断すること
になる[45]。実務上見られるケースであるが、実習実施者の設備が新し
いもので自動化が進んでいるような場合に、移行対象職種・作業の必

98

第4　在留資格各論

須作業を行うのに必要な機材がない場合がある。そのような場合、本条に従って、必要な機械、器具その他設備の整備が必要となる。

e　監理団体の実習監理

┌╴〈技能実習法〉╶────────────────────────────┐

第9条　〔中略〕

　八　団体監理型技能実習に係るものである場合は、申請者が、技能実習計画の作成について指導を受けた監理団体（その技能実習計画が第三号団体監理型技能実習に係るものである場合は、監理許可（第二十三条第一項第一号に規定する一般監理事業に係るものに限る。）を受けた者に限る。）による実習監理を受けること。

└──────────────────────────────────────┘

　団体監理型技能実習の場合、実習実施者は、技能実習計画の作成について指導を受けた監理団体により、実習監理を受ける必要がある。

f　技能実習生の待遇に関するもの

┌╴〈技能実習法〉╶────────────────────────────┐

第9条　〔中略〕

　九　技能実習生に対する報酬の額が日本人が従事する場合の報酬の額と同等以上であることその他技能実習生の待遇が主務省令で定める基準に適合していること。

└──────────────────────────────────────┘

┌╴〈技能実習法施行規則〉╶──────────────────────────┐

第14条　法第九条第九号（法第十一条第二項において準用する場合を含む。）の主務省令で定める基準は、次のとおりとする。

　一　企業単独型技能実習に係るものである場合にあっては申請者が、団体監理型技能実習に係るものである場合にあっては申請者又は監理団体が、技能実習生のための適切な宿泊施設を確保していること。

　二　第一号企業単独型技能実習に係るものである場合にあっては申請者が、第一号団体監理型技能実習に係るものである場合にあっては申請者又は監理団体が、手当の支給その他の方法により、第一号技能実習生が入国後講習に専念するための措置を講じていること。

└──────────────────────────────────────┘

45　移行対象職種・作業についての審査基準及び実習計画モデル例は、厚生労働省のウェブサイト（https://www.mhlw.go.jp/stf/seisakunitsuite/bunya/koyou_roudou/jinzaikaihatsu/global_cooperation/002.html）で公開されている。

第2章　外国人材と出入国関連法令

三　団体監理型技能実習に係るものである場合にあっては、法第二十八条第二項の規定により監理費として徴収される費用について、直接又は間接に団体監理型技能実習生に負担させないこととしていること。

四　食費、居住費その他名目のいかんを問わず技能実習生が定期に負担する費用について、当該技能実習生が、当該費用の対価として供与される食事、宿泊施設その他の利益の内容を十分に理解した上で申請者との間で合意しており、かつ、当該費用の額が実費に相当する額その他の適正な額であること。

五　前各号に掲げるもののほか、法務大臣及び厚生労働大臣が告示で定める特定の職種及び作業に係るものにあっては、当該特定の職種及び作業に係る事業所管大臣が、法務大臣及び厚生労働大臣と協議の上、当該職種及び作業に特有の事情に鑑みて告示で定める基準に適合すること。

(a)　技能実習生に対する報酬の額（技能実習法9条）

　技能実習生に対する報酬の額は、日本人が従事する場合の報酬の額と同等以上であることが求められる。

　「報酬」とは、他の在留資格の場合と同様に、「一定の役務の給付の対価として与えられる反対給付」をいい、通勤手当、扶養手当、住宅手当等の実費弁償の性格を有するもの（課税対象となるものを除く。）は含まない（審査要領、技能実習運用要領88頁）。

　「日本人が従事する場合の報酬額と同等以上」について、同程度の技能等を有する国内人材がいる場合には、技能実習生の任される職務内容や技能実習生の職務に対する責任の程度が当該国内人材と同等であることであり、当該国内人材に対する報酬の額と同等以上であることが必要となる。また、同程度の技能等を有する国内人材がいない場合には、賃金規定がある場合には同規定に照らし、個々の企業の報酬体系の観点から、賃金規定がない場合には、技能実習生の任される職務内容や職務に対する責任の程度が最も近い職務を担う国内人材との比較の観点から、「日本人が従事する場合の報酬額と同等以上」であるといえることが必要となる（技能実習運用要領87頁）。

　なお、次の表は、2017年1月から10月末までの間にJITCOが支援した「技能実習1号」及び2017年4月から12月までに「技能実習2号」

への移行申請をした技能実習生への支給予定賃金の統計であり、報酬額の決定に参考になると思われる。

図表2−35

支給額	合計		企業単独型（1号イ）		団体監理型（1号ロ）	
（万円）	人数	構成比	人数	構成比	人数	構成比
0〜11	33	0.1%	0	0.0%	33	0.1%
11〜12	1,504	3.1%	28	1.1%	1,476	3.2%
12〜13	12,067	24.9%	432	16.5%	11,635	25.4%
13〜14	16,990	35.1%	392	15.0%	16,596	36.3%
14〜15	10,602	21.9%	629	24.0%	9,973	21.8%
15〜	7,192	14.9%	1,139	43.4%	6,053	13.2%
合計	48,388	100.0%	2,622	100.0%	45,766	100.0%
平均	137,402円		147,293円		136,835円	

※公益財団法人国際研修協力機構編『2018年版外国人技能実習・研修事業実施状況報告 JITCO白書』62頁
※支給額欄の数字について、右側の数字は未満を表す。
※労働契約書における1ヶ月当たりの支給概算額は、支給を予定する基本賃金及び各種手当の合計であり、所定労働時間に対する時間外賃金等は含まない。

図表2−36

支給額	合計		企業単独型（2号イ）		団体監理型（2号ロ）	
（万円）	人数	構成比	人数	構成比	人数	構成比
10〜11	13	0.0%	0	0.0%	13	0.0%
11〜12	888	2.0%	2	0.2%	886	2.0%
12〜13	9,652	21.2%	97	9.4%	9,555	21.5%
13〜14	16,466	36.2%	240	23.3%	16,226	36.5%
14〜15	11,604	25.5%	435	42.3%	11,169	25.2%
15〜16	4,477	9.9%	128	12.4%	4,349	9.8%
16〜17	1,847	4.1%	81	7.9%	1,766	4.0%
17〜	477	1.1%	46	4.5%	431	1.0%
合計	45,424	100.0%	1,029	100.0%	44,395	100.0%
平均	138,521円		144,506円		138,382円	

※公益財団法人国際研修協力機構編『2018年版外国人技能実習・研修事業実施状況報告 JITCO白書』94頁
※支給額欄の数字について、右側の数字は未満を表す。
※労働契約書における1ヶ月当たりの支給概算額は、支給を予定する基本賃金及び各種手当の合計であり、所定労働時間に対する時間外賃金等は含まない。

第**2**章　外国人材と出入国関連法令

(b) 宿泊施設の確保に関するもの（技能実習法施行規則14条1項1号）

　実習実施者又は監理団体は、適切な宿泊施設を確保する必要がある。適切な宿泊施設としては、次の事項が確認できることを要する（技能実習運用要領88 〜 89頁）。

〈技能実習運用要領〉

第4章第2節

　第10　技能実習生の待遇に関するもの

(2)　宿泊施設の確保に関するもの

〔中略〕

①　宿泊施設を確保する場所は、爆発物、可燃性ガス等の火災による危険の大きい物を取扱い・貯蔵する場所の付近、高熱・ガス・蒸気・粉じんの発散等衛生上有害な作業場の付近、騒音・振動の著しい場所、雪崩・土砂崩壊のおそれのある場所、湿潤な場所、出水時浸水のおそれのある場所、伝染病患者収容所建物及び病原体によって汚染のおそれの著しいものを取り扱う場所の付近を避ける措置を講じていること

②　2階以上の寝室に寄宿する建物には、容易に屋外の安全な場所に通ずる階段を2箇所以上（収容人数15人未満は1箇所）設ける措置を講じていること

③　適当かつ十分な消火設備を設置する措置を講じていること

④　寝室については、床の間・押入を除き、1人当たり4.5㎡以上を確保することとし、個人別の私有物収納設備、室面積の7分の1以上の有効採光面積を有する窓及び採暖の設備を設ける措置を講じていること

⑤　就眠時間を異にする2組以上の技能実習生がいる場合は、寝室を別にする措置を講じていること

⑥　食堂又は炊事場を設ける場合は、照明・換気を十分に行い、食器・炊事用器具を清潔に保管し、ハエその他の昆虫・ネズミ等の害を防ぐための措置を講じていること

⑦　他に利用し得るトイレ、洗面所、洗濯場、浴場のない場合には、当該施設を設けることとし、施設内を清潔にする措置を講じていること

⑧　宿泊施設が労働基準法第10条に規定する「事業の附属寄宿舎」に該当する場合は、同章で定められた寄宿舎規則の届出等を行っており、又は速やかに行うこととしていること

　なお、「特定技能」における一号特定技能外国人支援として住居を確

第4 在留資格各論

保する場合、1人当たり7.5平方メートル以上の広さを満たす必要がある（支援運用要領12頁）。

(c) 入国後講習への専念措置（技能実習法施行規則14条1項2号）

実習実施者又は監理団体は、第一号技能実習で行う入国後講習につき、技能実習生が受講に専念できる待遇を確保する必要がある。

受講に専念できる待遇を確保する手段としては、食費、住居費等に対応する講習手当を支給する必要がある。

(d) 監理費の負担の禁止（技能実習法施行規則14条1項3号）

技能実習法では、監理団体は「監理事業に通常必要となる経費等を勘案して主務省令で定める適正な種類及び額の監理費」を団体監理型技能実習の実習実施者に請求することができると規定する（技能実習法28条2項）。そして、技能実習法施行規則では、職業紹介費、講習費、監査指導費、その他諸経費を徴収可能とする（技能実習法施行規則37条）。

これらの監理費について、直接にも、間接的にも技能実習生に負担させることは、許されない。

(e) 技能実習生が定期に負担する費用（技能実習法施行規則14条1項4号）

技能実習生が負担する食費、居住費、水道・光熱費等がある場合は、当該負担について技能実習生が十分に理解して負担について合意しており、かつ、実費に相当する金額であることを要する。

なお、寮費等を賃金から控除する場合、賃金控除についての労使協定が必要となる（労基法24条1項）。協定書の書式は自由であるが、控除対象となる具体的な項目、控除を行う賃金支払日を記載する必要がある（昭和27年9月20日発基第675号）。

g 技能実習生の人数枠と優良な実習実施者

技能実習生の人数枠は、企業単独型技能実習及び団体監理型技能実習ごとに、法定されている（技能実習法9条11号、技能実習法施行規則16条）。また、優良な実習実施者として（技能実習法9条10号、技能実習法施行規則15条）認定されると、人数枠が増加するという仕組みになっている（技能実習法施行規則16条2項）。

第2章　外国人材と出入国関連法令

(a)　企業単独型技能実習の人数枠

企業単独型技能実習の受入れ人数は、第一号技能実習生について、実習実施者の常勤[46]の職員[47]の総数[48]の20分の1、第一号技能実習生[49]の場合は実習実施者の常勤の職員の総数の10分の1の人数となる（技能実習法施行規則16条1項1号）。

この数は、次の2点で変更される。まず、企業単独型技能実習の実習実施者が技能実習法施行規則16条1項2号で定める人数の企業単独型技能実習生を受け入れた場合においても継続的かつ安定的に企業単独型技能実習を行わせることができる体制を有するものとして法務大臣及び厚生労働大臣が認めた場合（以下「16条1項2号認定[50]」という。）には、次の人数となる（技能実習法施行規則16条1項2号）。同規則の認定をうける場合は、理由書（参考様式第1−26号）及び立証書類を提出する必要がある（技能実習運用要領108頁）。

46　「常勤」の職員とは、実習実施者に継続的に雇用されている職員をいい、いわゆる正社員をいうが、正社員と同様の就業時間で継続的に勤務している日給月給者を含む（技能実習運用要領108頁）。法人の取締役等は法人の役員であり、職員として取り扱うことは、原則としてできないが、法人から労働の対価として報酬を受けている場合であって法人に使用される者については、役員が職員を兼ねるものとして、職員として扱うことが可能である（技能実習運用要領108頁）。
　　なお、事業の特殊性から、建設業及び農業については、常勤の職員の取扱いについて、技能実習運用要領108頁以下に個別の記載がなされている。

47　外国にある事業所に所属する常勤の職員及び技能実習生を除く（技能実習法施行規則16条1項1号）

48　常勤の職員の「総数」とは、本社、支社、事業所を含めた法人全体の常勤の職員数を基に算出し、事業所ごとに算出しない。そして、実習実施者が複数の法人で構成される場合（技能実習法8条1項参照）は、当該法人の全ての常勤の職員の総数、当該法人全てに受け入れられている技能実習生の人数を合算して算出する（技能実習運用要領108頁）。

49　技能実習法施行規則1条4号に同じ。

50　かかる認定をうけることができる「体制」の要件は、次のとおりである（技能実習運用要領110頁）。
①　中小企業の事業活動の機会の確保のための大企業者の事業活動の調整に関する法律第2条第2項第1号に該当する場合
　ア　中小企業の事業活動の機会の確保のための大企業者の事業活動の調整に関する法律第2条第2項第1号に該当すること
　イ　帰国した技能実習生が技能実習の成果を発揮していること又は成果が期待できること
②　中小企業の事業活動の機会の確保のための大企業者の事業活動の調整に関する法律第2条第2項第1号に該当しない場合
　ア　技能実習生の受入れ実績を有すること
　イ　技能実習生の過去1年間の受入れにおいて改善命令を受けたことがないこと
　ウ　帰国した技能実習生が技能実習の成果を発揮していること又は成果が期待できること
　エ　実習実施者になろうとする者について相応の常勤の職員数（原則60名以上）が在籍していることその他の十分な体制を有していること

第4 在留資格各論

図表2-37

申請者の常勤の職員の総数	第一号技能実習生の数	第二号技能実習生の数
301人以上	常勤の職員の総数の20分の1	常勤の職員の総数の10分の1
201人以上300人以下	15人	30人
101人以上200人以下	10人	20人
51人以上100人以下	6人	12人
41人以上50人以下	5人	10人
31人以上40人以下	4人	8人
30人以下	3人	6人

　次に、実習実施者が技能実習法施行規則15条の基準を満たし、優良な実習実施者と認定される場合には、次のとおりの人数枠となる。

　まず、16条1項2号認定を受けていない場合については、第一号技能実習生については常勤職員の10分の1、第二号技能実習生[51]については常勤職員の5分の1（10分の2）、第三号技能実習生については常勤職員の10分の3となる（技能実習法施行規則16条2項1号）。

　16条1項2号認定を受けている場合には、次の表のとおりとなる[52]。

図表2-38 優良な実習実施者（企業単独型）の受入れ人数枠

16条1項2号認定を受けていない場合			
実習生区分	第一号技能実習生	第二号技能実習生	第三号技能実習生[53]
人数枠	常勤職員の総数の10分の1	常勤職員の総数の5分の1	常勤職員の総数の10分の3
16条1項2号認定を受けている場合			
申請者の常勤の職員の総数	第一号技能実習生	第二号技能実習生	第三号技能実習生
301人以上	常勤の職員の総数の10分の1	常勤の職員の総数の5分の1	常勤の職員の総数の10分の3
201人以上300人以下	30人	60人	90人
101人以上200人以下	20人	40人	60人
51人以上100人以下	12人	24人	36人
41人以上50人以下	10人	20人	30人
31人以上40人以下	8人	16人	24人
30人以下	6人	12人	18人

51 技能実習法施行規則1条5号に同じ。
52 但し、第一号技能実習生の場合には実習実施者の常勤の職員の総数を、第二号技能実習生の場合には実習実施者の常勤の職員の総数の2倍の数を、第三号技能実習生の場合には、実習実施者の常勤の職員の総数の3倍の数を超えることはできない（技能実習法施行規則16条2項2号）
53 技能実習法施行規則1条6号に同じ。

16条1項2号認定を受けていない場合とあわせて記載する。

(b) 団体監理型技能実習の人数枠

団体監理型技能実習の場合については、原則の人数枠は、次のとおりである（技能実習法施行規則16条1項2号）。

図表2-39

申請者の常勤の職員の総数	第一号技能実習生の数	第二号技能実習生の数
301人以上	常勤の職員の総数の20分の1	常勤の職員の総数の10分の1
201人以上300人以下	15人	30人
101人以上200人以下	10人	20人
51人以上100人以下	6人	12人
41人以上50人以下	5人	10人
31人以上40人以下	4人	8人
30人以下	3人	6人

また、団体監理型技能実習における実習実施者が技能実習法施行規則15条の基準を満たし、優良な実習実施者と認定される場合であって、監理団体が一般監理事業の監理許可を受けた場合には、受入れ人数の枠は、次のとおりとなる[54]（技能実習法施行規則16条2項）。

図表2-40

申請者の常勤の職員の総数	第一号技能実習生	第二号技能実習生	第三号技能実習生
301人以上	常勤の職員の総数の10分の1	常勤の職員の総数の5分の1	常勤の職員の総数の10分の3
201人以上300人以下	30人	60人	90人
101人以上200人以下	20人	40人	60人
51人以上100人以下	12人	24人	36人
41人以上50人以下	10人	20人	30人
31人以上40人以下	8人	16人	24人
30人以下	6人	12人	18人

---

54 第一号技能実習生の場合には実習実施者の常勤の職員の総数を、第二号技能実習生の場合には実習実施者の常勤の職員の総数の2倍の数を、第三号技能実習生の場合には、実習実施者の常勤の職員の総数の3倍の数を超えることはできない点は、企業単独型技能実習と同様である（技能実習法施行規則16条2項2号）。

第4　在留資格各論

(c)　優良な実習実施者

〈技能実習法〉

第9条　出入国在留管理庁長官及び厚生労働大臣は、前条第一項の認定の申請があった場合において、その技能実習計画が次の各号のいずれにも適合するものであると認めるときは、その認定をするものとする。〔中略〕

　　十　第三号企業単独型技能実習又は第三号団体監理型技能実習に係るものである場合は、申請者が技能等の修得等をさせる能力につき高い水準を満たすものとして主務省令で定める基準に適合していること。

〈技能実習法施行規則〉

第15条　法第九条第十号（法第十一条第二項において準用する場合を含む。）の主務省令で定める基準は、次に掲げる事項を総合的に評価して、技能等の修得等をさせる能力につき高い水準を満たすと認められるものであることとする。

　　一　技能等の修得等に係る実績

　　二　技能実習を行わせる体制

　　三　技能実習生の待遇

　　四　出入国又は労働に関する法令への違反、技能実習生の行方不明者の発生その他の問題の発生状況

　　五　技能実習生からの相談に応じることその他の技能実習生に対する保護及び支援の体制及び実施状況

　　六　技能実習生と地域社会との共生に向けた取組の状況

　第三号技能実習を実施するためには、実習実施者が技能実習法9条10号及び技能実習法施行規則15条各号の基準を満たし、いわゆる優良な実習実施者に認定される必要がある。優良な実習実施者に認定された場合、第三号技能実習が可能となるだけではなく、前述のとおり、技能実習生の受入れ人数枠も拡大される。

　優良な実習実施者に認定されるためには、技能実習法施行規則15条各号の項目を総合的に考慮し、必要な水準を満たすか否かが判断される。

　具体的には、次の表のとおり配点がされており、算定結果が6割以上であった場合に「優良」であると判断される（技能実習運用要領94頁以下）。

107

第**2**章 外国人材と出入国関連法令

図表2-41

技能等の修得等に係る実績（技能実習法施行規則15条1号）	
最大：70点	
Ⅰ　過去3年間の基礎級程度の技能検定等の学科試験及び実技試験の合格率（旧制度の基礎2級程度の合格率を含む。）	95%以上　20点 80%以上95%未満　10点 75%以上80%未満　0点 75%未満　−20点
Ⅱ　過去3年間の2・3級程度の技能検定等の実技試験の合格率 〈計算方法〉 分母：新制度の技能実習生の2号・3号修了者数 －うちやむを得ない不受検者数 ＋旧制度の技能実習生の受検者数 分子：（3級合格者数＋2級合格者数×1.5）×1.2 ＊旧制度の技能実習生の受検実績について、施行日以後の受検実績は必ず算入。施行日前については、施行前の基準日以前の受検実績は算入しないこととすることも可。 ＊施行後3年間については、Ⅱに代えて、Ⅱ−2⑴及び⑵で評価することも可能とする。	80%以上　40点 70%以上80%未満　30点 60%以上70%未満　20点 50%以上60%未満　0点 50%未満　−40点
Ⅱ−2⑴　直近過去3年間の3級程度の技能検定等の実技試験の合格実績	合格者3人以上　35点 合格者2人　25点 合格者1人　15点 合格者なし　−35点
Ⅱ−2⑵　直近過去3年間の2級程度の技能検定等の実技試験の合格実績	合格者2人以上　5点 合格者1人　3点
Ⅲ　直近過去3年間の2・3級程度の技能検定等の学科試験の合格実績 ＊2級、3級で分けず、合格人数の合計で評価	合格者2人以上　5点 合格者1人　3点
Ⅳ　技能検定等の実施への協力 ＊技能検定委員（技能検定における学科試験及び実技試験の問題の作成、採点、実施要領の作成や検定試験会場での指導監督などを職務として行う者）又は技能実習評価試験において技能検定委員に相当する者を社員等の中から輩出している場合や、実技試験の実施に必要とされる機材・設備等の貸与等を行っている場合を想定	有　5点
技能実習を行わせる体制（技能実習法施行規則15条2号）	
最大：10点	
Ⅰ　直近過去3年以内の技能実習指導員の「技能実習指導員講習」受講歴	全員有　5点
Ⅱ　直近過去3年以内の生活指導員の「生活指導員講習」受講歴	全員有　5点

技能実習生の待遇（技能実習法施行規則15条3号）	
最大：10点	
Ⅰ 第1号技能実習生の賃金（基本給）のうち最低のものと最低賃金の比較	115％以上　5点 105％以上115％未満　3点
Ⅱ 技能実習生の賃金に係る技能実習の各段階ごとの昇給率	5％以上　5点 3％以上5％未満　3点
法令違反・問題の発生状況（技能実習法施行規則15条4号）	
最大：5点	
Ⅰ 直近過去3年以内に改善命令を受けたことがあること（旧制度の改善命令相当の行政指導を含む。）	改善未実施　−50点 改善実施　−30点
Ⅱ 直近過去3年以内における失踪がゼロ又は失踪の割合が低いこと（旧制度を含む。）	ゼロ　5点 10％未満又は1人以下　0点 20％未満又は2人以下　−5点 20％以上又は3人以上　−10点
Ⅲ 直近過去3年以内に責めによるべき失踪があること（旧制度を含む。）	該当　−50点
相談・支援体制（技能実習法施行規則15条5号）	
最大：15点	
Ⅰ 母国語相談・支援の実施方法・手順を定めたマニュアル等を策定し、関係職員に周知していること	有　5点
Ⅱ 受け入れた技能実習生について、全ての母国語で相談できる相談員を確保していること（旧制度を含む。）	有　5点
Ⅲ 直近過去3年以内に、技能実習の継続が困難となった技能実習生に引き続き技能実習を行う機会を与えるために当該技能実習生の受入れを行ったこと（旧制度下における受入れを含む。）	有　5点
地域社会との共生（技能実習法施行規則15条6号）	
最大：10点	
Ⅰ 受け入れた技能実習生に対し、日本語の学習の支援を行っていること	有　4点
Ⅱ 地域社会との交流を行う機会をアレンジしていること	有　3点
Ⅲ 日本の文化を学ぶ機会をアレンジしていること	有　3点

h　欠格事由に該当しないこと

　技能実習法では、一定の法律に違反した者については、技能実習計画の認定（技能実習法8条1項）を受けることができない旨規定する（技能実習法10条）。実習実施者は、技能実習生ごとに技能実習計画を策定し、認定を受けなければならないところ、一定の法律に違反した場合は、

第**2**章　外国人材と出入国関連法令

技能実習生の受入れができないこととなる。

　欠格事由の類型は①関係法令違反、②技能実習法による処分等、③実習実施者の行為能力・役員等の適格性、④暴力団排除の４類型がある。

①　関係法令違反の類型としては、次の事項が規定されている。いずれも、刑に処せられ、その執行を終わり、又は執行を受けることがなくなった日から起算して５年を経過しない者が対象である（技能実習法10条１号ないし４号）。

◆禁固以上の刑に処せられた者（技能実習法10条１号）

◆技能実習法その他出入国又は労働に関する法律に違反し、罰金刑に処せられた者（同法10条２号、技能実習法施行令１条）

◆暴力団関係法、刑法等に違反し、罰金刑に処せられた者（同法10条３号）

◆社会保険関係各法及び労働保険関係において事業主としての義務に違反し、罰金刑に処せられた者（同法10条４号）

②　技能実習法による処分等の類型としては、次の事項が規定されている。

◆技能実習計画の認定を取り消された日から５年を経過しない者（同法10条６号）

◆技能実習計画の認定を取り消された法人の役員であった者で、認定を取り消された日から５年を経過しない者（同法10条７号）

◆技能実習計画の認定の申請の前５年以内に、出入国又は労働に関する法令に関し不正又は著しく不当な行為をした者（同法10条８号）

③　実習実施者の行為能力・役員等の適格性の類型としては、次の事項が規定されている。

◆行為能力に制限がある者（同法10条５号）

◆未成年者であって、その法定代理人が欠格事由に該当する者（同法10条10号）

◆法人であって、その役員が欠格事由に該当する者（同法10条11号）

④　暴力団排除の類型としては、次の事項が規定されている。

◆暴力団員及び暴力団員でなくなった日から５年を経過しない者

110

（暴力団員等に該当する者）（同法10条9号）

◆暴力団員等がその活動を支配する者（同法10条12号）

(エ)　外国人技能実習機構

外国人技能実習機構（OTIT）とは、外国人の技能等の修得等に関し、技能実習の適正な実施及び技能実習生の保護を図り、もって人材育成を通じた開発途上地域等への技能等の移転による国際協力を推進することを目的として（技能実習法57条）設立された法人である。

外国人技能実習機構は、技能実習計画の認定など、技能実習法で定められた業務を行う（技能実習法87条）。

イ　技能実習の在留資格該当性

(ア)　技能実習の活動

技能実習の在留資格の活動内容は次のとおりである。

〈入管法〉

別表第一

二　〔**技能実習の項、「本邦において行うことができる活動」の欄**〕

一　次のイ又はロのいずれかに該当する活動

イ　技能実習法第八条第一項の認定（技能実習法第十一条第一項の規定による変更の認定があつたときは、その変更後のもの。以下同じ。）を受けた技能実習法第八条第一項に規定する技能実習計画（技能実習法第二条第二項第一号に規定する第一号企業単独型技能実習に係るものに限る。）に基づいて、講習を受け、及び技能、技術又は知識（以下「技能等」という。）に係る業務に従事する活動

ロ　技能実習法第八条第一項の認定を受けた同項に規定する技能実習計画（技能実習法第二条第四項第一号に規定する第一号団体監理型技能実習に係るものに限る。）に基づいて、講習を受け、及び技能等に係る業務に従事する活動

二　次のイ又はロのいずれかに該当する活動

イ　技能実習法第八条第一項の認定を受けた同項に規定する技能実習計画（技能実習法第二条第二項第二号に規定する第二号企業単独型技能実習に係るものに限る。）に基づいて技能等を要する業務に従事する活動

ロ　技能実習法第八条第一項の認定を受けた同項に規定する技能実習計画（技能実習法第二条第四項第二号に規定する第二号団体監理型技能実習に係るものに限る。）に基づいて技能等を要する業務に従事する活動

第2章 外国人材と出入国関連法令

　三　次のイ又はロのいずれかに該当する活動
　　イ　技能実習法第八条第一項の認定を受けた同項に規定する技能実習計画
　　　（技能実習法第二条第二項第三号に規定する第三号企業単独型技能実習に
　　　係るものに限る。）に基づいて技能等を要する業務に従事する活動
　　ロ　技能実習法第八条第一項の認定を受けた同項に規定する技能実習計画
　　　（技能実習法第二条第四項第三号に規定する第三号団体監理型技能実習に
　　　係るものに限る。）に基づいて技能等を要する業務に従事する活動

　「技能実習1号」で行う活動は、技能実習計画に基づいて、講習を受け、及び技能等に係る業務に従事する活動であり、「技能実習2号」で行う活動は、技能実習計画に基づいて技能等を要する業務に従事する活動であり、「技能実習3号」で行う活動は、技能実習計画に基づいて技能等を要する業務に従事する活動である。

　技能実習1号〜3号の中のイは企業単独型技能実習のための在留資格であり、ロは団体監理型技能実習のための在留資格である。

(イ)　上陸許可基準と技能実習計画

　「技能実習」の上陸許可基準は、次のとおりである。

〈上陸許可基準令〉

〔法別表第一の二の表の技能実習の項の下欄に掲げる活動の項、基準の欄〕
　本邦において行おうとする活動に係る技能実習計画（技能実習法第八条第一項に規定する技能実習計画をいう。）について、同項の認定がされていること。

(ウ)　技能実習計画

a　技能実習計画総論

　技能実習では、在留資格としての活動においても、上陸許可基準令においても「技能実習計画」との用語が出てくる。「技能実習計画」とは、技能実習を行わせようとする日本の法人[55]又は個人が、技能実習生ご

---

[55]　親会社（会社法（平成17年法律第86号）第2条第4号に規定する親会社をいう。）とその子会社（同条第3号に規定する子会社をいう。）の関係その他主務省令で定める密接な関係を有する複数の法人が技能実習を共同で行わせる場合はこれら複数の法人を含む（技能実習法8条1項）。主務省令で定めるものには、①同一の親会社（会社法（平成17年法律第86号）第2条第4号に規定する親会社をいう。）をもつ複数の法人、②その相互間に密接な関係を有する複数の法人として法務大臣及び厚生労働大臣が認めるものが該当する。

とに作成する、技能実習の実施に関する計画のことを言う（技能実習法
8条2項）。

技能実習制度における在留資格認定証明書の交付又は在留資格変更許
可までの手続を時系列順に並べると次のとおりとなる。技能実習計画の
作成が起点となっており、また、上述のとおり在留資格の活動内容を画
するものであり、技能実習計画に従って技能実習を行わない場合には改
善命令（技能実習法15条）や実習認定の取消し（技能実習法16条）の
対象となるものであるところ、技能実習計画は技能実習制度の中核を担
う制度と言って良い。

図表2-42

```
┌─────────────────────────────────────────────────┐
│        技能実習計画の作成（技能実習法8条1項）              │
└─────────────────────────────────────────────────┘
                          ↓
┌─────────────────────────────────────────────────┐
│      外国人技能実習機構への技能実習計画の認定申請              │
│      （技能実習法8条1項、同法施行規則4条1項）              │
└─────────────────────────────────────────────────┘
                          ↓
┌─────────────────────────────────────────────────┐
│      外国人技能実習機構による認定（技能実習法9条）            │
└─────────────────────────────────────────────────┘
                          ↓
┌─────────────────────────────────────────────────┐
│   外国人技能実習機構による認定証の交付（技能実習法施行規則5条1項） │
└─────────────────────────────────────────────────┘
                          ↓
┌─────────────────────────────────────────────────┐
│      出入国在留管理局への在留資格認定証明書交付申請            │
│ （入管法7条の2、入管法施行規則6条の2第1項、同施行規則別表第三）  │
│      出入国在留管理局への在留資格変更許可申請                │
│ （入管法20条2項、入管法施行規則20条1項、同施行規則別表第三）   │
└─────────────────────────────────────────────────┘
                          ↓
┌─────────────────────────────────────────────────┐
│ 在留資格認定証の交付（入管法7条の2、入管法施行規則6条の2第5項）  │
│      在留資格変更許可（入管法20条3項）                    │
└─────────────────────────────────────────────────┘
```

b　技能実習計画の認定申請

技能実習を行わせようとする日本の法人又は個人は、技能実習計画を
作成し、外国人技能実習機構に提出し、当該技能実習計画が適当である
旨の認定を受ける（同法8条1項、同法12条1項、技能実習法施行規則
4条1項、平成29年法務省・厚生労働省告示第3号第1号、別記省令様

式第1号[56]）。認定に要する費用は1件につき3,900円である（技能実習法8条5項、同法施行規則9条）。

技能実習計画は、企業単独型技能実習の場合は実習実施者が作成し、団体監理型技能実習の場合は、監理団体の指導を受け、実習実施者が作成する（同法8条4項）。

技能実習計画に記載すべき内容は、次のとおりである（同法8条2項）。

〈技能実習法〉

第8条

2　技能実習計画には、次に掲げる事項を記載しなければならない。

一　前項に規定する本邦の個人又は法人（技能実習を行わせようとする法人、「申請者」）の氏名又は名称及び住所並びに法人にあっては、その代表者の氏名

二　法人にあっては、その役員の氏名及び住所

三　技能実習を行わせる事業所の名称及び所在地

四　技能実習生の氏名及び国籍

五　技能実習の区分（第一号企業単独型技能実習、第二号企業単独型技能実習若しくは第三号企業単独型技能実習又は第一号団体監理型技能実習、第二号団体監理型技能実習若しくは第三号団体監理型技能実習の区分をいう。次条第二号において同じ。）

六　技能実習の目標（技能実習を修了するまでに職業能力開発促進法（昭和四十四年法律第六十四号）第四十四条第一項の技能検定（次条において「技能検定」という。）又は主務省令で指定する試験（次条及び第五十二条において「技能実習評価試験」という。）に合格することその他の目標をいう。次条において同じ。）、内容及び期間

七　技能実習を行わせる事業所ごとの技能実習の実施に関する責任者の氏名

八　団体監理型技能実習に係るものである場合は、実習監理を受ける監理団体の名称及び住所並びに代表者の氏名

九　報酬、労働時間、休日、休暇、宿泊施設、技能実習生が負担する食費及び居住費その他の技能実習生の待遇

十　その他主務省令で定める事項

技能実習計画には、技能実習法9条が定める認定の基準に適合することを証する書面、その他技能実習法施行規則で定める書類を添付する必要

56　別記省令様式は、外国人技能実習機構のウェブサイト（様式ダウンロード）に掲載されている（https://www.otit.go.jp/youshiki/）。

第4　在留資格各論

がある（技能実習法9条3項、同法施行規則8条）。添付が必要な書類[57]は次のとおりである。なお、外国人技能実習機構に提出する書類が外国語で作成されている場合は翻訳文を付す必要があり（技能実習法施行規則68条1項）、外国人技能実習機構に提出する日本語の書類に、技能実習生の署名を求める場合には、技能実習生が十分に理解できる言語も併記の上、署名を求める必要がある（技能実習法施行規則68条2項）。

〈技能実習法施行規則〉

第8条　法第8条第3項の主務省令で定める書類は、次のとおりとする。

一　申請者が法人の場合にあっては申請者の登記事項証明書、直近の二事業年度に係る貸借対照表及び損益計算書又は収支計算書並びにその役員の住民票の写し（営業に関し成年者と同一の行為能力を有しない未成年者である役員については、当該役員及びその法定代理人の住民票の写し（法定代理人が法人である場合は、当該法人の登記事項証明書及び定款又は寄附行為並びにその役員の住民票の写し））、法人でない場合にあっては申請者の住民票の写し及び納税申告書の写し

二　申請者の概要書（参考様式第1−1号）

三　技能実習生に技能実習を行わせることに係る申請者の誓約書（参考様式第1−2号）

四　技能実習生の旅券その他の身分を証する書類の写し及び履歴書（参考様式第1−3号）

五　技能実習責任者の履歴書並びに就任承諾書及び技能実習に係る誓約書の写し（参考様式第1−4号、第1−5号）

六　技能実習指導員の履歴書並びに就任承諾書及び技能実習に係る誓約書の写し（参考様式第1−6号、第1−7号）

七　生活指導員の履歴書並びに就任承諾書及び技能実習に係る誓約書の写し（参考様式第1−8号、第1−9号）

八　団体監理型技能実習に係るものである場合にあっては、当該技能実習計画に基づく団体監理型技能実習に係る取次送出機関の誓約書（参考様式第1−10号）

九　団体監理型技能実習に係るものである場合にあっては、監理団体と申請者の間の実習監理に係る契約の契約書又はこれに代わる書類の写し

十　団体監理型技能実習に係るものである場合にあっては、団体監理型技能

57　様式番号が記載されているものは、外国人技能実習機構のウェブサイト（様式ダウンロード）に掲載されている（https://www.otit.go.jp/youshiki/）。

115

実習生と取次送出機関の間に締結された団体監理型技能実習に係る契約の契約書の写し

十一　企業単独型技能実習に係るものである場合にあっては、申請者と企業単独型技能実習生となろうとする者が本国において所属する機関の関係を明らかにする書類及び当該機関が作成した企業単独型技能実習生の派遣に係る証明書（参考様式第1–11号、第1–12号）

十二　外国の準備機関がある場合にあっては、当該外国の準備機関の概要書及び誓約書（参考様式第1–13号）

十三　技能実習生との間で締結した雇用契約の契約書及び雇用条件書の写し（参考様式第1–14号、第1–15号）

十四　技能実習生に対する報酬の額が日本人が従事する場合の報酬の額と同等以上であることを説明する書類（参考様式第1–16号）

十五　企業単独型技能実習に係るものである場合にあっては申請者が、団体監理型技能実習に係るものである場合にあっては監理団体が、宿泊施設が適正であることを確認したことを明らかにする書類（参考様式第1–17号）

十六　食費、居住費その他名目のいかんを問わず技能実習生が定期に負担する費用の内訳及び当該費用が適正であることを説明する書類（参考様式第1–18号）

十七　企業単独型技能実習に係るものである場合にあっては申請者又は第二条の外国の公私の機関が、団体監理型技能実習に係るものである場合にあっては申請者、監理団体又は取次送出機関が、技能実習の期間中の待遇について技能実習生に説明し、かつ、技能実習生がこれを十分に理解したことを明らかにする書類（参考様式第1–19号）

十八　開発途上地域等への技能、技術又は知識（以下「技能等」という。）の移転による国際協力の推進という技能実習の制度の趣旨（以下単に「制度の趣旨」という。）を理解したこと並びに第十条第二項第三号ハ及び第六号イに該当することを明らかにする技能実習生の作成に係る書類（参考様式第1–20号）

十九　団体監理型技能実習に係るものである場合にあっては、団体監理型技能実習の申込みの取次ぎ又は外国における団体監理型技能実習の準備に関し団体監理型技能実習生が取次送出機関又は外国の準備機関に支払った費用の額及び内訳並びに団体監理型技能実習生がこれを十分に理解したことを明らかにした書類（参考様式第1–21号）

二十　技能実習を行わせる理由を記載した書類（参考様式第1–22号）

二十一　団体監理型技能実習に係るものである場合にあっては、第十条第二

第4　在留資格各論

項第三号へに規定する推薦に係る推薦状（参考様式第1-23号）
二十二　第二号技能実習に係るものである場合にあっては、基礎級の技能検
定（職業能力開発促進法（昭和四十四年法律第六十四号）第四十四条第一
項の技能検定をいう。以下同じ。）又はこれに相当する技能実習評価試験(法
第八条第二項第六号に規定する技能実習評価試験をいう。以下同じ。）に
合格したことを技能検定又は技能実習評価試験の実施者が証明する書面の
写し
二十三　第三号技能実習に係るものである場合にあっては、三級の技能検定
又はこれに相当する技能実習評価試験の実技試験に合格したことを技能検
定又は技能実習評価試験の実施者が証明する書面の写し
二十四　第三号技能実習に係るものである場合又は第十六条第二項の規定の
適用を受ける必要がある場合にあっては、第十五条の基準を満たすことを
明らかにする書類（参考様式第1-24号）
二十五　申請者が法第八条第一項の認定を受けている技能実習計画に係る技
能実習生の名簿（参考様式第1-25号）
二十六　その他必要な書類

c　技能実習計画の認定基準

技能実習計画の認定基準は、技能実習法9条各号で規定されている。
このうち、技能実習の内容（同法9条2号）の一部、技能実習を行わせ
る体制（同法9条6号、7号）、監理団体による実習監理（同法9条8号）、
技能実習生の待遇（同法9条9号）、優良な実習実施者（同法9条10号）、
技能実習生の人数枠（同法9条11号）については、実習実施者の部分
で述べたため、ここではそれ以外の基準について概観する。

〈技能実習法〉

第9条　出入国在留管理庁長官及び厚生労働大臣は、前条第一項の認定の申請
があった場合において、その技能実習計画が次の各号のいずれにも適合する
ものであると認めるときは、その認定をするものとする。
一　修得等をさせる技能等が、技能実習生の本国において修得等が困難なも
のであること。
二　技能実習の目標及び内容が、技能実習の区分に応じて主務省令で定める
基準に適合していること。
三　技能実習の期間が、第一号企業単独型技能実習又は第一号団体監理型技

117

第2章 外国人材と出入国関連法令

　能実習に係るものである場合は一年以内、第二号企業単独型技能実習若し
　くは第三号企業単独型技能実習又は第二号団体監理型技能実習若しくは第
　三号団体監理型技能実習に係るものである場合は二年以内であること。

四　第二号企業単独型技能実習又は第二号団体監理型技能実習に係るもので
　ある場合はそれぞれ当該技能実習計画に係る技能等に係る第一号企業単独
　型技能実習又は第一号団体監理型技能実習に係る技能実習計画、第三号企
　業単独型技能実習又は第三号団体監理型技能実習に係るものである場合は
　それぞれ当該技能実習計画に係る技能等に係る第二号企業単独型技能実習
　又は第二号団体監理型技能実習に係る技能実習計画において定めた技能検
　定又は技能実習評価試験の合格に係る目標が達成されていること。

五　技能実習を修了するまでに、技能実習生が修得等をした技能等の評価を
　技能検定若しくは技能実習評価試験又は主務省令で定める評価により行う
　こと。

六　技能実習を行わせる体制及び事業所の設備が主務省令で定める基準に適
　合していること。

七　技能実習を行わせる事業所ごとに、主務省令で定めるところにより技能
　実習の実施に関する責任者が選任されていること。

八　団体監理型技能実習に係るものである場合は、申請者が、技能実習計画
　の作成について指導を受けた監理団体（その技能実習計画が第三号団体監
　理型技能実習に係るものである場合は、監理許可（第二十三条第一項第一
　号に規定する一般監理事業に係るものに限る。）を受けた者に限る。）によ
　る実習監理を受けること。

九　技能実習生に対する報酬の額が日本人が従事する場合の報酬の額と同等
　以上であることその他技能実習生の待遇が主務省令で定める基準に適合し
　ていること。

十　第三号企業単独型技能実習又は第三号団体監理型技能実習に係るもので
　ある場合は、申請者が技能等の修得等をさせる能力につき高い水準を満た
　すものとして主務省令で定める基準に適合していること。

十一　申請者が技能実習の期間において同時に複数の技能実習生に技能実習
　を行わせる場合は、その数が主務省令で定める数を超えないこと。

(a) 技能実習生の本国において修得が困難等であること（技能実習法9条1号）

　技能実習法の目的は、人材育成を通じた開発途上地域等への技能等の
移転による国際協力にある（技能実習法1条）。技能実習生の本国にお

第4　在留資格各論

いて修得が可能な技能等であれば技能実習を行う必要性がないため、本国において修得等が困難であることが求められる（技能実習運用要領45頁）。

⒝　技能実習の目標（技能実習法9条2号）

┌╌╌〈技能実習法施行規則〉╌╌╌╌╌╌╌╌╌╌╌╌╌╌╌╌╌╌╌╌╌╌╌╌╌╌╌╌╌╌

第10条　法第九条第二号（法第十一条第二項において準用する場合を含む。）の主務省令で定める基準のうち技能実習の目標に係るものは、次の各号に掲げる技能実習の区分に応じ、当該各号に定めるとおりとする。

一　第一号技能実習　次のいずれかを掲げるものであること。

イ　修得をさせる技能等に係る基礎級の技能検定又はこれに相当する技能実習評価試験の実技試験及び学科試験の合格

ロ　修得をさせる技能等を要する具体的な業務ができるようになること及び当該技能等に関する知識の修得を内容とするもの（技能実習の期間に照らし適切なものに限る。）

二　第二号技能実習　習熟をさせる技能等に係る三級の技能検定又はこれに相当する技能実習評価試験の実技試験の合格を掲げるものであること。

三　第三号技能実習　熟達をさせる技能等に係る二級の技能検定又はこれに相当する技能実習評価試験の実技試験の合格を掲げるものであること。

└╌╌

技能実習の目標については、技能実習法9条2号を受けて、技能実習法施行規則10条1項において、技能実習の区分ごとに規定されている。

第一号技能実習から第二号技能実習に移行する場合、技能検定又は技能実習評価試験の実技試験と学科試験への合格が必要である（技能実習運用要領46頁）。

「技能検定」は、職業能力開発促進法44条以下で規定されており、厚生労働省令で定める職種（検定職種）ごとに、同法施行規則で合格に必要な技能及びこれに関する知識の程度が規定される（職業能力開発促進法44条1項、2項、職業能力開発促進法施行規則62条）。技能検定の合格に必要な技能及びこれに関する知識の程度は、次のとおりである（職業能力開発促進法施行規則62条各号）。

119

第**2**章 外国人材と出入国関連法令

図表2-43

技能検定の区分	合格に必要な技能及び知識
特級の技能検定	検定職種ごとの管理者又は監督者が通常有すべき技能及びこれに関する知識の程度
一級の技能検定	検定職種ごとの上級の技能労働者が通常有すべき技能及びこれに関する知識の程度
二級の技能検定	検定職種ごとの中級の技能労働者が通常有すべき技能及びこれに関する知識の程度
三級の技能検定	検定職種ごとの初級の技能労働者が通常有すべき技能及びこれに関する知識の程度
基礎級の技能検定	検定職種ごとの基本的な業務を遂行するために必要な基礎的な技能及びこれに関する知識の程度

(c) 技能実習計画の内容―修得する技能等の基準（技能実習法9条2号）

---〈技能実習法施行規則〉--------------------------------

第10条

2 法第九条第二号（法第十一条第二項において準用する場合を含む。）の主務省令で定める基準のうち技能実習の内容に係るものは、次のとおりとする。

一 修得、習熟又は熟達（以下「修得等」という。）をさせる技能等が次のいずれにも該当するものであること。

　イ 同一の作業の反復のみによって修得等できるものではないこと。

　ロ 第二号技能実習及び第三号技能実習にあっては、別表第二に掲げる職種及び作業（以下「移行対象職種・作業」という。）に係るものであること。

二 従事させる業務について、次のいずれにも該当するものであること。

　イ 当該業務の性質及び当該業務に従事させるに当たっての実習環境その他の環境に照らし、外国人に技能実習として行わせることが適当でないと認められるものでないこと。

　ロ 技能実習を行わせる事業所において通常行われている業務であり、当該事業所に備えられた技能等の修得等に必要な素材、材料等を用いるものであること。

　ハ 移行対象職種・作業に係るものにあっては、次に掲げる業務の区分に応じ、当該業務に従事させる時間が、それぞれ次に掲げる条件に適合すること。

　　(1) 必須業務（技能実習生が修得等をしようとする技能等に係る技能検定又はこれに相当する技能実習評価試験の試験範囲に基づき、技能等を修得等するために必ず行わなければならない業務をいう。以下この

ハにおいて同じ。） 業務に従事させる時間全体の二分の一以上であること。

(2) 関連業務（必須業務に従事する者により当該必須業務に関連して行われることのある業務であって、修得等をさせようとする技能等の向上に直接又は間接に寄与する業務をいう。） 業務に従事させる時間全体の二分の一以下であること。

(3) 周辺業務（必須業務に従事する者が当該必須業務に関連して通常携わる業務（(2)に掲げるものを除く。）をいう。） 業務に従事させる時間全体の三分の一以下であること。

ニ 移行対象職種・作業に係るものにあっては、ハ(1)から(3)までに掲げる業務について、それぞれ、従事させる時間のうち十分の一以上を当該ハ(1)から(3)までに掲げる業務に関する安全衛生に係る業務に充てること。

ホ 移行対象職種・作業に係るものでないものにあっては、従事させる業務に関する安全衛生に係る業務を行わせること。

ヘ ハからホまでに掲げるもののほか、技能実習の期間を通じた業務の構成が、技能実習の目標に照らして適切なものであること。

　まず、第一号技能実習から第三号技能実習まで共通する基準として、「同一の作業の反復のみによって修得等できるものではないこと」が求められる。これは、技能実習制度が、人材育成を通じて技能等の本国への移転を図るものであるから、同一の作業の反復のみによって修得等できるものについては、移転すべき技能等と認められないからである（技能実習運用要領48頁）。

　これに加えて、第二号技能実習及び第三号技能実習については、移行対象・職種作業であることを要する（技能実習法施行規則10条2項1号ロ）。

　移行対象・職種作業は、技能実習法施行規則別表2に規定されている。

　移行対象職種・作業は、2019年6月30日時点では80職種144作業である[58]。また、移行対象職種・作業については、追加されることが検討されている。現在、パブリックコメント手続から追加が検討されてい

58　各職種・作業と「技能実習2号」及び「特定技能1号」の対応関係については、巻末の表を参照されたい。

ることを伺いすることができるのは①職種「宿泊」・作業「接客・衛生管理作業」、②作業「グラビア印刷作業」、③職種「鉄道施設保守整備」・作業「軌道保守整備作業」、及び、④作業「棒受網漁業」である。今後、これらの職種・作業が、移行対象職種・作業に追加されることが予想される。

また、移行対象職種・作業については、必須業務[59]、関連業務[60]、及び周辺業務[61]が作業ごとに定められており、必須業務に従事する時間が業務に従事する時間全体の2分の1以上、関連業務に従事する時間が業務に従事する時間全体の2分の1以下、周辺業務に従事する時間が業務に従事する時間全体の3分の1以下であることが必要である（技能実習法施行規則10条2項2号ハ）。

加えて、移行対象職種・作業については、必須業務、関連業務及び周辺業務について、従事する時間のうち10分の1以上を安全衛生に係る業務を行う必要がある（技能実習法施行規則10条2項2号ニ）。

なお、複数の移行対象職種・作業を含む技能実習計画を策定することも可能である（技能実習法施行規則10条3項、4項、技能実習運用要領112頁以下）。

(d) 技能実習計画の内容—講習の基準（技能実習法9条2号）

〈技能実習法施行規則〉

第10条

2 〔中略〕

　七　第一号技能実習に係るものである場合にあっては、入国後講習が次のいずれにも該当するものであること。

　　イ　第一号企業単独型技能実習に係るものである場合にあっては申請者が、第一号団体監理型技能実習に係るものである場合にあっては監理団

---

[59] 必須業務とは、技能実習生が修得等をしようとする技能等に係る技能検定又はこれに相当する技能実習評価試験の試験範囲に基づき、技能等を修得等するために必ず行わなければならない業務をいう（技能実習法施行規則10条2項2号ハ(1)）。

[60] 関連業務とは、必須業務に従事する者により当該必須業務に関連して行われることのある業務であって、修得等をさせようとする技能等の向上に直接又は間接に寄与する業務をいう（技能実習法施行規則10条2項2号ハ(2)）。

[61] 周辺業務とは、必須業務に従事する者が当該必須業務に関連して通常携わる業務のうち関連業務を除くものをいう（技能実習法施行規則10条2項2号ハ(3)）。

体が、自ら又は他の適切な者に委託して、座学（見学を含む。ハにおいて同じ。）により実施するものであること。
ロ　科目が次に掲げるものであること。
　(1)　日本語
　(2)　本邦での生活一般に関する知識
　(3)　出入国又は労働に関する法令の規定に違反していることを知ったときの対応方法その他技能実習生の法的保護に必要な情報（専門的な知識を有する者（第一号団体監理型技能実習に係るものである場合にあっては、申請者又は監理団体に所属する者を除く。）が講義を行うものに限る。）
　(4)　(1)から(3)までに掲げるもののほか、本邦での円滑な技能等の修得等に資する知識
ハ　その総時間数（実施時間が八時間を超える日については、八時間として計算する。）が、技能実習生が本邦において行う第一号技能実習の予定時間全体の六分の一以上（当該技能実習生が、過去六月以内に、本邦外において、ロ(1)、(2)又は(4)に掲げる科目につき、一月以上の期間かつ百六十時間以上の課程を有し、座学により実施される次のいずれかの講習（以下「入国前講習」という。）を受けた場合にあっては、十二分の一以上）であること。
　(1)　第一号企業単独型技能実習に係るものである場合にあっては申請者が、第一号団体監理型技能実習に係るものである場合にあっては監理団体が、自ら又は他の適切な者に委託して実施するもの
　(2)　外国の公的機関又は教育機関（第一号企業単独型技能実習に係るものにあっては、これらの機関又は第二条の外国の公私の機関）が行うものであって、第一号企業単独型技能実習に係るものである場合にあっては申請者、第一号団体監理型技能実習に係るものである場合にあっては監理団体において、その内容が入国後講習に相当すると認めたもの
ニ　第一号企業単独型技能実習に係るものである場合にあってはロ(3)に掲げる科目、第一号団体監理型技能実習に係るものである場合にあっては全ての科目について、修得させようとする技能等に係る業務に従事させる期間より前に行われ、かつ、当該科目に係る入国後講習の期間中は技能実習生を業務に従事させないこと。

　第一号技能実習において行う入国後講習（技能実習法第二条第二項第一号及び同条第四項第一号に規定される講習（技能実習法施行規則１条

第**2**章 外国人材と出入国関連法令

7号））についての基準である。

　科目としては①日本語、②本邦での生活一般に関する知識、③出入国
又は労働に関する法令の規定に違反していることを知ったときの対応方
法その他技能実習生の法的保護に必要な情報、④本邦での円滑な技能等
の修得等に資する知識が必要である。

　それぞれの科目の想定される具体的内容は、次のとおりである（技能
実習運用要領64 〜 65頁）。

図表2-44

科目	想定される具体的内容
①日本語	技能実習生が技能実習の遂行や日常生活に不自由しないレベルに達するための日本語教育
②本邦での生活一般に関する知識	我が国の法律や規則、社会生活上のルールやマナー、生活情報（自転車の乗り方等日本の交通ルール、公共機関の利用方法、国際電話の掛け方、買い物の仕方、ゴミの出し方、銀行・郵便局の利用方法等）
③出入国又は労働に関する法令の規定に違反していることを知ったときの対応方法その他技能実習生の法的保護に必要な情報	技能実習法令、入管法令、労働関係法令に関する事項、実習実施者や監理団体等が技能実習法令等の規定に違反していることを知ったときの対応方法、特に申告・相談先である機構における母国語相談や、労働基準法違反の申告・相談先である労働基準監督署等の行政機関への連絡及び申告の要件や方法と不利益取扱いの禁止に係る事項、賃金未払に関する立替払制度や休業補償制度、労働安全衛生や労働契約に関する知識、厚生年金の脱退一時金制度のほか、やむを得ない理由による転籍をしなければならなくなった際の対応等に関する事項
④本邦での円滑な技能等の修得等に資する知識	機械の構造や操作に関する知識、技能実習への心構え、企業内での規律等、現場施設見学[62]。

　入国後講習の時間数は、入国前講習[63]を実施しない場合には第一号
技能実習の総時間の6分の1以上であり、実施する場合は第一号技能実
習の総時間の12分の1となる。①から④の科目についての時間配分は
法定されていない。技能実習生の個々の能力や技能等を修得するために

62　実習実施者の工場の生産ライン等の商品生産施設においては見学以外の活動は認められない
　　（技能実習運用要領65頁）。
63　過去6ヶ月以内に、本邦外で、①日本語、②本邦での生活一般に関する知識又は④本邦での円
　　滑な技能等の修得等に資する知識の科目について、1ヶ月以上の期間かつ160時間以上の課程を
　　有し座学で実施されるものをいう（技能実習法施行規則10条2項7号ハ）。

必要な知識に鑑み、実習実施者において適宜定めて良いとされる（技能実習運用要領66頁）。

　もっとも、③技能実習生の法的保護に必要な情報については、技能実習法令、入管法令、労働関係法令、その他法的保護に必要な情報について各2時間、合計8時間実施することが必要とされる（技能実習運用要領66頁）。

　なお、団体監理型技能実習では、入国後講習は技能等の修得を行わせる前に実施する必要があるが、企業単独型技能実習の場合、③出入国又は労働に関する法令の規定に違反していることを知ったときの対応方法その他技能実習生の法的保護に必要な情報以外の科目は、技能等を修得させることと並行して実施することが可能である（技能実習法施行規則10条2項7号ニ）。

(e)　技能実習の期間（技能実習法9条3号）

　技能実習の期間は、第一号技能実習が1年、第二号技能実習及び第三号技能実習がそれぞれ2年である。技能実習の期間と、在留資格として許可される在留期間は、必ず一致するものではないため、必要に応じて在留期間の更新を申請する必要がある（技能実習運用要領69頁）。

(f)　前段階の技能実習における目標達成（技能実習法9条4号）

　第二号技能実習及び第三号技能実習について技能実習計画の認定を受ける場合、第二号技能実習の場合前段階の第一号技能実習の技能実習計画で、第三号技能実習の場合前段階の第二号技能実習の技能実習計画で定めた目標を達成する必要がある。

　具体的には次の目標となる。

第二号技能実習の技能実習計画の認定をうける場合	第一号技能実習の技能実習計画で目標として定めた基礎級の技能検定等への合格
第三号技能実習の技能実習計画の認定をうける場合	第二号技能実習の技能実習計画で目標として定めた3級の技能検定等への合格

d　技能実習計画の認定

　外国人技能実習機構によって技能実習法9条各号の認定基準のいずれにも適合すると判断された場合、外国人技能実習機構は技能実習計画を

認定し、実習実施者に対し技能実習計画認定通知を交付する（技能実習法施行規則5条）。

実習実施者又は監理団体は、技能実習計画認定通知書等を添付資料として、在留資格認定証明書交付申請又は在留資格変更許可申請を行う（入管法7条の2、入管法施行規則6条の2第1項、同施行規則別表第三、入管法20条2項、入管法施行規則20条1項、同施行規則別表第三）[64]。

技能実習計画が認定された後に技能実習計画について技能実習法8条2項各号の事項について変更を行う場合、技能実習法施行規則17条で規定するものについては届出を（別記様式3）、それ以外のものについては外国人技能実習機構の認定を要する（技能実習法11条、別記様式4）。

ウ　技能実習の実施

㋐　技能実習の流れ

第一号技能実習から第三号技能実習までの流れを表にすると、次のとおりとなる（なお、技能検定の受検申込み時期等によって前後するものであり、時期は目安である。）。

図表2-45

	時期	手続等	備考
入国前	6ヶ月前	入国前講習開始可能	
	5ヶ月前		
	4ヶ月前	技能実習計画認定申請（一号）	6ヶ月前から申請可能 標準審査期間：1～2ヶ月
	3ヶ月前		
	2ヶ月前	在留資格認定証明書交付申請 査証申請	標準審査期間：2週間 標準審査期間：5営業日
	1ヶ月前		

---

[64] 技能実習運用要領は「技能実習計画の認定は、技能実習計画が認定基準等に照らして適当であるか否かを確認する事実行為であり、認定自体による法的効果は存在しません（処分に該当するものではありません。）。」（34頁）として、技能実習計画の認定に対する処分性（行政事件訴訟法3条2項）を否定する。しかし、技能実習法においては技能実習計画に対する認定が得られなければ、在留資格認定証明書交付申請も在留資格変更許可申請も行い得ない仕組みとなっている。最判平成17年10月15日（集民218号91頁）等に照らせば、技能実習計画の認定は、抗告訴訟の対象となる処分に該当すると解するべきと考える（山脇康嗣『技能実習法の実務』（日本加除出版、2017年）149頁以下に同旨）。

第4 在留資格各論

	時期	手続等	備考
第一号技能実習	1ヶ月目	入国後講習	
	〜		
	7ヶ月目	技能検定（基礎級）受験申込	
	8ヶ月目		
	9ヶ月目	技能検定（基礎級）受検技能実習計画認定（二号）	受験推奨時期：3ヶ月前まで 6ヶ月前から申請可能 標準処理期間：2〜5週間
	10ヶ月目	在留資格変更許可申請	標準処理期間：2週間
	11ヶ月目		
	12ヶ月目		
第二号技能実習	1ヶ月目		
	〜	技能検定（三級）受験申込	
	17ヶ月目		
	18ヶ月目	技能検定（三級）受験	受験推奨時期：6ヶ月前まで
	19ヶ月目		
	20ヶ月目		
	21ヶ月目		
	22ヶ月目	技能実習計画認定申請（三号）	6ヶ月前から申請可能 標準処理期間：2〜5週間
	23ヶ月目	在留資格変更許可申請	標準処理期間：2週間
	24ヶ月目		
	1ヶ月以上	一時帰国[65]	
第三号技能実習	1ヶ月目		
	〜	技能検定（二級）受検申込み	
	21ヶ月目		
	22ヶ月目	技能検定受検	受験推奨時期：実習終了まで
	23ヶ月目		
	24ヶ月目		

（技能実習運用要領8頁より作成）

㈠ 技能実習の移行・在留資格の変更

　「技能実習」の在留資格は、1年目の在留資格である「技能実習1号」から、2〜3年目の在留資格である「技能実習2号」の在留資格を変更し、また、「技能実習2号」から4〜5年目の在留資格である「技能実習3号」

---

65 技能実習法施行規則の改正により、第三号技能実習開始後1年以内に1時帰国することも選択することが可能になった。

第2章　外国人材と出入国関連法令

へ在留資格の変更を行う（入管法20条1項・3項）[66]。

a 「技能実習1号」から「技能実習2号」への変更

「技能実習2号」に変更するには、技能実習の内容が、移行対象職種・作業であることが必要である（技能実習法9条2号、技能実習法施行規則10条2項1号ロ）。

また、②対象者としては、技能実習1号で定めた目標である、技能等に係る基礎級の技能検定又はこれに相当する技能実習評価試験の実技試験及び学科試験の合格を達成した者である必要がある（技能実習法9条4号、技能実習法施行規則10条1項1号）。

技能検定等の受験は、第一号技能実習の修了3ヶ月までに受験することが推奨されている（技能実習運用要領72頁）。

「技能実習2号」の場合も、技能実習計画の認定が必要である（技能実習法8条1項）。技能実習計画の認定の申請は、技能実習開始予定日の6ヶ月前から可能であり、また、原則として、技能実習開始予定日の3ヶ月前までに行う必要がある（技能実習運用要領12頁）。

技能実習計画の認定が行われたときは、外国人技能実習機構より、認定通知書が交付される（技能実習法施行規則5条1項、2項）。

そして、技能実習計画認定通知書、認定の申請書の写し及び年間の収入及び納税額に関する証明書を添付資料として、在留資格変更許可申請を行う（入管法20条3項、入管法施行規則20条2項、別表第3）。

b 「技能実習2号」から「技能実習3号」への変更

「技能実習2号」から「技能実習3号」への在留資格の変更も、流れは「技能実習1号」から「技能実習2号」への変更と概ね同様であるが、一時帰国を要する等、一部異なる点もある。

「技能実習3号」についても、技能実習の内容が移行対象職種・作業である必要がある（技能実習法9条2号、技能実習法施行規則10条2項1号ロ）。

また、技能実習生が、第二号技能実習の際の目標である、習熟をさせる技能等に係る三級の技能検定又はこれに相当する技能実習評価試験の

---

66 なお、2019年3月13日時点では、移行対象職種・作業の一部で「技能実習3号」に在留資格の変更ができないものがあるので注意されたい。

128

実技試験の合格を達成する必要がある（技能実習法9条4号、技能実習法施行規則10条1項2号）。

技能検定等の受験時期については、第二号技能実習が修了する6か月前までに受験することが推奨されている（技能実習運用要領72頁）。

「技能実習3号」の場合も、技能実習計画の認定が必要である（技能実習法8条1項）。技能実習計画の認定の申請が、技能実習開始予定日の6ヶ月前から可能であり、また、原則として、技能実習開始予定日の4ヶ月前まで（第2号技能実習の修了後、1か月以上の帰国期間の後、速やかに第3号技能実習を開始する場合は、第2号技能実習を修了する予定の3か月前まで）に行う必要がある（技能実習運用要領15頁）。

技能実習計画の認定が行われたときは、外国人技能実習機構より、認定通知書が交付される（技能実習法施行規則5条1項、2項）。

そして、技能実習計画認定通知書、認定の申請書の写し及び年間の収入及び納税額に関する証明書を添付資料として、在留資格変更許可申請を行う（入管法20条3項、入管法施行規則20条2項、別表第3）。

「技能実習3号」の在留資格への変更の場合に特徴的なのは、第二号技能実習の終了後本国に1月以上帰国することが求められる点である（技能実習法9条2号、技能実習法施行規則10条2項3号ト）。

この1月以上の帰国と在留資格変更手続の関係であるが、在留資格変更許可申請中の技能実習生については、入管法第20条5項に規定する特例期間（在留資格変更許可申請中に限り在留期間の満了日が最大2ヶ月延長される。）を活用して、入管法26条1項が定めるみなし再入国許可により1ヶ月以上の一旦帰国を行うことが可能である。

（ウ）実習実施者の届出等

実習実施者は、技能実習を開始したときは、遅滞なく開始した日、実習実施者の氏名又は名称及び住所、技能実習計画の認定番号及び認定年月日を、管轄の外国人技能実習機構地方事務所・支所に届け出る（技能実習法17条、技能実習法施行規則20条2項、別記様式7、技能実習法18条1項）。

また、企業単独型技能実習の実習実施者は、技能実習を行わせるのが

困難となったとき[67]は、遅滞なく、技能実習法19条1項及び技能実習法施行規則21条2項に規定する事項を外国人技能実習機構に届け出る必要がある（別記様式9）。団体監理型の実習実施者は、技能実習を行わせるのが困難となったときは、遅滞なく、同様の事項を監理団体に通知する（技能実習法19条2項）。

そのほかに、企業単独型技能実習の実習実施者は、実習認定の取消事由（技能実習法16条1項各号）が発生した場合、直ちに外国人技能実習機構に報告する必要がある（技能実習法9条6号、技能実習法施行規則12条10号、参考様式第3-1号）。団体監理型技能実習の実習実施者の場合は、直ちに監理団体に報告することを要する。

　㈍　実習実施者の報告

実習実施者は、毎年1回、実習実施状況報告書（別記様式10）を作成し、管轄する外国人技能実習機構に提出する必要がある（技能実習法21条1項）。報告は、報告前年の4月1日から報告年の3月31日までの事業年度について、毎年4月1日から5月31日までの間に行う必要がある（技能実習法施行規則23条1項）。

　㈎　実習実施者の帳簿の備付け

実習実施者は、技能実習生が技能実習を終了した日から1年間、技能実習に関する帳簿書類を備え付けておく必要がある（技能実習法20条、技能実習法施行規則22条1項、2項）。

技能実習法施行規則22条1項で定められる帳簿書類は次のものである。

〈技能実習法施行規則〉

第22条　法第20条の主務省令で定める帳簿書類は、次のとおりとする。
　一　技能実習生の管理簿
　二　認定計画の履行状況に係る管理簿（参考様式第4-1号）
　三　技能実習生に従事させた業務及び技能実習生に対する指導の内容を記録した日誌（参考様式第4-2号）
　四　企業単独型実習実施者にあっては、入国前講習及び入国後講習の実施状

---
[67] 技能実習を行わせるのが困難となったときは、技能実習生が技能実習を継続するかの意思を確認し、技能実習生が技能実習の継続を希望する場合は、関係者との連絡調整その他必要な措置を講じる必要がある（技能実習法51条1項）。

第4　在留資格各論

況を記録した書類（参考様式第4-3号）
　五　前各号に掲げるもののほか、法務大臣及び厚生労働大臣が告示で定める
　　特定の職種及び作業に係るものにあっては、当該特定の職種及び作業に係
　　る事業所管大臣が、法務大臣及び厚生労働大臣と協議の上、当該職種及び
　　作業に特有の事情に鑑みて告示で定める書類

　技能実習生の管理簿（技能実習法施行規則22条1項1号）に最低限記
載すべき事項は、次のとおりである（技能実習運用要領151 ～ 152頁）。

〈技能実習運用要領〉
第4章　技能実習計画の認定
　第11節　帳簿の備付け（技能実習法第20条）
　それぞれの帳簿書類に記載すべき最低限の事項は次のとおりです。
　① 技能実習生の管理簿
　　・技能実習生の名簿（最低限の記載事項は次のとおり）
　　　ア　氏名
　　　イ　国籍（国又は地域）
　　　ウ　生年月日
　　　エ　性別
　　　オ　在留資格
　　　カ　在留期間
　　　キ　在留期間の満了日
　　　ク　在留カード番号
　　　ケ　外国人雇用状況届出の届出日
　　　コ　技能実習を実施している認定計画の認定番号
　　　サ　技能実習を実施している認定計画の認定年月日
　　　シ　技能実習を実施している認定計画の技能実習の区分
　　　ス　技能実習を実施している認定計画の技能実習の開始日
　　　セ　技能実習を実施している認定計画の技能実習の終了日
　　　ソ　技能実習を実施している認定計画の変更認定に係る事項（変更の認
　　　　定年月日、変更事項）
　　　タ　技能実習を実施している認定計画の変更届出に係る事項（変更の届
　　　　出年月日、変更事項）
　　　チ　既に終了した認定計画に基づき在留していた際の前記オからキまで
　　　　の事項
　　　ツ　既に終了した認定計画に係る前記ケからタまでの事項

第**2**章　外国人材と出入国関連法令

- ・技能実習生の履歴書（参考様式第1–3号）
- ・技能実習のための雇用契約書（参考様式第1–14号）
- ・雇用条件書（参考様式第1–15号）
- ・技能実習生の待遇に係る記載がされた書類（賃金台帳（労働基準法第108条）等労働関係法令上必要とされる書類の備え付けにより対応可能）

エ　在留期間と更新

在留期間は次のとおりであり（入管法施行規則3条、別表第2）。

技能実習1号	一年を超えない範囲内で法務大臣が個々の外国人について指定する期間
技能実習2号・3号	二年を超えない範囲内で法務大臣が個々の外国人について指定する期間

在留期間は、上限が定められているが更新が可能である（入管法20条1項、入管法施行規則20条、同施行規則別表三）。技能実習の期間と、在留資格「技能実習」の在留期間は必ずしも一致するものではない。そのため、技能実習法上で認定を受けた期間内であっても、在留資格の在留期間を過ぎることは許されないため、そのような場合は在留期間の更新を行う必要がある（技能実習運用要領69頁）。

オ　在留資格の特徴

㋐　技能実習の制度目的

これまで外国人材として産業の現場を支えていたのは、技能実習生である。これは、日本が原則として、専門的・技術的分野のみ、外国人材を受入れてきた中、技能実習制度については、産業の現場で働くことができる外国人材を招聘できたからである。

もっとも、繰り返しになるが、技能実習制度は「人材育成を通じた開発途上地域等への技能、技術又は知識（省略）の移転による国際協力を推進することを目的とする」とあるように、国際協力の推進のための制度である。また、「技能実習は、労働力の需給の調整の手段として行われてはならない。」（同法3条2項）と規定されている。

「特定技能」という、産業の現場を支える外国人材のための在留資格が設けられた現在においては、これまで以上に、技能実習生の目的を認

132

識して、技能実習制度と接する必要がある。

この制度目的を認識せずに技能実習制度と接した場合、行政処分となる法令違反を犯す可能性が高い。そして、法令違反を行った場合には、「技能実習」や「特定技能」の在留資格で活動する外国人材の採用が5年間は不可能となる（技能実習法10条7号等）。

そのため、既に技能実習生を受け入れている機関においては、今一度、技能実習制度の目的に合致した運用が出来ているかを確認する必要がある。

(イ) 移行対象職種・作業

第二号技能実習及び第三号技能実習については、移行対象・職種作業であることが必要であり、職種作業ごとに必須業務、関連業務、周辺業務が定められていた。

職種ごとの必須業務、関連業務、周辺業務は技能実習計画審査基準による把握することができるが、非常に細かく定められている[68]。

2019年9月6日現在まで、技能実習計画の認定取消処分として公表されている11社のうち、実習実施者が技能実習計画に従って技能実習を行わせていないことが処分理由に記載されているものは5社と約半分を占めている。さらに、必須業務を行っていなかったことが指摘されているものもある。

このように、技能実習計画そして必須業務については厳格な運用がされており、他の在留資格に比較して、相対的に弾力性に乏しい厳格な活動内容となっている点に注意が必要である。

(ウ) 特定技能への移行

一定の職種・作業における第二号技能実習を修了した者は、「特定技能1号」の在留資格に移行することができる。今後、新たに技能実習を開始する場合は、「特定技能1号」への移行を予定するか、予定する場合はどの時点か（第二号技能実習の修了時なのか、第三号技能実習の修了時なのか）を、あらかじめ技能実習生及び団体管理型技能実習の場合

---

[68] 技能実習計画審査基準・技能実習実施計画書モデル例・技能実習評価試験基準については厚生労働省のウェブサイトで閲覧可能である（https://www.mhlw.go.jp/stf/seisakunitsuite/bunya/koyou_roudou/jinzaikaihatsu/global_cooperation/002.html）。

第2章　外国人材と出入国関連法令

は監理団体及び送出機関との間で協議しておくことが、紛争回避の観点から望ましい。

力　立証資料

㋐　在留資格認定証明書交付申請時

「技能実習」についての在留資格認定証明書交付申請に必要な立証資料は、次のとおりである[69]。

1　在留資格認定証明書交付申請書　1通

2　写真（縦4cm×横3cm）　1葉

3　返信用封筒（定形封筒に宛先を明記の上、必要な切手（簡易書留用）を貼付したもの）　1通

4　技能実習法第8条第1項の認定（技能実習法第11条第1項の規定による変更の認定があったときは、その変更後のもの。）を受けた技能実習計画に係る技能実習計画認定通知書及び認定の申請書の写し　1通

5　身分を証する文書（身分証明書等）　提示

㋑　在留資格変更許可申請時

「技能実習」についての在留資格変更許可申請時に必要な立証資料は、次のとおりである。

1　在留資格変更許可申請書　1通

2　写真（縦4cm×横3cm）　1葉

3　パスポート及び在留カード　提示

4　技能実習法第8条第1項の認定（技能実習法第11条第1項の規定による変更の認定があったときは、その変更後のもの。）を受けた技能実習計画に係る技能実習計画認定通知書及び認定の申請書の写し　1通

5　住民税の課税（又は非課税）証明書及び納税証明書（1年間の総所得及び納税状況が記載されたもの）　各1通

6　身分を証する文書（申請取次者証明書、戸籍謄本等）　提示

㋒　在留期間更新許可申請時

「技能実習」についての在留期間更新許可申請時における立証資料は、

69　詳細は法務省のウェブサイト

（http://www.moj.go.jp/nyuukokukanri/kouhou/nyuukokukanri07_00145.html）を参照されたい。

次のとおりである。

1　在留期間更新許可申請書　1通
2　写真（縦4cm×横3cm）　1葉
3　パスポート及び在留カード　提示
4　住民税の課税（又は非課税）証明書及び納税証明書（1年間の総所得及び納税状況が記載されたもの）　各1通
5　身分を証する文書（申請取次者証明書、戸籍謄本等）　提示

---

(7)　特定技能

ア　特定技能制度

(ア)　はじめに

2019年4月から改正入管法が施行され、新たに「特定技能1号」及び「特定技能2号」の在留資格が設けられた。この在留資格及び関連する制度を含めて「特定技能制度」と呼称する。

特定技能制度が設けられた意義は「中小・小規模事業者をはじめとした深刻化する人手不足に対応するため、生産性向上や国内人材の確保のための取組を行ってもなお人材を確保することが困難な状況にある産業上の分野において、一定の専門性・技能を有し即戦力となる外国人を受け入れていく仕組みを構築することである。」（基本方針1頁）。

「特定技能1号」及び「特定技能2号」と既存の在留資格の関係を簡単にまとめたのが、次の図である。日本ではこれまで専門的・技術的分野とされる「高度専門職」や「技術・人文知識・国際業務」等の活動を行う外国人材を中心に外国人材の受入れを行ってきた。

また、国際協力の推進という目的（技能実習法1条）で、実質的に産業の現場を支える外国人材を技能実習生として受け入れてきた。

今回の特定技能制度において設けられた「特定技能1号」は、特定の産業分野に限られるが、「技能実習」と専門的・技術的分野における在留資格の中間に位置する在留資格と位置づけられる。

図表2-46

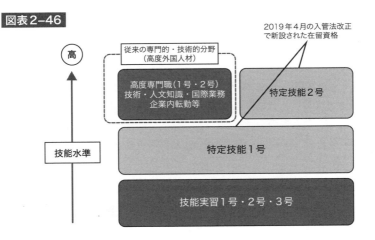

(イ) 制度の法的枠組み

特定技能は、技能実習法のような個別法が策定されるのではなく、入管法の改正によって制度が作られている。

a 基本方針

改正入管法2条の3に基づき、特定技能の在留資格に係る制度の適正な運用を図るため、特定技能の在留資格に係る制度の運用に関する基本方針が策定される。

この基本方針に規定される事項は、次のとおりである（同法2条の3第2項）。

〈入管法〉

第2条の3
2　基本方針は、次に掲げる事項について定めるものとする。
　一　特定技能の在留資格に係る制度の意義に関する事項
　二　人材を確保することが困難な状況にあるため外国人により不足する人材の確保を図るべき産業上の分野に関する基本的な事項
　三　前号の産業上の分野において求められる人材に関する基本的な事項
　四　特定技能の在留資格に係る制度の運用に関する関係行政機関の事務の調整に関する基本的な事項
　五　前各号に掲げるもののほか、特定技能の在留資格に係る制度の運用に関する重要事項

---

b 分野別運用方針

次に、改正入管法2条の4第1項に基づき、基本方針にのっとり、人材を確保することが困難な状況にあるため外国人により不足する人材の確保を図るべき産業上の分野（以下「特定産業分野」という[70]。）について、当該産業上の分野における特定技能制度の適正な運用を図るため、当該産業上の分野における特定技能制度の運用に関する方針（以下「分野別運用方針」）が規定されている。

分野別運用方針で規定される事項は次のとおりである（同条第2項）。

〈入管法〉

第2条の4

2 分野別運用方針は、次に掲げる事項について定めるものとする。

　一　当該分野別運用方針において定める人材を確保することが困難な状況にあるため外国人により不足する人材の確保を図るべき産業上の分野

　二　前号の産業上の分野における人材の不足の状況（当該産業上の分野において人材が不足している地域の状況を含む。）に関する事項

　三　第一号の産業上の分野において求められる人材の基準に関する事項

　四　第一号の産業上の分野における在留資格認定証明書の交付の停止の措置又は交付の再開の措置に関する事項

　五　前各号に掲げるもののほか、第一号の産業上の分野における特定技能の在留資格に係る制度の運用に関する重要事項

また、特定産業分野ごとに分野別運用方針の運用要領が規定されている。

c 省　令

特定技能制度では、改正入管法2条の5に「特定技能雇用契約」及び「一号特定技能外国人支援計画」という概念が定められている。この「特定技能雇用契約」及び「一号特定技能外国人支援計画」の基準を定める省令として「特定技能雇用契約及び一号特定技能外国人支援計画の基準等を定める省令」（特定技能基準省令）が定められている。

---

[70]　なお、改正入管法別表一の二「特定技能」の項目の下段における「人材を確保することが困難な状況にあるため外国人により不足する人材の確保を図るべき産業上の分野として法務省令で定めるもの」についても「特定産業分野」の用語を用いる。

また、改正入管法別表第一の二の表の特定技能の項の下欄の産業上の分野等を定める省令として「出入国管理及び難民認定法別表第一の二の表の特定技能の項の下欄に規定する産業上の分野等を定める省令」（以下「特定産業分野省令」という。）が規定されている。

(ウ) 特定技能の仕組み

特定技能は、専門的・技術的分野とされる在留資格とも、技能実習制度とも異なった制度となっている。特定技能の制度を簡単に図示したのが、次の図である（「特定技能1号」で在留する場合を想定している。）。

図表2-47 特定技能制度

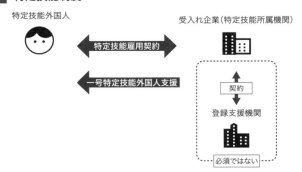

特定技能制度では、技能実習制度と異なり[71]技能実習制度では実習実施者と技能実習生との間であっせん、監理を行っていた送出機関及び監理団体の関与はなくなった。そのため、要件さえ満たせば外国人材（特定技能外国人[72]）と受入れ企業（特定技能所属機関）との二者間だけの契約で完結する[73]。

二者間で完結できるか否かの一番の分水嶺になるのが、特定技能所属機関が自社で「一号特定技能外国人支援」（入管法2条の6第6項）を実施できるか否かである。「特定技能1号」で在留する特定技能外国人（以下「一号特定技能外国人」という。）に対して、特定技能所属機関は、

---

[71] 特定技能制度と技能実習制度とは、目的も異なるものであり、単純に比較することは適切ではないとも思える。しかし、これまで事実上産業の現場を支えてくれていたのは技能実習生であり、実務的にも技能実習制度と比較しながら説明した方が理解しやすいと思われるため、適時、技能実習制度と比較しながら説明する。

[72] 入管法19条の18第2項1号に同じ。

[73] 但し、送出国との二国間条約によって送出機関の関与が必要な国や場合がある。

第4　在留資格各論

一号特定技能外国人支援計画を策定し（入管法2条5第6項）、一号特定技能外国人支援を実施する必要がある（入管法19条の22第1項）。この「一号特定技能外国人支援」を自社でできない場合、その一部を第三者に委託するか、その全部を登録支援機関（入管法19条の27第1項）に委託することになる（入管法19条の22第2項）。

　そして、特定技能外国人の要件は上陸許可基準で、特定技能所属機関、特定技能雇用契約及び一号特定技能外国人支援の要件は入管法及び省令で規定され、特定技能の在留資格としての活動内容に取り込まれている制度となっている。

　　㋤　一号特定技能外国人

　一号特定技能外国人の要件は、次のとおり上陸許可基準令で規定されている。

〈上陸許可基準令〉

〔法別表第一の二の表の特定技能の項の下欄第一号に掲げる活動の項、基準の欄〕

〔中略〕

一　申請人が次のいずれにも該当していること。ただし、申請人が外国人の技能実習の適正な実施及び技能実習生の保護に関する法律（平成二十八年法律第八十九号）第二条第二項第二号に規定する第二号企業単独型技能実習又は同条第四項第二号に規定する第二号団体監理型技能実習のいずれかを良好に修了している者であり、かつ、当該修了している技能実習において修得した技能が、従事しようとする業務において要する技能と関連性が認められる場合にあっては、ハ及びニに該当することを要しない。

　イ　十八歳以上であること。

　ロ　健康状態が良好であること。

　ハ　従事しようとする業務に必要な相当程度の知識又は経験を必要とする技能を有していることが試験その他の評価方法により証明されていること。

　ニ　本邦での生活に必要な日本語能力及び従事しようとする業務に必要な日本語能力を有していることが試験その他の評価方法により証明されていること。

　ホ　退去強制令書の円滑な執行に協力するとして法務大臣が告示で定める外国政府又は地域（出入国管理及び難民認定法施行令（平成十年政令第百七十八号）第一条に定める地域をいう。以下同じ。）の権限ある機関の発行した旅券を所持していること。

　ヘ　特定技能（法別表第一の二の表の特定技能の項の下欄第一号に係るもの

139

に限る。）の在留資格をもって本邦に在留したことがある者にあっては、
当該在留資格をもって在留した期間が通算して五年に達していないこと。

a　年齢に関するもの

労働基準法では、18歳に満たない者を年少者とし（労基法57条）、労働時間及び休日（同法60条）、深夜業（同法61条）、危険有害業務の就業制限（同法62条）、坑内労働の禁止（同法63条）、帰郷費用（同法64条）等、特別の保護規定を定めている。この点に鑑み、特定技能外国人についても18歳以上であることを求めるものとしている（特定技能運用要領12頁）。

b　健康状態に関するもの

特定技能外国人が、本邦で特定技能に係る活動を安定的かつ継続的に行うことを確保するため、健康状態が良好であることを求めるものとする（特定技能運用要領13頁）。健康診断個人票（参考様式[74]第1-3号）及び受診者の申告書（参考様式第1-3号別紙）で立証する。

c　技能水準及び日本語能力の水準に関するもの

一号特定技能外国人は、従事しようとする業務に必要な相当程度の知識又は経験を必要とする技能を有していることを試験その他の評価方法により証明することが必要である。試験その他の評価方法については分野別運用方針（入管法2条の4第2項3号）及び分野別運用要領に規定がされている。14特定産業分野の分野別運用方針で、日本語能力については日本語能力試験N4合格等を日本語能力水準及び評価方法にあげている。また、それぞれの業務区分についての技能水準及び評価方法については、14特定産業分野の業務区分ごとに評価試験が規定されている。

業務区分ごとの技能試験は、国外における試験実施を前提とした上で、各分野における人材受入れ需要等を考慮し、国内においても実施される（平成31年2月法務省入国管理局「「特定技能」に係る試験の方針について」）。そして、国内で実施する試験の受験資格としては、中長期在留

74　様式番号が記載されているものは、法務省のウェブサイト「特定技能運用要領・各種様式等」（http://www.moj.go.jp/nyuukokukanri/kouhou/nyuukokukanri07_00201.html）でダウンロード可能である。

第4 在留資格各論

者及び過去に本邦に中長期在留者として在留した経験を有する者が対象
となるが、「退学・除籍留学生」及び「失踪した技能実習生」のほか、「特
定活動（難民申請）」の在留資格並びに技能実習等、当該活動を実施す
るに当たっての計画（以下「活動計画」という。）の作成が求められる
在留資格で現に活動中の者（その活動計画の性格上、他の在留資格への
変更が予定されていないもの[75]、又はその活動計画により、当該活動終
了後に特定の在留資格への変更又は在留期間の更新が予定されているも
の[76]）については、受験資格が認められない（平成31年2月法務省入
国管理局「「特定技能」に係る試験の方針について」）。

　この日本語能力及び技能水準に関する試験の合格等については、第二
号技能実習[77]を良好に修了している者[78]であり、かつ、修了した第二
号技能実習において修得した技能等が、特定技能1号の活動で従事しよ
うとする業務と関連性が認められる場合は、免除される。従事する業務
と第二号技能実習における移行対象職種・作業の関連性については、分
野別運用要領に規定されている[79]。

　この試験等に合格するルート（試験ルート）と、第二号技能実習を修
了するルート（技能実習ルート）を図示すると、次のとおりとなる。

75　「技能実習」、「研修」、「特定活動（日本料理海外普及人材育成事業）」、「特定活動（特定伝統料
　理海外普及事業）」、「特定活動（製造業外国従業員受入促進事業）」及び「特定活動（インターンシッ
　プ）」が該当する（特定技能運用要領15頁）。
76　「特定活動（外国人起業活動促進事業）」及び「経営・管理（外国人創業人材受入促進事業）」
　が該当する（特定技能運用要領15頁）。
77　技能実習法施行以前の技能実習を修了した者等を含む（上陸許可基準附則（平成31年3月15
　日法務省令第7号）8条）。
78　「良好に修了している」とは、技能実習を2年10ヶ月以上行い、①第二号技能実習を行う際の
　技能実習計画において目標として定めた技能検定3級等に合格していること、又は、②技能検定
　3級等に合格していないものの、特定技能外国人が技能実習を行っていた実習実施者が、当該外
　国人の実習中の出勤状況や技能等の修得状況、生活態度等を記載した評価調書（参考様式第1–
　2号）により、第二号技能実習を良好に修了したと認められることをいう（特定技能運用要領15
　〜16頁）。なお、技能実習を行っていた実習実施者が、当該外国人材について特定技能所属機関
　となる場合（外国人材が第二号技能実習修了後一時帰国した場合も含む。）は、当該実習実施者（特
　定技能所属機関）が過去1年以内に技能実習法の「改善命令」を受けていない場合には評価調書
　の提出を省略することができる（特定技能運用要領16頁）。
　　また、過去に技能実習を行った実習実施者から評価調書の提出を受けることができない場合には、
　評価調書を提出することができないことの経緯を説明する理由書（任意様式）のほか、評価調査に代
　わる文書として、技能実習指導員等の技能実習の実施状況を知り得る立場にある者が作成した技能実
　習の実施状況を説明する文書（任意様式）を提出することも可能である（特定技能運用要領16頁）。
79　巻末の資料（移行対象一覧表）を参照いただきたい。

141

第2章 外国人材と出入国関連法令

図表2–48 「特定技能1号」へのルート

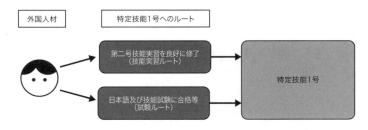

d　退去強制令書の円滑な執行への協力に関するもの

入管法における退去強制令書が発付されて送還されるべき外国人について、自国民の引取り義務を履行しない等、退去強制令書の円滑な執行に協力しない国・地域からの外国人材の受入れは認められない。該当する国、地域としては、イラン・イスラム共和国を除いた国と地域である（平成31年法務省告示第八十五号）。

e　通算在留期間に関するもの

「特定技能1号」の在留期間の上限は、通算5年である。通算される期間には、次の期間を含む（特定技能運用要領20頁）。特にみなし再入国許可による出国（入管法26条の2）による出国期間を含むため、「特定技能1号」の在留資格を許可されている期間について、本国への一時帰国を予定している場合には注意が必要である。特定技能外国人の履歴書（参考様式第1–1号）が立証資料となる。

〈特定技能運用要領〉

第4章　特定技能外国人に関する基準
　第1節　「特定技能1号」
　⑹　通算在留期間に関するもの
　〔中略〕
- 失業中や育児休暇及び産前産後休暇等による休暇期間
- 労災による休暇期間
- 再入国許可による出国（みなし再入国許可による出国を含む。）による出国期間
- 「特定技能1号」を有する者が行った在留期間更新許可申請又は在留資格変更許可申請中（転職を行うためのものに限る。）の特例期間
- 平成31年4月の施行時の特例措置として「特定技能1号」への移行準備のた

第4　在留資格各論

めに就労活動を認める「特定活動」で在留していた期間

f　保証金・違約金契約等に関するもの

〈上陸許可基準令〉

〔法別表第一の二の表の特定技能の項の下欄第一号に掲げる活動の項、基準の欄〕

二　申請人又はその配偶者、直系若しくは同居の親族その他申請人と社会生活
において密接な関係を有する者が、特定技能雇用契約に基づく申請人の本邦
における活動に関連して、保証金の徴収その他名目のいかんを問わず、金銭
その他の財産を管理されず、かつ、特定技能雇用契約の不履行について違約
金を定める契約その他の不当に金銭その他の財産の移転を予定する契約が締
結されておらず、かつ、締結されないことが見込まれること。

　一号特定技能外国人の本邦における活動に関与する機関（特定技能所
属機関、登録支援機関、職業紹介事業者等）だけではなく、本国及び日
本のブローカー等を含め、保証金や違約金の徴収を禁止する規定である。
　外国人材が送出機関等と接触する前にブローカーに金銭を支払ってし
まった場合に、外国人材が手助け等を求め難くならないような運用が必
要な点は、技能実習と同じである。
　立証資料としては、事前ガイダンスの確認書（参考様式第1–7号）、
支払費用の同意書及び明細書（参考様式第1–8号）及び一号特定技能
外国人支援計画（参考様式第1–17号）がある。いずれも、特定技能外
国人が理解できる言語に翻訳[80]し、当該外国人材が内容を十分に理解
した上で署名することが求められる（特定技能運用要領21頁）。

g　費用負担に関するもの

〈上陸許可基準令〉

〔法別表第一の二の表の特定技能の項の下欄第一号に掲げる活動の項、基準の欄〕

　三　申請人が特定技能雇用契約の申込みの取次ぎ又は外国における法別表第
　　一の二の表の特定技能の項の下欄第一号に掲げる活動の準備に関して外国
　　の機関に費用を支払っている場合にあっては、その額及び内訳を十分に理

---

[80]　2019年7月7日現在法務省のウェブサイト「特定技能運用要領・各種様式等」（http://www.
moj.go.jp/nyuukokukanri/kouhou/nyuukokukanri07_00201.html）で英語、ベトナム語、タ
ガログ語、インドネシア語、タイ語、ミャンマー語、カンボジア語、モンゴル語、ネパール語、
中国語の様式が公開されている。

解して当該機関との間で合意していること。

〔中略〕

五　食費、居住費その他名目のいかんを問わず申請人が定期に負担する費用
について、当該申請人が、当該費用の対価として供与される食事、住居そ
の他の利益の内容を十分に理解した上で合意しており、かつ、当該費用の
額が実費に相当する額その他の適正な額であり、当該費用の明細書その他
の書面が提示されること。

　一号特定技能外国人が、過度な経済的負担を負って日本に入国するこ
とがないように、特定技能雇用契約の申込みを取り次ぐ等する機関（主
に送出機関が想定されると解される）との間の費用について、金額と内
容を十分に理解し、当該機関と合意していることを求めるものである。
立証資料は参考様式第1-7号、参考様式第1-8号となる。

　また、食費や住宅費など、定期的に負担する費用については、一号特
定技能外国人が費用の対価として提供される役務の内容を十分に理解し
た上で合意し、かつ、費用が適正な金額であり、費用の明細が書面で示
されることを要する。雇用条件書の写し（参考様式第1-6号）、事前ガ
イダンスの確認書（参考様式第1-7号）、徴収費用の説明書（参考様式
第1-9号）、一号特定技能外国人支援計画書（参考様式第1-17号）が
立証資料となる。

　なお、食費や住宅費を賃金から控除する場合には、労使協定が必要で
ある点は、技能実習の場合と同様である（労基法24条1項）。

h　本国において遵守すべき手続に関するもの

----〈上陸許可基準令〉----

〔法別表第一の二の表の特定技能の項の下欄第一号に掲げる活動の項、基準の欄〕

四　申請人が国籍又は住所を有する国又は地域において、申請人が本邦で行う
活動に関連して当該国又は地域において遵守すべき手続が定められている場
合にあっては、当該手続を経ていること。

　日本で特定技能の活動を行うにあたり、本国で必要な手続がある場合
は、当該手続を履行していることを求めるものである。特定技能制度で
は、送出国との間で二国間協定が締結された場合、当該二国間協定の中

で必要な手続が規定される場合がある。

2019年10月時点での二国間協定が締結されている国は、フィリピン、カンボジア、ネパール、ミャンマー、モンゴル、スリランカ、インドネシア、ベトナム及び　バングラデシュである。

この二国間協定が締結された国において、当該国で特定技能外国人に係る送出手続について日本側が確認することが約された国については、上陸・在留審査時において上陸許可基準の適合性の審査として、当該国の手続を行ったことに関する証明書（登録証明書、推薦者表等）の提出が必要となる。また、当該送出国において査証の発給要件として手続が規定される国や出国の要件として規定されている国もある。

現時点で手続が定められている国はカンボジア、インドネシア及びネパールであり、各国々の手続は次のとおりである。

(a)　カンボジア

カンボジアの場合、カンボジアから日本に上陸し「特定技能1号」の許可を受ける場合も、既に日本に何らかの在留資格で在留し「特定技能1号」への在留資格に変更する場合にも、登録証明書の添付が必要である。

いずれも、特定技能雇用契約を締結した後に、カンボジア職業訓練省（MoLVT）から認定を受けた送出機関を通じて登録証明書の発行申請を行い、カンボジア職業訓練省（MoLVT）から証明書の交付を受け、在留資格認定証明書交付申請書又は在留資格変更許可申請書の添付資料として地方出入国在留管理局に提出する。登録証明書の発行申請をしてから発行されるまでの期間は、現時点で不明であるが、仮に時間がかかる場合、当該期間を含めて在留諸申請を行う必要があるため、注意が必要である。

(b)　インドネシア

インドネシアの場合、インドネシアから日本に上陸し「特定技能1号」の許可を受ける場合には、査証の発給要件としてインドネシア政府の海外労働管理サービスシステム（SISKOTKLN）へ登録し、当該登録によって取得した海外労働許可ID番号を提出することが必要である。また、既に日本に何らかの在留資格で在留し「特定技能1号」への在留資

格に変更する場合にもインドネシア政府の海外労働管理サービスシステム（SISKOTKLN）への登録、及び、在京インドネシア大使館において海外労働者登録手続（届出）が必要となる。そして、当該登録手続が完了すると、登録手続済証明書（推薦状）が発行される。

　もっとも、このインドネシア政府の海外労働管理サービスシステム（SISKOTKLN）への登録や登録手続済証明書（推薦状）は、2019年10月時点では、上陸許可基準該当性の審査対象とはされていない。そのため、インドネシアの場合、インドネシアから日本に上陸する場合の査証発給要件として送出国側の手続が規定されており、在留資格認定証明書交付申請及び在留資格変更許可申請時に、登録手続済証明書（推薦状）等を添付する必要は、現時点では、ない。

　　(c)　ネパール

　ネパールでは、ネパールから日本に上陸し「特定技能１号」の許可を受ける場合には、出国前にネパール労働・雇用・社会保障省海外雇用局日本担当部門から海外労働許可証の発行を受け、出国時に労働許可証を提示することが定められている。

　また、既に日本に何らかの在留資格で在留し「特定技能１号」への在留資格に変更する場合にも、一時帰国の際にネパール労働・雇用・社会保障省海外雇用局日本担当部門から海外労働許可証の発行を受け、出国時に労働許可証を提示することが定められている。

　このようにネパールでは、出国の要件として労働許可証を提示が定められているため、在留資格認定証明書交付申請及び在留資格変更許可申請時に、労働許可省等を添付する必要は、現時点では、ない。

　2019年10月時点で二国間協定が締結されている国々の二国間協定の内容は、次のとおりである。

第4　在留資格各論

図表2-49

相手方国	署名日	内　容
フィリピン	2019年3月19日	〔フィリピン側〕 認定された送出機関を通じた特定技能外国人の前提及び派遣を含む二国間協定の運用のための必要なガイドラインを作成する等。
カンボジア	2019年3月25日	〔カンボジア側〕 認定送出機関を通じた特定技能外国人のみを送り出す。 カンボジアの国内手続を行った特定技能候補者に対し、証明書を発行する等。
ネパール	2019年3月25日	送出機関の関与及び必要な手続についての言及なし。
ミャンマー	2019年3月28日	〔ミャンマー側〕 認定送出機関に対し、特定技能を有するミャンマーの労働者を適切な方法で選定し、及び送り出すために指導を行うこと等。
モンゴル	2019年4月17日	〔モンゴル側〕 労働・社会保障サービス総合事務所（GOLWS）をモンゴル国の特定技能外国人を送り出すことができるモンゴル国内の唯一の機関として指定し、その指定をモンゴル国内において公表し、及びGOLWSに関する情報を日本の省庁に提供すること。 GOLWSと受入機関が特定技能外国人の送出し・受入れに関して契約を結ぶ場合には、モンゴル国内の唯一の送出機関であるGOLWSに対し、モンゴル国の労働人材の海外への送出し並びに労働人材及び専門家の海外からの受入れに関する法[81]第4.1.5条に従って受入機関との間で契約を結ぶことを求めること等。
スリランカ	2019年6月19日	送出機関の関与及び必要な手続についての言及なし。
インドネシア	2019年6月25日	〔インドネシア側〕 インドネシア政府は、インドネシアの関係法令に従い、インドネシアからの特定技能外国人（SSW）の送出しに関して次の約束を行う。 ⑴　インドネシアのオンラインのコンピュータ化された労働市場情報システム（IPKOL）を通じて受入機関（AO）から提供される求人を確認すること。 ⑵　IPKOLを通じて確認された求人を公表すること。 ⑶　IPKOLを通じてSSW候補者のデータベースを提供すること。 ⑷　求人の公表及びSSW候補者のデータベースの入手のためのアクセス方法を含む適正な採用プロセスについて、IPKOLのウェブサイトに情報を公表すること。 ⑸　SSW候補者に対し、IPKOLの資格証明書の要件として自身の準備状況を更新するよう周知すること。当該要件は、日本語能力の測定試験、技能試験及び

81　Law of Mongolia on Sending Labour Force Abroad and Receiving Labour Force and Specialists from Abroad

相手方国	署名日	内　容
		健康診断により構成される。 (6)　AOに対するGoJの改善命令に関する情報をインドネシアで公表すること。 (7)　GoJによって作成された登録支援機関の一覧をインドネシアで公表すること。 (8)　現在査証を申請している選ばれた全てのSSW候補者及び日本に既に在留しているSSWがSISKOTKLNに記録されていることを確保すること。 (9)　インドネシアで選ばれたSSW候補者に対する出国前説明会を実施すること。 (10)　インドネシアからのSSWの送出しに関する照会をGoJから受けた場合には、必要な情報を提供すること。及び、 (11)　現在日本に在留しているSSW候補者に在留資格変更の推薦を発行すること等。
ベトナム	2019年5月20日	〔日本側〕 (1)　ベトナムの関連法令に基づき、必要な手続を完了したベトナムからの特定技能外国人であって、この協力覚書7(7)及び7(8)に定めるベトナムの省が承認した推薦者表に掲載されたもの（次に掲げるものを含む。）のみを受け入れること。 　　(a)　ベトナムの省から許可を与えられたベトナム国内の海外雇用サービスを提供する機関（送出機関）によって送り出された者。 　　(b)　日本国内に現在在留し、特定技能外国人として働くために受入機関によって直接採用された者（次に掲げるものを含む。）。 　　　(i)　技能実習2号又は3号を修了したベトナムからの技能実習生等試験を免除された者。 　　　(ii)　日本国内において少なくとも2年間の課程を修了してその証書を取得する学校を修了し、試験合格後「特定技能」への在留資格変更申請を行ったベトナムからの留学生。 〔ベトナム側〕 (7)　特定技能外国人になろうとする者が日本の所管省庁で在留資格「特定技能」を申請する手続を完了できるよう本協力覚書の添付1にある推薦者表を作成すること。 (8)　在日本国ベトナム大使館労働管理部に対し、「特定技能」への在留資格変更に関する報告を受けるよう指導し、この協力覚書6(1)（b）に記載された者について添付2にある推薦者表を作成すること。 (9)　ベトナムからの特定技能外国人の送出しに関する照会を日本の省庁から受けた場合には、必要な情報を提供すること。
バングラデシュ	2019年8月27日	送出機関の関与及び必要な手続についての言及なし。

第4　在留資格各論

ⅰ　分野に特有の基準に関するもの

┌─〈上陸許可基準令〉──────────────────────────┐
〔法別表第一の二の表の特定技能の項の下欄第一号に掲げる活動の項、基準の欄〕

六　前各号に掲げるもののほか、法務大臣が告示で定める特定の産業上の分野
　　に係るものにあっては、当該産業上の分野を所管する関係行政機関の長が、
　　法務大臣と協議の上、当該産業上の分野に特有の事情に鑑みて告示で定める
　　基準に適合すること。
└────────────────────────────────────┘

特定産業分野ごとの特有の事情に鑑みて、個別に定められた基準に適
合する必要がある。2019年7月時点において、個別に定められた基準は、
次のとおりである。

図表2-50

特定産業分野	告示	内　容
介護	上乗せ基準告示（介護）	特定技能雇用契約において、当該申請人（特定技能外国人）を労働者派遣の対象としない旨が定められていること。
ビルクリーニング	上乗せ基準告示（ビルクリーニング）	特定技能雇用契約において、当該申請人（特定技能外国人）を労働者派遣の対象としない旨が定められていること。
素形材産業	上乗せ基準告示（素形材産業）	当該申請人（特定技能外国人）を労働者派遣の対象とすることを内容とする特定技能雇用契約を締結していないこと。
産業機械製造業	上乗せ基準告示（産業機械製造業）	当該申請人（特定技能外国人）を労働者派遣の対象とすることを内容とする特定技能雇用契約を締結していないこと。
電気・電子情報関連産業	上乗せ基準告示（電気・電子情報関連産業）	当該申請人（特定技能外国人）を労働者派遣の対象とすることを内容とする特定技能雇用契約を締結していないこと。
建設	上乗せ基準告示（建設）	申請人（特定技能外国人）が、労働者派遣及び建設業務労働者の就業機会確保[82]の対象となることを内容とする特定技能雇用契約を締結していないこと。
造船・舶用工業	上乗せ基準告示（造船・舶用工業）	申請人（特定技能外国人）が、労働者派遣の対象となることを内容とする特定技能雇用契約を締結していないこと。

82　建設労働者の雇用の改善等に関する法律（昭和51年法律第33号）第2条9項に規定する。

149

特定産業分野	告示	内　容
自動車整備	上乗せ基準告示 （自動車整備）	申請人（特定技能外国人）が、労働者派遣の対象となることを内容とする特定技能雇用契約を締結していないこと。
航空	上乗せ基準告示 （航空）	申請人（特定技能外国人）が、労働者派遣の対象となることを内容とする特定技能雇用契約を締結していないこと。
宿泊	上乗せ基準告示 （宿泊）	申請人（特定技能外国人）が、労働者派遣の対象となることを内容とする特定技能雇用契約を締結していないこと。
農業	上乗せ基準告示 （農業）	NA
漁業	上乗せ基準告示 （漁業）	NA
飲食料品製造	上乗せ基準告示 （飲食料品製造）	申請人（特定技能外国人）が、申請人を労働者派遣の対象とすることを内容とする特定技能雇用契約を締結していないこと。
外食業	上乗せ基準告示 （外食業）	申請人（特定技能外国人）が、申請人を労働者派遣の対象とすることを内容とする特定技能雇用契約を締結していないこと。

㈺　二号特定技能外国人

〈上陸許可基準令〉

〔法別表第一の二の表の特定技能の項の下欄第二号に掲げる活動の項、基準の欄〕

　申請人に係る特定技能雇用契約が法第二条の五第一項及び第二項の規定に適合すること及び特定技能雇用契約の相手方となる本邦の公私の機関が同条第三項（第二号を除く。）及び第四項の規定に適合することのほか、申請人が次のいずれにも該当していること。

　一　申請人が次のいずれにも該当していること。

　　イ　十八歳以上であること。

　　ロ　健康状態が良好であること。

　　ハ　従事しようとする業務に必要な熟練した技能を有していることが試験その他の評価方法により証明されていること。

　　ニ　退去強制令書の円滑な執行に協力するとして法務大臣が告示で定める外国政府又は地域の権限ある機関の発行した旅券を所持していること。

　二　申請人又はその配偶者、直系若しくは同居の親族その他申請人と社会生活において密接な関係を有する者が、特定技能雇用契約に基づく申請人の本邦における活動に関連して、保証金の徴収その他名目のいかんを問わず、

第4　在留資格各論

　　　金銭その他の財産を管理されず、かつ、特定技能雇用契約の不履行につい
　　　て違約金を定める契約その他の不当に金銭その他の財産の移転を予定する
　　　契約が締結されておらず、かつ、締結されないことが見込まれること。
　三　申請人が特定技能雇用契約の申込みの取次ぎ又は外国における法別表第
　　　一の二の表の特定技能の項の下欄第二号に掲げる活動の準備に関して外国
　　　の機関に費用を支払っている場合にあっては、その額及び内訳を十分に理
　　　解して当該機関との間で合意していること。
　四　申請人が国籍又は住所を有する国又は地域において、申請人が本邦で行
　　　う活動に関連して当該国又は地域において遵守すべき手続が定められてい
　　　る場合にあっては、当該手続を経ていること。
　五　食費、居住費その他名目のいかんを問わず申請人が定期に負担する費用
　　　について、当該申請人が、当該費用の対価として供与される食事、住居そ
　　　の他の利益の内容を十分に理解した上で合意しており、かつ、当該費用の
　　　額が実費に相当する額その他の適正な額であり、当該費用の明細書その他
　　　の書面が提示されること。
　六　技能実習の在留資格をもって本邦に在留していたことがある者にあって
　　　は、当該在留資格に基づく活動により本邦において修得、習熟又は熟達し
　　　た技能等の本国への移転に努めるものと認められること。
　七　前各号に掲げるもののほか、法務大臣が告示で定める特定の産業上の分
　　　野に係るものにあっては、当該産業上の分野を所管する関係行政機関の長
　　　が、法務大臣と協議の上、当該産業上の分野に特有の事情に鑑みて告示で
　　　定める基準に適合すること。

　「特定技能2号」の在留資格で活動する特定技能外国人（以下「二号
特定技能外国人」という。）に対する上陸許可基準である。
　二号特定技能外国人については、上陸許可基準令に「本邦の公私の機
関が同条第三項（第二号を除く。）及び第四項の規定に適合すること」
とあるとおり、適合一号特定技能外国人支援の適正な実施を基準として
規定した入管法2条の5第3項2号が適用されていないところ、一号特
定技能外国人支援を要しない。
　また、技能実習の活動に従事していた者が「特定技能2号」の在留資
格の許可を受けようとする場合には、技能等について本国への移転に努
めるものと認められることが必要である（参考様式第1-10号）。

151

第2章 外国人材と出入国関連法令

(カ) 特定技能所属機関総論

〈入管法〉

第2条の5〔中略〕

3 特定技能雇用契約の相手方となる本邦の公私の機関は、次に掲げる事項が確保されるものとして法務省令で定める基準に適合するものでなければならない。

一 前二項の規定に適合する特定技能雇用契約（第十九条の十九第二号において「適合特定技能雇用契約」という。）の適正な履行

二 第六項及び第七項の規定に適合する第六項に規定する一号特定技能外国人支援計画（第五項及び第四章第一節第二款において「適合一号特定技能外国人支援計画」という。）の適正な実施

　特定技能所属機関は、適合特定技能雇用契約の適正な履行及び適合特定技能外国人支援計画の適正な実施について、特定技能基準省令2条に規定される基準に適合する必要がある。

　また、その前提として、特定技能雇用契約の内容（入管法2条の5第1項、特定技能基準省令1条）及び一号特定技能外国人支援の内容（入管法2条の5第6項、特定技能基準省令3条）が規定されている。

　以下では、特定技能雇用契約の内容、特定技能雇用契約の適正な履行、一号特定技能外国人支援の内容、一号特定技能外国人支援の適正な実施体制の順番で概観する。

(キ) 特定技能雇用契約の内容

〈入管法〉

第2条の5 別表第一の二の表の特定技能の項の下欄第一号又は第二号に掲げる活動を行おうとする外国人が本邦の公私の機関と締結する雇用に関する契約（以下この条及び第四章第一節第二款において「特定技能雇用契約」という。）は、次に掲げる事項が適切に定められているものとして法務省令で定める基準に適合するものでなければならない。

一 特定技能雇用契約に基づいて当該外国人が行う当該活動の内容及びこれに対する報酬その他の雇用関係に関する事項

二 前号に掲げるもののほか、特定技能雇用契約の期間が満了した外国人の出国を確保するための措置その他当該外国人の適正な在留に資するために必要な事項

第4 在留資格各論

　2　前項の法務省令で定める基準には、外国人であることを理由として、報酬
　の決定、教育訓練の実施、福利厚生施設の利用その他の待遇について、差別
　的取扱いをしてはならないことを含むものとする。

　特定技能外国人と特定技能所属機関が締結する雇用契約は「特定技能
雇用契約」と定義付けされ、特定技能基準省令で定められた基準に適合
する雇用契約である必要がある（改正入管法2条の5第1項）。

　そして、特定技能基準省令で定める基準のうち、入管法2条の5第1
項1号（雇用関係に関する事項）に関する基準は、次のとおりである（同
省令1条1項）。

―〈特定技能基準省令〉―――――――――――――――――――――――――

第1条　出入国管理及び難民認定法（以下「法」という。）第二条の五第一項
　の法務省令で定める基準のうち雇用関係に関する事項に係るものは、労働基
　準法（昭和二十二年法律第四十九号）その他の労働に関する法令の規定に適
　合していることのほか、次のとおりとする。
　一　出入国管理及び難民認定法別表第一の二の表の特定技能の項の下欄に規
　　定する産業上の分野等を定める省令（平成三十一年法務省令第六号）で定
　　める分野に属する同令で定める相当程度の知識若しくは経験を必要とする
　　技能を要する業務又は当該分野に属する同令で定める熟練した技能を要す
　　る業務に外国人を従事させるものであること。
　二　外国人の所定労働時間が、特定技能所属機関に雇用される通常の労働者
　　の所定労働時間と同等であること。
　三　外国人に対する報酬の額が日本人が従事する場合の報酬の額と同等以上
　　であること。
　四　外国人であることを理由として、報酬の決定、教育訓練の実施、福利厚
　　生施設の利用その他の待遇について、差別的な取扱いをしていないこと。
　五　外国人が一時帰国を希望した場合には、必要な有給休暇を取得させるも
　　のとしていること。
　六　外国人を労働者派遣等（労働者派遣事業の適正な運営の確保及び派遣労
　　働者の保護等に関する法律（昭和六十年法律第八十八号。以下「労働者派
　　遣法」という。）第二条第一号に規定する労働者派遣及び船員職業安定法（昭
　　和二十三年法律第百三十号）第六条第十一項に規定する船員派遣をいう。
　　以下同じ。）の対象とする場合にあっては、当該外国人が労働者派遣等を

153

第**2**章　外国人材と出入国関連法令

　　　されることとなる本邦の公私の機関の氏名又は名称及び住所並びにその派
　　　遣の期間が定められていること。
　七　前各号に掲げるもののほか、法務大臣が告示で定める特定の産業上の分
　　　野に係るものにあっては、当該産業上の分野を所管する関係行政機関の長
　　　が、法務大臣と協議の上、当該産業上の分野に特有の事情に鑑みて告示で
　　　定める基準に適合すること。

a　従事させる業務に関するもの（特定技能基準省令1条1項1号）

　特定技能外国人が従事する業務は、特定産業分野に属する業務であり、省令で定める相当程度の知識若しくは経験を必要とする技能を要する業務（特定技能1号）又は当該分野に属する同令で定める熟練した技能を要する業務（特定技能2号）であるため、労働契約における従事させる業務についても、「特定技能」の在留資格における活動を業務内容とするよう求めるものである。

　具体的な業務区分については、入管法別表第一の二「特定技能」の下の欄において「法務省令で定める相当程度の知識又は経験を必要とする技能を要する業務」（特定技能1号）又は「法務省令で定める熟練した技能を要する業務」（特定技能2号）と規定され、当該別表第一の二の規定を受けて、分野省令において「基本方針にのっとりそれぞれ当該分野（中略）に係る分野別運用方針及び運用要領（中略）で定める水準を満たす技能とする。」と規定され、分野別運用方針及び分野別運用要領において定められている。

　業務区分の詳細については、「特定技能」の活動内容の部分を参照いただきたい。

b　所定労働時間に関するもの（特定技能基準省令1条1項2号）

　特定技能外国人の所定労働時間について、特定技能所属機関に雇用される通常の労働者と同等であることを求めるものである。

　「通常の労働者」とは、フルタイム[83]で雇用される労働者をいい、ア

83　特定技能制度における「フルタイム」は、原則として、労働日数が週5日以上かつ年間217日以上であり、かつ、週労働時間が30時間以上であることをいう（特定技能運用要領38頁）。

ルバイトやパートタイムで雇用される短時間労働者は含まれない（特定技能運用要領38頁）。特定技能所属機関の通常の労働者の所定労働時間と同等であることが求められるため、特定技能外国人は、フルタイムで特定技能所属機関の業務に従事することになる[84]。そのため、特定技能外国人は、複数の特定技能所属機関に所属することはできない（特定技能運用要領38頁）。

特定技能外国人が複数の特定技能所属機関に所属することは認められないことから、「出向」のうち、出向元及び出向先の双方と労働者の間に労働契約関係がある「在籍型出向」として、出向元から出向先に出向する形態で、特定技能外国人が特定技能雇用契約を締結することは認められない。他方で、出向元との労働契約関係が解消され、出向先との間でのみ労働契約関係が成立する「転籍型出向」であれば、特定技能外国人が出向先であり特定技能所属機関となる機関と、特定技能雇用契約を締結することは認められる（審査要領）。

c 報酬・福利厚生等に関する事項（特定技能基準省令1条1項3号・4号）

特定技能雇用契約では、報酬の額が、日本人が従事する場合の報酬と同等額以上であること、及び、報酬の決定、教育訓練、福利厚生施設の利用等について差別的取扱いをしていないことを求めるものである。

「報酬」は、他の「技術・人文知識・国際業務」や「技能実習」の場合と同様であり、「一定の役務の給付の対価として与えられる反対給付」をいい、原則として、通勤手当、扶養手当、住宅手当等の実費弁償の性格を有するもの（課税されるものは除く。）は含まれない（特定技能運用要領39頁）。

(a) 報酬の水準

特定技能外国人は、「特定技能1号」の在留資格で活動する場合、技能実習ルートであれば概ね3年（第二号技能実習修了者）～5年（第三号技能実習修了者）、日本に業務に従事したことがあるところ、報酬の

---

[84] 基本方針においても「受け入れる外国人の雇用形態については、フルタイムとした上で、原則として直接雇用とする。」と規定される。

水準としても概ね3〜5年の経験者として扱うことが求められ、実際に3〜5年程度の経験を積んだ国内人材がいる場合には、当該国内人材に支払っている報酬額とも比較し、適切な報酬額を決定する必要がある（審査要領）。

また、「技能実習2号」の在留資格の技能実習生を受け入れている場合は、特定技能外国人に対する報酬は、当該技能実習生の第二号技能実習修了時の報酬を上回っている必要がある（審査要領）。

(b) 「同等以上であること」について

i 賃金規定がある場合

特定技能所属機関に賃金規定[85]がある場合には、特定技能外国人と国内人材が同一の賃金規定によって報酬が決定されている場合には「同等以上」とされる（審査要領）。

ii 賃金規定がない場合

(i) 比較対象となる国内人材がいる場合

役職、職務内容、責任の程度等が特定技能外国人と同等である国内人材がいる場合、当該国内人材の報酬と比較して、特定技能外国人の報酬が同等以上であることが必要である（審査要領）。

(ii) 比較対象となる国内人材がいない場合

特定技能外国人と近い業務内容等を担う国内人材がいる場合には、最も近い業務内容等を担う国内人材と比較し、当該国内人材と特定技能外国人の報酬の額が、国内人材と特定技能外国人との役職、職務内容、責任の程度について、両者の差を合理的に説明できる必要がある。そして、当該差を考慮し、国内人材の報酬と特定技能外国人の報酬を比較し、報酬が妥当といえる必要がある（審査要領）。

特定技能外国人と近い業務内容等を担う国内人材がいない場合には、近隣同業他社において同等の業務に従事する特定技能外国人の報酬額と比較し、当該差が妥当なものといえる必要がある（審査要領）。

---

[85] 特定技能外国人と国内人材に支払われる報酬の額が同一であるという考え方に基づいて策定された賃金規定である必要がある（審査要領）。

第4　在留資格各論

d　一時帰国休暇の取得に関するもの（特定技能基準省令1条1項5号）

特定技能外国人が一時帰国を希望した場合、特定技能所属機関は、業務上のやむを得ない事情がある場合[86]を除き、有給休暇[87]を取得させる必要がある。既に、労働基準法上の年次有給休暇を取得している特定技能外国人から、一時帰国を希望する旨の申し出があった場合には、追加の休暇（有給又は無休）の取得ができるよう配慮することが望ましいとされる（特定技能運用要領40頁）。

e　派遣先に関するもの（特定技能基準省令1条1項6号）

特定技能制度では、14の特定産業分野のうち「農業分野」及び「漁業分野」については派遣形態での雇用を行うことが可能である。そして、特定技能外国人を労働者派遣（労働者派遣法2条1号）又は船員派遣（船員職業安定法6条11号）の対象とする場合には、派遣先である本邦の公私の機関の氏名・名称、住所、派遣期間を特定技能雇用契約で定めることを要する。

一般的な労働者派遣が開始されるまでの手続は、以下の順番で行われると解される。かかる労働者派遣法に基づく手続も併せて履行する必要がある。

図表2-51

派遣可能業務（「農業分野」又は「漁業分野」の業務）であることの確認

↓

派遣先から派遣元に対する抵触日（労働者派遣法40条の2）の通知
（労働者派遣法26条4項）

↓

派遣先と派遣元間の労働者派遣基本契約の締結

↓

派遣先と派遣元間の労働者派遣契約（個別契約）の締結
（労働者派遣法26条1項）

86　業務上のやむを得ない事情がある場合とは、特定技能外国人が担当する業務が他の外国人材・国内人材によって代替することが不可能な業務であって、休暇希望日において当該特定技能外国人以外に担当可能な人材がおらず、当該休暇取得希望日以外に代替日を設けるのが不可能であることについて合理的な理由がある場合をいう（審査要領）。

87　「有給休暇」とは、労働基準法39条の年次有給休暇を含む一般の有給休暇をいう（特定技能運用要領40頁）。

第**2**章 外国人材と出入国関連法令

$\downarrow$

派遣元による派遣労働者に対する就業条件等の明示 （労働者派遣法34条、同法34条の2） 派遣元と派遣労働者間の労働条件の通知・労働契約（特定技能雇用契約）の締結 （労働基準法15条）

$\downarrow$

派遣元による派遣先に対する通知 （労働者派遣法35条）

$\downarrow$

労働者派遣・就業開始

f 分野別に定める基準（特定技能基準省令1条1項7号）

特定産業分野ごとの特有の事情に鑑みて、特定産業分野に係る運用要領で定められた基準に適合する必要がある。

2019年7月時点において、個別に定められた基準は、次のとおりである。

図表2-52

特定産業分野	告示	内容
介護	上乗せ基準告示 （介護）	NA
ビルクリーニング	上乗せ基準告示 （ビルクリーニング）	NA
素形材産業	上乗せ基準告示 （素形材産業）	特定技能雇用契約に基づいて外国人が同法別表第一の二の表の特定技能の項の下欄第一号に掲げる活動を行う事業所が、日本標準産業分類に掲げる産業のうち次のいずれかに掲げるものを行っていること。 一　細分類2194-鋳型製造業（中子を含む） 二　小分類225-鉄素形材製造業 三　小分類235-非鉄金属素形材製造業 四　細分類2424-作業工具製造業 五　細分類2431-配管工事用附属品製造業（バルブ、コックを除く） 六　小分類245-金属素形材製品製造業 七　細分類2465-金属熱処理業 八　細分類2534-工業窯炉製造業 九　細分類2592-弁・同附属品製造業 十　細分類2651-鋳造装置製造業 十一　細分類2691-金属用金型・同部分品・附属

158

特定産業分野	告示	内容
		品製造業 十二　細分類2692–非金属用金型・同部分品・附属品製造業 十三　細分類2929–その他の産業用電気機械器具製造業（車両用、船舶用を含む） 十四　細分類3295–工業用模型製造業
産業機械製造業	上乗せ基準告示 （産業機械製造業）	特定技能雇用契約に基づいて外国人が同法別表第一の二の表の特定技能の項の下欄第一号に掲げる活動を行う事業所が、日本標準産業分類に掲げる産業のうち次のいずれかに掲げるものを行っていること。 一　細分類2422–機械刃物製造業 二　小分類248–ボルト・ナット・リベット・小ねじ・木ねじ等製造業 三　中分類25–はん用機械器具製造業（細分類2535–工業窯炉製造業、細分類2591–消火器具消火装置製造業及び細分類2592–弁・同附属品製造業を除く。） 四　中分類26–生産用機械器具製造業（細分類2651–鋳造装置製造業、細分類2691–金属用金型・同部分品・附属品製造業及び細分類2692–非金属用金型・同部分品・附属品製造業を除く。） 五　小分類270–管理、補助的経済活動を行う事業所（27業務用機械器具製造業） 六　小分類271–事務用機械器具製造業 七　小分類272–サービス用・娯楽用機械器具製造業 八　小分類273–計量器・測定器・分析機器・試験機・測量機械器具・理化学機械器具製造業 九　小分類275–光学機械器具・レンズ製造業
電気・電子情報関連産業	上乗せ基準告示 （電気・電子情報関連産業）	特定技能雇用契約に基づいて外国人が同法別表第一の二の表の特定技能の項の下欄第一号に掲げる活動を行う事業所が、日本標準産業分類に掲げる産業のうち次のいずれかに掲げるものを行っていること。 一　中分類28–電子部品・デバイス・電子回路製造業 二　中分類29–電気機械器具製造業（細分類2922–内燃機関電装品製造業及び細分類2929–その他の産業用電気機械器具製造業（車両用、船舶用を含む）を除く。） 三　中分類30–情報通信機械器具製造業

第2章 外国人材と出入国関連法令

特定産業分野	告示	内容
建設	上乗せ基準告示（建設）	NA
造船・舶用工業	上乗せ基準告示（造船・舶用工業）	NA
自動車整備	上乗せ基準告示（自動車整備）	NA
航空	上乗せ基準告示（航空）	NA
宿泊	上乗せ基準告示（宿泊）	NA
農業	上乗せ基準告示（農業）	NA
漁業	上乗せ基準告示（漁業）	NA
飲食料品製造	上乗せ基準告示（飲食料品製造）	NA
外食業	上乗せ基準告示（外食業）	NA

g　適正な在留に資するために必要な事項（特定技能基準省令1条2項1号～3号）

〈特定技能基準省令〉

第1条　〔中略〕

2　法第二条の五第一項の法務省令で定める基準のうち外国人の適正な在留に資するために必要な事項に係るものは、次のとおりとする。

　一　外国人が特定技能雇用契約の終了後の帰国に要する旅費を負担することができないときは、当該特定技能雇用契約の相手方である特定技能所属機関が、当該旅費を負担するとともに、当該特定技能雇用契約の終了後の出国が円滑になされるよう必要な措置を講ずることとしていること。

　二　特定技能所属機関が外国人の健康の状況その他の生活の状況を把握するために必要な措置を講ずることとしていること。

　三　前各号に掲げるもののほか、法務大臣が告示で定める特定の産業上の分野に係るものにあっては、当該産業上の分野を所管する関係行政機関の長が、法務大臣と協議の上、当該産業上の分野に特有の事情に鑑みて告示で定める基準に適合すること。

160

帰国担保措置（特定技能基準省令1条2項1号）、健康状況その他生活状況の把握のための必要な措置（同条項2号）、分野に特有の事情に鑑みて定められた基準（同条項3号）からなる。

帰国担保措置における「必要な措置」とは、帰国旅費を負担することのほか、帰国のための航空券の予約及び購入を行うこと等をいう（特定技能運用要領43頁）。

健康の状況その他生活状況の把握のための「必要な措置」とは、緊急連絡網の整備や定期的な面談での確認等をいう（特定技能運用要領43頁）。

㋗ 特定技能雇用契約の適正な履行

-----〈入管法〉-----

第2条の5 〔中略〕

3 特定技能雇用契約の相手方となる本邦の公私の機関は、次に掲げる事項が確保されるものとして法務省令で定める基準に適合するものでなければならない。

一 前二項の規定に適合する特定技能雇用契約（第十九条の十九第二号において「適合特定技能雇用契約」という。）の適正な履行

特定技能所属機関については、特定技能契約の内容が法令に定める基準に適合する他、当該基準に適合する特定技能雇用契約（適合特定技能雇用約）を適正に履行することが求められる（入管法2条の5第3項1号）。

そして、同条項の法務省令で定める基準として、特定技能基準省令2条1項1号から13号において、適合特定技能雇用契約の適正な履行の確保に関する基準が定められている。本基準に該当しなくなった場合には、受入れ困難に係る届出（入管法19条の18第1項、同法施行規則19条の17第6項）が必要になるため、注意が必要である。

基準の各項目は次のとおりである。

① 労働、社会保険及び租税に関する法令の遵守（1号）

② 非自発的離職者の発生（2号）

③ 行方不明者の発生（3号）

④ 関係法令による刑罰を受けたこと、行為能力・役員の適格性、実

習認定の取消し、出入国又は労働関係法令に関する不正行為、暴力団排除による欠格事由（4号）

⑤　特定技能外国人の活動状況に係る文書の作成（5号）

⑥　保証金の徴収による欠格事由（6号）

⑦　違約金契約等による欠格事由（7号）

⑧　支援費用の負担（8号）

⑨　派遣形態による受入れ（9号）

⑩　労災保険法にかかる措置（10号）

⑪　特定技能雇用契約継続履行体制（11号）

⑫　報酬の口座振込み等（12号）

⑬　分野特有の事情に基づき定められた基準（13号）

a　労働、社会保険及び租税に関する法令の遵守（1号）

〈特定技能基準省令〉

第2条　法第二条の五第三項の法務省令で定める基準のうち適合特定技能雇用契約の適正な履行の確保に係るものは、次のとおりとする。

一　労働、社会保険及び租税に関する法令の規定を遵守していること。

特定技能所属機関に対し、労働関係法令、社会保険関係法令、及び租税関係法令の遵守を求めるものである。

⒜　労働関係法令について

労働に関する法令とは、労働基準法、労働契約法、労働安全衛生法、労働者派遣法、最低賃金法、雇用保険法及び労働者災害補償保険法等の労働関係法令一般をいう（審査要領）。

労働に関する法令を遵守しているといえるには、次に該当することが必要である（審査要領）。

①　労働契約が労働基準法を始め労働関係法令に違反していないこと。

②　雇用保険及び労災保険の適用事業所である場合には、当該保険に加入し、保険料を納付していること[88]。

88　労働保険の保険料について未納があった場合でも、地方出入国在留管理局の助言・指導に基づき納付手続を行った場合は、労働関係法令を遵守しているものとして評価される（特定技能運用要領47頁）。

第4　在留資格各論

③　特定技能外国人と特定技能所属機関との間の雇用関係の成立の
あっせんを行った者が存在する場合には、あっせんした者が無料職
業紹介の届出を行い若しくは有料職業紹介の許可（職業安定法30
条、33条及び33条の3）を得ていること。

　⒝　社会保険関係法令

社会保険に関する法令とは、健康保険法、厚生年金保険法、国民健康
保険法、国民年金法等の社会保険関係法令一般をいう（審査要領）。

法令の規定を遵守しているといえるには、各保険の適用事業所である
場合に、加入手続を行い、適切に保険料を納付している必要がある[89]。

　⒞　租税関係法令

租税に関する法令とは、所得税法、法人税法、地方税法等の租税関係
法令一般をいう（審査要領）。

法令の規定を遵守しているといえるには、国税及び地方税を適切な時
期に納付していることを要する[90]（審査要領）。

　b　非自発的離職者の発生（2号）

---〈特定技能基準省令〉---

第2条〔中略〕

二　特定技能雇用契約の締結の日前一年以内又はその締結の日以後に、当該特
定技能雇用契約において外国人が従事することとされている業務と同種の業
務に従事していた労働者（次に掲げる者を除く。）を離職させていないこと。

イ　定年その他これに準ずる理由により退職した者

ロ　自己の責めに帰すべき重大な理由により解雇された者

ハ　期間の定めのある労働契約（以下「有期労働契約」という。）の期間
満了時に当該有期労働契約を更新しないことにより当該有期労働契約を
終了（労働者が当該有期労働契約の更新の申込みをした場合又は当該有
期労働契約の期間満了後遅滞なく有期労働契約の締結の申込みをした場
合であって、当該有期労働契約の相手方である特定技能所属機関が当該
労働者の責めに帰すべき重大な理由その他正当な理由により当該申込み

89　納付について猶予制度（分割納付）の許可を得ている場合も、適切に納付されているものと評
価される（特定技能運用要領47頁）。また、地方出入国在留管理局の助言・指導に基づき保険料
を納付した場合については、法令の規定を遵守しているものとして評価される（特定技能運用要
領48頁）。

90　納税緩和措置を受けている場合も含まれる（特定技能運用要領48頁）。

163

第**2**章　外国人材と出入国関連法令

　を拒絶することにより当該有期労働契約を終了させる場合に限る。）された者
　ニ　自発的に離職した者

　特定技能所属機関が、労働者を非自発的に離職させている場合は、「深刻化する人手不足に対応するため」（基本方針）という制度目的と合致しないため、特定技能所属機関には、特定技能外国人が従事する業務と同種の業務に従事する労働者について非自発的に離職させていないことが求められる。

　労働者とは、特定技能所属機関にフルタイムで雇用される国内人材、中長期在留者（入管法19条の3）及び特別永住者の従業員をいい、短時間労働者は含まれない（特定技能運用要領49頁）。

　非自発的に離職させた場合とは、次のような場合をいう（特定技能運用要領49頁）。

- ◆人員整理を行うための希望退職の募集又は退職勧奨を行った（自然災害等の発生によるやむを得ない解雇を除く）
- ◆就業環境に係る重大な問題（嫌がらせ等）があった場合
- ◆特定技能外国人の責めに帰すべき理由によらない有期労働契約の終了

　1名でも非自発的離職者を出した場合、受入れ困難に係る届出（入管法19条の18第1項、同法施行規則19条の17第6項）が必要となり、また、当該所属機関が雇用する他の特定技能外国人も在留期間更新許可を受けることができなくなるため、当該特定技能外国人に対し、転職等の支援が必要となる（審査要領）。

c　行方不明者の発生（3号）

〈特定技能基準省令〉

第2条　〔中略〕
　三　特定技能雇用契約の締結の日前一年以内又はその締結の日以後に、当該特定技能雇用契約の相手方である特定技能所属機関の責めに帰すべき事由により外国人の行方不明者を発生させていないこと

　特定技能所属機関について、受け入れている外国人について行方不明

第4　在留資格各論

者を発生させていないことを求めるものである。

　ここでいう「外国人」は、特定技能外国人及び技能実習生をいう（特定技能運用要領50頁、審査要領）。また、「責めに帰すべき事由」とは、賃金の未払い、一号特定技能外国人支援計画の適正な実施を行わない場合等をいう（特定技能運用要領50頁、審査要領）。

　1名でも特定技能所属機関の責めに帰すべき事由により、特定技能外国人や技能実習生について行方不明者を発生させた場合は本基準に適合しないこととなり、受入れ困難に係る届出（入管法19条の18第1項、同法施行規則19条の17第6項）が必要となる（特定技能運用要領50頁）。

d　欠格事由（4号）

┌─〈特定技能基準省令〉─────────────────────────

第2条　〔中略〕

　四　次のいずれにも該当しないこと。

　　イ　禁錮以上の刑に処せられ、その執行を終わり、又は執行を受けることがなくなった日から起算して五年を経過しない者

　　ロ　次に掲げる規定又はこれらの規定に基づく命令の規定により、罰金の刑に処せられ、その執行を終わり、又は執行を受けることがなくなった日から起算して五年を経過しない者

　　　(1)　労働基準法第百十七条（船員職業安定法第八十九条第一項又は労働者派遣法第四十四条第一項の規定により適用される場合を含む。）、第百十八条第一項（労働基準法第六条及び第五十六条の規定に係る部分に限る。）、第百十九条（同法第十六条、第十七条、第十八条第一項及び第三十七条の規定に係る部分に限る。）及び第百二十条（同法第十八条第七項及び第二十三条から第二十七条までの規定に係る部分に限る。）の規定並びにこれらの規定に係る同法第百二十一条の規定

　　　(2)　船員法（昭和二十二年法律第百号）第百二十九条（同法第八十五条第一項の規定に係る部分に限る。）、第百三十条（同法第三十三条、第三十四条第一項、第三十五条、第四十五条及び第六十六条（同法第八十八条の二の二第四項及び第五項並びに第八十八条の三第四項において準用する場合を含む。）の規定に係る部分に限る。）及び第百三十一条（第一号（同法第五十三条第一項及び第二項、第五十四条、第五十六条並びに第五十八条第一項の規定に係る部分に限る。）及び第三号に係る部分に限る。）の規定並びにこれらの規定に係る同法第

165

百三十五条第一項の規定（これらの規定が船員職業安定法第九十二条第一項の規定により適用される場合を含む。）

(3) 職業安定法（昭和二十二年法律第百四十一号）第六十三条、第六十四条、第六十五条（第一号を除く。）及び第六十六条の規定並びにこれらの規定に係る同法第六十七条の規定

(4) 船員職業安定法第百十一条から第百十五条までの規定

(5) 法第七十一条の三、第七十一条の四、第七十三条の二、第七十三条の四から第七十四条の六の三まで、第七十四条の八及び第七十六条の二の規定

(6) 最低賃金法（昭和三十四年法律第百三十七号）第四十条の規定及び同条の規定に係る同法第四十二条の規定

(7) 労働施策の総合的な推進並びに労働者の雇用の安定及び職業生活の充実等に関する法律（昭和四十一年法律第百三十二号）第四十条第一項（第二号に係る部分に限る。）の規定及び当該規定に係る同条第二項の規定

(8) 建設労働者の雇用の改善等に関する法律（昭和五十一年法律第三十三号）第四十九条、第五十条及び第五十一条（第二号及び第三号を除く。）の規定並びにこれらの規定に係る同法第五十二条の規定

(9) 賃金の支払の確保等に関する法律（昭和五十一年法律第三十四号）第十八条の規定及び同条の規定に係る同法第二十条の規定

(10) 労働者派遣法第五十八条から第六十二条までの規定

(11) 港湾労働法（昭和六十三年法律第四十号）第四十八条、第四十九条（第一号を除く。）及び第五十一条（第二号及び第三号に係る部分に限る。）の規定並びにこれらの規定に係る同法第五十二条の規定

(12) 中小企業における労働力の確保及び良好な雇用の機会の創出のための雇用管理の改善の促進に関する法律（平成三年法律第五十七号）第十九条、第二十条及び第二十一条（第三号を除く。）の規定並びにこれらの規定に係る同法第二十二条の規定

(13) 育児休業、介護休業等育児又は家族介護を行う労働者の福祉に関する法律（平成三年法律第七十六号）第六十二条から第六十五条までの規定

(14) 林業労働力の確保の促進に関する法律（平成八年法律第四十五号）第三十二条、第三十三条及び第三十四条（第三号を除く。）の規定並びにこれらの規定に係る同法第三十五条の規定

(15) 外国人の技能実習の適正な実施及び技能実習生の保護に関する法律（平成二十八年法律第八十九号。以下「技能実習法」という。）第百八条、第百九条、第百十条（同法第四十四条の規定に係る部分に限る。）、第百十一条（第一号を除く。）及び第百十二条（第一号（同法第三十五

第4　在留資格各論

条第一項の規定に係る部分に限る。）及び第六号から第十一号までに
係る部分に限る。）の規定並びにこれらの規定に係る同法第百十三条
の規定

(16)　労働者派遣法第四十四条第四項の規定により適用される労働基準法
第百十八条、第百十九条及び第百二十一条の規定、船員職業安定法第
八十九条第七項の規定により適用される船員法第百二十九条から第
百三十一条までの規定並びに労働者派遣法第四十五条第七項の規定
により適用される労働安全衛生法（昭和四十七年法律第五十七号）第
百十九条及び第百二十二条の規定

ハ　暴力団員による不当な行為の防止等に関する法律（平成三年法律第
七十七号）の規定（同法第五十条（第二号に係る部分に限る。）及び第
五十二条の規定を除く。）により、又は刑法（明治四十年法律第四十五号）
第二百四条、第二百六条、第二百八条、第二百八条の二、第二百二十二
条若しくは第二百四十七条の罪若しくは暴力行為等処罰に関する法律
（大正十五年法律第六十号）の罪を犯したことにより、罰金の刑に処せ
られ、その執行を終わり、又は執行を受けることがなくなった日から起
算して五年を経過しない者

ニ　健康保険法（大正十一年法律第七十号）第二百八条、第二百十三条の二
若しくは第二百二十四条第一項、船員保険法（昭和十四年法律第七十三号）
第百五十六条、第百五十九条若しくは第百六十条第一項、労働者災害補償
保険法（昭和二十二年法律第五十号）第五十一条前段若しくは第五十四条
第一項（同法第五十一条前段の規定に係る部分に限る。）、厚生年金保険法
（昭和二十九年法律第百十五号）第百二条、第百三条の二若しくは第百四
条第一項（同法第百二条又は第百三条の二の規定に係る部分に限る。）、労
働保険の保険料の徴収等に関する法律（昭和四十四年法律第八十四号）
第四十六条前段若しくは第四十八条第一項（同法第四十六条前段の規定に
係る部分に限る。）又は雇用保険法（昭和四十九年法律第百十六号）第
八十三条若しくは第八十六条（同法第八十三条の規定に係る部分に限る。）
の規定により、罰金の刑に処せられ、その執行を終わり、又は執行を受け
ることがなくなった日から起算して五年を経過しない者

ホ　精神の機能の障害により特定技能雇用契約の履行を適正に行うに当
たっての必要な認知、判断及び意思疎通を適切に行うことができない者

ヘ　破産手続開始の決定を受けて復権を得ない者

ト　技能実習法第十六条第一項の規定により実習認定を取り消され、当該
取消しの日から起算して五年を経過しない者

チ　技能実習法第十六条第一項の規定により実習認定を取り消された者が

167

法人である場合（同項第三号の規定により実習認定を取り消された場合については、当該法人がロ又はニに規定する者に該当することとなったことによる場合に限る。）において、当該取消しの処分を受ける原因となった事項が発生した当時現に当該法人の役員（業務を執行する社員、取締役、執行役又はこれらに準ずる者をいい、相談役、顧問その他いかなる名称を有する者であるかを問わず、法人に対し業務を執行する社員、取締役、執行役又はこれらに準ずる者と同等以上の支配力を有するものと認められる者を含む。ヲにおいて同じ。）であった者で、当該取消しの日から起算して五年を経過しないもの

リ　特定技能雇用契約の締結の日前五年以内又はその締結の日以後に、次に掲げる行為その他の出入国又は労働に関する法令に関し不正又は著しく不当な行為をした者

(1)　外国人に対して暴行し、脅迫し又は監禁する行為

(2)　外国人の旅券又は在留カードを取り上げる行為

(3)　外国人に支給する手当又は報酬の一部又は全部を支払わない行為

(4)　外国人の外出その他私生活の自由を不当に制限する行為

(5)　(1)から(4)までに掲げるもののほか、外国人の人権を著しく侵害する行為

(6)　外国人に係る出入国又は労働に関する法令に関して行われた不正又は著しく不当な行為に関する事実を隠蔽する目的又はその事業活動に関し外国人に法第三章第一節若しくは第二節の規定による証明書の交付、上陸許可の証印若しくは許可、同章第四節の規定による上陸の許可若しくは法第四章第一節若しくは第二節若しくは第五章第三節の規定による許可を受けさせる目的で、偽造若しくは変造された文書若しくは図画若しくは虚偽の文書若しくは図画を行使し、又は提供する行為

(7)　特定技能雇用契約に基づく当該外国人の本邦における活動に関連して、保証金の徴収若しくは財産の管理又は当該特定技能雇用契約の不履行に係る違約金を定める契約その他不当に金銭その他の財産の移転を予定する契約を締結する行為

(8)　外国人若しくはその配偶者、直系若しくは同居の親族その他当該外国人と社会生活において密接な関係を有する者との間で、特定技能雇用契約に基づく当該外国人の本邦における活動に関連して、保証金の徴収その他名目のいかんを問わず金銭その他の財産の管理をする者若しくは当該特定技能雇用契約の不履行について違約金を定める契約その他の不当に金銭その他の財産の移転を予定する契約を締結した者又はこれらの行為をしようとする者からの紹介を受けて、当該外国人と当該特定技能雇用契約を締結する行為

(9) 法第十九条の十八の規定による届出をせず、又は虚偽の届出をする行為

(10) 法第十九条の二十第一項の規定による報告若しくは帳簿書類の提出若しくは提示をせず、若しくは虚偽の報告若しくは虚偽の帳簿書類の提出若しくは提示をし、又は同項の規定による質問に対して答弁をせず、若しくは虚偽の答弁をし、若しくは同項の規定による検査を拒み、妨げ、若しくは忌避する行為

(11) 法第十九条の二十一第一項の規定による処分に違反する行為

ヌ 暴力団員による不当な行為の防止等に関する法律第二条第六号に規定する暴力団員（以下「暴力団員」という。）又は暴力団員でなくなった日から五年を経過しない者（以下「暴力団員等」という。）

ル 営業に関し成年者と同一の行為能力を有しない未成年者であって、その法定代理人がイからヌまで又はヲのいずれかに該当するもの

ヲ 法人であって、その役員のうちにイからルまでのいずれかに該当する者があるもの

ワ 暴力団員等がその事業活動を支配する者

　関係法令による刑罰を受けたことによる欠格事由（4号イからニ）、行為能力・役員の適格性による欠格事由（4号ホからヲ）、実習認定の取消しを受けたことによる欠格事由（ト及びチ）、出入国又は労働関係法令に関する不正行為を行ったことによる欠格事由（4号リ）、暴力団排除による欠格事由（4号ヌからワ）に該当しないことを求めるものである。

　関係法令による刑罰を受けたことによる欠格事由（4号イからニ）については、入管法73条の2（不法就労助長罪等）が含まれている。特に不正就労助長罪は「留学」の在留資格で活動する留学生が、資格外活動の許可（入管法19条2項）により許可されている活動の条件である1週について28時間以内（所属する教育機関が長期休業期間の場合は1日について8時間以内）との条件（入管法施行規則19条5項）を超えて就労させた場合、使用者側に不正就労助長罪が成立する点には、違反事例も複数存在するところ、注意が必要である。

　また、出入国又は労働関係法令に関する不正行為を行ったことによる欠格事由（4号リ）については、特定技能所属機関による届出義務（入管法19条の18）の不履行及び虚偽の届出が含まれている。そのため、

第2章　外国人材と出入国関連法令

届出の不履行が生じないよう、注意が必要である。

e　特定技能外国人の活動状況に係る文書の作成（5号）

┌─〈特定技能基準省令〉────────────────────────┐

第2条　〔中略〕

　　五　特定技能雇用契約に係る外国人の活動の内容に係る文書を作成し、当該
　　　　外国人に当該特定技能雇用契約に基づく活動をさせる事業所に当該特定技
　　　　能雇用契約の終了の日から一年以上備えて置くこととしていること。

└────────────────────────────────┘

　特定技能所属機関に対し、特定技能外国人について、特定技能外国人
の活動の内容に係る文書を作成し、備え置くことを求めるものである。

　「活動の内容に係る文書」として記載すべき事項は、次のとおりであ
る（特定技能運用要領59頁）。

┌─〈特定技能運用要領〉────────────────────────┐

第5章　特定技能所属機関に関する基準等

　第2節　特定技能雇用契約の相手方の基準

　第1　適合特定技能雇用契約の適正な履行の確保に係るもの

　(9)　特定技能外国人の活動状況に係る文書の作成等に関するもの

　〔中略〕

①　特定技能外国人の管理簿

　(1)　特定技能外国人の名簿（必要的な記載事項は以下のとおり）

　　・氏名

　　・国籍・地域

　　・生年月日

　　・性別

　　・在留資格

　　・在留期間

　　・在留期間の満了日

　　・在留カード番号

　　・外国人雇用状況届出の届出日

　(2)　特定技能外国人の活動状況に関する帳簿（必要的な記載事項は以下のと
　　　おり）

　　・活動（就労）場所（派遣形態の場合、派遣先の氏名又は名称及び住所）

　　・従事した業務の内容

└────────────────────────────────┘

第4　在留資格各論

　　　・雇用状況（在籍者、新規雇用者、自発的離職者、非自発的離職者、行方
　　　　不明者）に関する内容
　　　・労働保険（雇用保険及び労災保険）の適用状況
　　　・社会保険（健康保険及び厚生年金保険）の加入状況
　　　・安全衛生（労働災害及び健康診断を含む。）の確保状況
　　　・特定技能外国人の受入れに要した費用の額及び内訳
　　　・特定技能外国人の支援に要した費用の額及び内訳
　　　・休暇の取得状況（一時帰国休暇の取得状況を含む。）
　　　・行政機関からの指導又は処分に関する内容
　②　特定技能雇用契約の内容
　③　雇用条件
　④　特定技能外国人の待遇に係る事項が記載された書類（賃金台帳（労働基準
　　法第108条）等）
　⑤　特定技能外国人の出勤状況に関する書類（出勤簿等の書類）〔以下略〕

f　保証金の徴収、違約金等による欠格事由（6号・7号）

〈特定技能基準省令〉

第2条　〔中略〕
　六　特定技能雇用契約を締結するに当たり、外国人又はその配偶者、直系若
　　しくは同居の親族その他当該外国人と社会生活において密接な関係を有す
　　る者が、当該特定技能雇用契約に基づく当該外国人の本邦における活動に
　　関連して、他の者に、保証金の徴収その他名目のいかんを問わず金銭その
　　他の財産の管理をされている場合、又は、他の者との間で、当該特定技能
　　雇用契約の不履行について違約金を定める契約その他の不当に金銭その他
　　の財産の移転を予定する契約を締結している場合にあっては、そのことを
　　認識して当該特定技能雇用契約を締結していないこと。
　七　他の者との間で、特定技能雇用契約に基づく当該外国人の本邦における
　　活動に関連して、当該特定技能雇用契約の不履行について違約金を定める
　　契約その他の不当に金銭その他の財産の移転を予定する契約を締結してい
　　ないこと。

　ブローカー等を排除するため、受け入れる特定技能外国人について、
保証金の徴収等の財産管理や違約金についての契約を締結している場合
には、特定技能所属機関は当該事実を認識して特定技能雇用契約を締結
しないこと等を求めるものである。

171

第**2**章　外国人材と出入国関連法令

g　支援費用の負担（8号）

┌─〈特定技能基準省令〉─────────────────────────

第2条〔中略〕

　八　法別表第一の二の表の特定技能の項の下欄第一号に掲げる活動を行おう
　　とする外国人と特定技能雇用契約を締結しようとする本邦の公私の機関に
　　あっては、一号特定技能外国人支援に要する費用について、直接又は間接
　　に当該外国人に負担させないこととしていること。

└─────────────────────────────────────

　特定技能所属機関が、一号特定技能外国人支援に要する費用について、
直接的にも間接的にも特定技能外国人に負担させないことを求めるもの
である。技能実習法における監理費の負担の禁止（技能実習法施行規則
14条1項3号）に類似する規制といえる。

h　派遣形態による受入れ（9号）

┌─〈特定技能基準省令〉─────────────────────────

第2条〔中略〕

　九　外国人を労働者派遣等の対象としようとする本邦の公私の機関にあって
　　は、次のいずれにも該当すること。
　　イ　外国人を労働者派遣等の対象としようとする本邦の公私の機関が、次
　　　のいずれかに該当し、かつ、外国人が派遣先において従事する業務の属
　　　する特定産業分野を所管する関係行政機関の長と協議の上で適当である
　　　と認められる者であること。
　　　⑴　当該特定産業分野に係る業務又はこれに関連する業務を行っている
　　　　者であること。
　　　⑵　地方公共団体又は⑴に掲げる者が資本金の過半数を出資していること。
　　　⑶　地方公共団体の職員又は⑴に掲げる者若しくはその役員若しくは職
　　　　員が役員であることその他地方公共団体又は⑴に掲げる者が業務執行
　　　　に実質的に関与していると認められる者であること。
　　　⑷　外国人が派遣先において従事する業務の属する分野が農業である場
　　　　合にあっては、国家戦略特別区域法（平成二十五年法律第百七号）第
　　　　十六条の五第一項に規定する特定機関であること。
　　ロ　外国人を労働者派遣等の対象としようとする本邦の公私の機関が、第
　　　一号から第四号までのいずれにも該当する者に当該外国人に係る労働者
　　　派遣等をすることとしていること。

└─────────────────────────────────────

特定技能制度では、2019年7月時点において14の特定産業分野のうち「農業」及び「漁業」分野については、労働者派遣（労働者派遣法2条1号）又は船員派遣（船員職業安定法6条11号）の対象とすることができる。本条は、労働者派遣等の対象とする場合においていわゆる派遣元と派遣先についての要件を定める。

特定技能所属機関となる派遣元については、(1)から(4)[91]までに該当する機関であることを要する。

また、派遣先については、本条の次の規定に適合することが必要である。

① 労働、社会保険及び租税に関する法令の遵守（1号）

② 非自発的離職者の発生（2号）

③ 行方不明者の発生（3号）

④ 関係法令による刑罰を受けたこと、行為能力・役員の適格性、実習認定の取消し、出入国又は労働関係法令に関する不正行為、暴力団排除による欠格事由（4号）

i 労災保険法にかかる措置（10号）

〈特定技能基準省令〉

第2条〔中略〕

十 事業に関する労働者災害補償保険法による労働者災害補償保険に係る保険関係の成立の届出その他これに類する措置を講じていること

技能実習生の実習実施者の場合と同様に（（技能実習法施行規則12条1項5号）参照）、特定技能所属機関について、労働者災害補償保険に係る保険関係の成立の届出を求めるものである。

「その他これに類する措置」とは、労災保険制度において暫定任意適用事業とされている農林水産の事業の一部を想定した規定であり、暫定任意適用事業に該当する場合で労災保険に加入していない場合、労災保険の代替措置として民間の任意保険に加入する必要がある(特定技能運用要領65頁)。

暫定任意適用事業は、次のものがあげられる（労働災害保険法附則（昭

---

[91] (4)は農業支援外国人受入事業における特定機関である。農業支援外国人受入事業は、については特定技能制度へ移行するものとされており、特定機関の新規の受付を停止するものとされている（2019年2月25日（月）国家戦略特区WG資料「農業支援外国人受入事業の新制度への移行について」）

第**2**章　外国人材と出入国関連法令

和44年）12条）。

① 労働者数5人未満の個人経営の農業であって、特定の危険又は有害な作業を主として行う事業以外のもの

② 労働者を常時は使用することなく、かつ、年間使用延労働者数が300人未満の個人経営の林業

③ 労働者数5人未満の個人経営の畜産、養蚕又は水産（総トン数5トン未満の漁船による事業等）の事業

j　特定技能雇用契約継続履行体制（11号）

〈特定技能基準省令〉

第2条　〔中略〕

十一　特定技能雇用契約を継続して履行する体制が適切に整備されていること。

特定技能外国人が安定して就労できるよう、特定技能所属機関について安定継続して事業を遂行できるよう、財政的基盤を有していることを求めるものである。財政的基盤を有しているかは、特定技能所属機関の事業年度末における欠損金の有無及び債務超過の有無等から判断される（特定技能運用要領66頁）。

前事業年度において資産超過となっていれば、財政的基盤を有していると判断される（審査要領）。前事業年度において債務超過である場合において、前々事業年度が資産超過である場合は、中小企業診断士、公認会計士等の第三者による改善の見通しについて評価を行った書面が提出され、内容に問題がなければ財政的基盤を有しているものと判断される（審査要領）。前々事業年度及び前事業年度が債務超過である場合については、中小企業診断士、公認会計士等の第三者による評価につき、①増資や親会社等による救済等の具体的な改善策の見通しの有無、②債務超過の原因が借入金であり、短期間に返済を求められるものでないことが明らかか否か[92]等を踏まえて、総合的に判断される（審査要領）。

92　5年以内など短期間に返済を求められるものでないことが明らかとされており、かつ、その借入先が親会社、銀行、代表者の親族等である場合には、直ちに事業の継続性を否定するものではないとされる（審査要領）。そのため、金融機関との間で、いわゆる合実計画等を策定し、事業再生の途中である場合については、直ちに事業の継続性を否定されるものではないと解される。

174

第4　在留資格各論

k　報酬の口座振込み等（12号）

〈特定技能基準省令〉

第2条　〔中略〕

　　十二　特定技能雇用契約に基づく外国人の報酬を、当該外国人の指定する銀行その他の金融機関に対する当該外国人の預金口座又は貯金口座への振込み又は当該外国人に現実に支払われた額を確認することができる方法によって支払われることとしており、かつ、当該預金口座又は貯金口座への振込み以外の方法によって報酬の支払をした場合には、出入国在留管理庁長官に対しその支払の事実を裏付ける客観的な資料を提出し、出入国在留管理庁長官の確認を受けることとしていること。

　特定技能外国人に対する報酬の支払いを確実にするため、報酬の銀行口座への振込又は特定技能外国人に対して現実に支払われた額を確認することができる方法により報酬の支払いを行うことを求めるものである。

　銀行口座への支払いを行う場合、通貨払いの原則（労基法24条）があることから、特定技能外国人の同意を得る必要がある（労基則7条の2第1号）。振込みについては、振り込まれた報酬が支払日に払い出し得るように行われることを要する（昭和63年1月1日基発1号）。

l　分野特有の事情に基づき定められた基準（13号）

〈特定技能基準省令〉

第2条　〔中略〕

　　十三　前各号に掲げるもののほか、法務大臣が告示で定める特定の産業上の分野に係るものにあっては、当該産業上の分野を所管する関係行政機関の長が、法務大臣と協議の上、当該産業上の分野に特有の事情に鑑みて告示で定める基準に適合すること。

　特定産業分野ごとに告示で定められる基準に適合する必要がある。2019年7月時点において本規定に基づき定められた告示の内容は、次のとおりである。

175

第**2**章　外国人材と出入国関連法令

図表2-53

介護（上乗せ基準告示（介護）2条）
一　出入国管理及び難民認定法別表第一の二の表の特定技能の項の下欄第一号に掲げる活動を行おうとする外国人（以下この条において「一号特定技能外国人」という。）を受け入れる事業所が、介護等の業務（利用者の居宅においてサービスを提供する業務を除く。）を行うものであること。
二　一号特定技能外国人を受け入れる事業所において、一号特定技能外国人の数が、当該事業所の日本人等（出入国管理及び難民認定法別表第一の二の表の介護の在留資格、五の表の特定活動の在留資格（経済連携協定に基づき社会福祉士及び介護福祉士法（昭和六十二年法律第三十号）第二条第二項に規定する介護福祉士として従事する活動を指定されたものに限る。）又は別表第二の上欄の在留資格をもって在留する者及び日本国との平和条約に基づき日本の国籍を離脱した者等の出入国管理に関する特例法（平成三年法律第七十一号）に定める特別永住者を含む。）の常勤の介護職員の総数を超えないこと。
三　厚生労働大臣が設置する介護分野における特定技能外国人の受入れに関する協議会（以下この条において「協議会」という。）の構成員であること。ただし、一号特定技能外国人を受け入れていない機関にあっては、一号特定技能外国人を受け入れた日から四月以内に協議会の構成員となること。
四　協議会に対し、必要な協力を行うこと。
五　介護分野への特定技能外国人の受入れに関し、厚生労働大臣が行う必要な調査、指導、情報の収集、意見の聴取その他業務に対して必要な協力を行うこと。
ビルクリーニング（上乗せ基準告示（ビルクリーニング）2条）
一　建築物における衛生的環境の確保に関する法律（昭和四十五年法律第二十号）第十二条の二第一項第一号又は第八号に掲げる事業の登録を受けた営業所において出入国管理及び難民認定法別表第一の二の表の特定技能の項の下欄第一号に掲げる活動を行おうとする外国人（以下この条において「一号特定技能外国人」という。）を受け入れることとしていること。
二　厚生労働大臣が設置するビルクリーニング分野における特定技能外国人の受入れに関する協議会（以下この条において「協議会」という。）の構成員であること。ただし、一号特定技能外国人を受け入れていない機関にあっては、一号特定技能外国人を受け入れた日から四月以内に協議会の構成員となること。
三　協議会に対し、必要な協力を行うこと。
四　ビルクリーニング分野への特定技能外国人の受入れに関し、厚生労働大臣が行う必要な調査、指導、情報の収集、意見の聴取その他業務に対して必要な協力を行うこと。
素形材産業（上乗せ基準告示（素形材産業）3条）
特定技能雇用契約の相手方となる本邦の公私の機関が次のいずれにも該当することとする。
一　経済産業省の組織する製造業特定技能外国人材受入れ協議・連絡会（次号において「協議・連絡会」という。）に加入すること。ただし、特定技能外国人を受け入れていない場合にあっては、特定技能外国人を受け入れた日から四月以内に協議・連絡会の構成員となること。
二　経済産業省又は協議・連絡会の行う一般的な指導、報告の徴収、資料の要求、意見の聴取、現地調査その他業務に対して必要な協力を行うこと。
産業機械製造業（上乗せ基準告示（産業機械製造業）3条）
特定技能雇用契約の相手方となる本邦の公私の機関が次のいずれにも該当することとする。
一　経済産業省の組織する製造業特定技能外国人材受入れ協議・連絡会（次号において「協議・連絡会」という。）に加入すること。ただし、特定技能外国人を受け入れていない

176

場合にあっては、特定技能外国人を受け入れた日から四月以内に協議・連絡会の構成員となること。
二　経済産業省又は協議・連絡会の行う一般的な指導、報告の徴収、資料の要求、意見の聴取、現地調査その他業務に対して必要な協力を行うこと。

電気・電子情報関連産業（上乗せ基準告示（電気・電子情報関連産業）3条）

特定技能雇用契約の相手方となる本邦の公私の機関が次のいずれにも該当することとする。
一　経済産業省の組織する製造業特定技能外国人材受入れ協議・連絡会（次号において「協議・連絡会」という。）に加入すること。ただし、特定技能外国人を受け入れていない場合にあっては、特定技能外国人を受け入れた日から四月以内に協議・連絡会の構成員となること。
二　経済産業省又は協議・連絡会の行う一般的な指導、報告の徴収、資料の要求、意見の聴取、現地調査その他業務に対して必要な協力を行うこと。

建設（上乗せ基準告示（建設）2条）

一号特定技能外国人と特定技能雇用契約を締結しようとする本邦の公私の機関（以下「特定技能所属機関」という。）が次のいずれにも該当することとする。
一　一号特定技能外国人の受入れに関する計画（以下「建設特定技能受入計画」という。）について、その内容が適当である旨の国土交通大臣の認定を受けていること。
二　前号の認定を受けた建設特定技能受入計画を適正に実施し、国土交通大臣又は第七条に規定する適正就労監理機関により、その旨の確認を受けること。
三　前号に規定するほか、国土交通省が行う調査又は指導に対し、必要な協力を行うこと。

造船・舶用工業（上乗せ基準告示（造船・舶用工業）2条）

特定技能雇用契約の相手方となる本邦の公私の機関が次のいずれにも該当することとする。
一　造船法（昭和二十五年法律第百二十九号）第六条第一項の事業を営む者、小型船造船業法（昭和四十一年法律第百十九号）第二条第一項に規定する小型船造船業を営む者その他の造船・舶用工業分野に係る事業を営む者であること。
二　国土交通省が設置する造船・舶用工業分野に係る特定技能外国人の受入れに関する協議会の構成員であること。ただし、特定技能外国人を受け入れていない場合にあっては、特定技能外国人を受け入れた日から四月以内に当該協議会の構成員となること。
三　前号の協議会に対し、必要な協力を行うこと。
四　国土交通省が行う調査又は指導に対し、必要な協力を行うこと。
五　登録支援機関に適合一号特定技能外国人支援計画の全部の実施を委託する場合にあっては、前三号のいずれにも該当する登録支援機関に委託すること。この場合において、第二号ただし書中「特定技能外国人を受け入れていない場合」とあるのは「造船・舶用工業分野に係る一号特定技能外国人（出入国管理及び難民認定法（昭和二十六年政令第三百十九号）別表第一の二の表の特定技能の項の下欄第一号に掲げる活動を行おうとする外国人をいう。以下同じ。）の支援を実施していない場合」と、「特定技能外国人を受け入れた」とあるのは「支援を実施する一号特定技能外国人を、委託をした特定技能所属機関が受け入れた」と読み替えるものとする。

自動車整備（上乗せ基準告示（自動車整備）2条）

特定技能雇用契約の相手方となる本邦の公私の機関が次のいずれにも該当することとする。
一　道路運送車両法（昭和二十六年法律第百八十五号）第七十八条第一項に基づき地方運輸局長から認証を受けた事業場を有すること。
二　国土交通省が設置する自動車整備分野に係る特定技能外国人の受入れに関する協議会の構成員であること。ただし、特定技能外国人を受け入れていない場合にあっては、特定技能外国人を受け入れた日から四月以内に当該協議会の構成員となること。

第**2**章　外国人材と出入国関連法令

三　前号の協議会に対し、必要な協力を行うこと。
四　国土交通省が行う調査又は指導に対し、必要な協力を行うこと。
五　登録支援機関に適合一号特定技能外国人支援計画の全部の実施を委託する場合にあっては、次のいずれにも該当する登録支援機関に委託することとしていること。
　　イ　前三号のいずれにも該当すること。この場合において、第二号ただし書中「特定技能外国人を受け入れていない場合」とあるのは「自動車整備分野に係る一号特定技能外国人（出入国管理及び難民認定法（昭和二十六年政令第三百十九号）別表第一の二の表の特定技能の項の下欄第一号に掲げる活動を行おうとする外国人をいう。以下同じ。）の支援を実施していない場合」と、「特定技能外国人を受け入れた」とあるのは「支援を実施する一号特定技能外国人を、委託をした特定技能所属機関が受け入れた」と読み替えるものとする。
　　ロ　一級又は二級の自動車整備士の技能検定（道路運送車両法第五十五条第一項の技能検定をいう。）に合格した者又は自動車整備士の養成施設（同条第三項に規定する養成施設をいう。）において五年以上の指導に係る実務の経験を有する者が置かれていること。

航空（上乗せ基準告示（航空）2条）

特定技能雇用契約の相手方となる本邦の公私の機関が次のいずれにも該当することとする。
一　空港管理規則（昭和二十七年運輸省令第四十四号）第十二条第一項若しくは第十二条の二第一項の承認を受けた者（航空法（昭和二十七年法律第二百三十一号）第百条第一項の許可を受けた者を含む。）若しくは同規則第十三条第一項の承認を受けた者若しくは同規則第十二条第一項、第十二条の二第一項若しくは第十三条第一項の規定に準じて定められた条例、規則その他の規程の規定に相当するものに基づき空港管理者により営業を行うことを認められた者であって、空港グランドハンドリングを営む者であること、又は同法第二十条第一項第三号、第四号若しくは第七号の能力について同項の認定を受けた者若しくは当該者から業務の委託を受けた者であること。
二　国土交通省が設置する航空分野に係る特定技能外国人の受入れに関する協議会の構成員であること。ただし、特定技能外国人を受け入れていない場合にあっては、特定技能外国人を受け入れた日から四月以内に当該協議会の構成員となること。
三　前号の協議会に対し、必要な協力を行うこと。
四　国土交通省が行う調査又は指導に対し、必要な協力を行うこと。
五　登録支援機関に適合一号特定技能外国人支援計画の全部の実施を委託する場合にあっては、前三号のいずれにも該当する登録支援機関に委託すること。この場合において、第二号ただし書中「特定技能外国人を受け入れていない場合」とあるのは「航空分野に係る一号特定技能外国人（出入国管理及び難民認定法（昭和二十六年政令第三百十九号）別表第一の二の表の特定技能の項の下欄第一号に掲げる活動を行おうとする外国人をいう。以下同じ。）の支援を実施していない場合」と、「特定技能外国人を受け入れた」とあるのは「支援を実施する一号特定技能外国人を、委託をした特定技能所属機関が受け入れた」と読み替えるものとする。

宿泊（上乗せ基準告示（宿泊）2条）

特定技能雇用契約の相手方となる本邦の公私の機関が次のいずれにも該当することとする。
一　旅館・ホテル営業（旅館業法（昭和二十三年法律第百三十八号）第二条第二項に規定する旅館・ホテル営業をいう。イにおいて同じ。）の形態で旅館業を営み、かつ、次のいずれにも該当すること。
　　イ　旅館業法第三条第一項の旅館・ホテル営業の許可を受けていること。
　　ロ　一号特定技能外国人（出入国管理及び難民認定法（昭和二十六年政令第三百十九号）別表第一の二の表の特定技能の項の下欄第一号に掲げる活動を行おうとする外国人を

いう。以下同じ。）に、風俗営業等の規制及び業務の適正化等に関する法律（昭和二十三年法律第百二十二号。次号において「風営法」という。）第二条第六項第四号に規定する施設において就労させないこととしていること。

八　一号特定技能外国人に、風営法第二条第三項に規定する接待を行わせないこととしていること。

二　国土交通省が設置する宿泊分野に係る特定技能外国人の受入れに関する協議会の構成員であること。ただし、特定技能外国人を受け入れていない場合にあっては、特定技能外国人を受け入れた日から四月以内に当該協議会の構成員となること。

三　前号の協議会に対し、必要な協力を行うこと。

四　国土交通省が行う調査又は指導に対し、必要な協力を行うこと。

五　登録支援機関に適合一号特定技能外国人支援計画の全部の実施を委託する場合にあっては、前三号のいずれにも該当する登録支援機関に委託することとしていること。この場合において、第二号ただし書中「特定技能外国人を受け入れていない場合」とあるのは「宿泊分野に係る一号特定技能外国人の支援を実施していない場合」と、「特定技能外国人を受け入れた」とあるのは「支援を実施する一号特定技能外国人を、委託した特定技能所属機関が受け入れた」と読み替えるものとする。

農業（上乗せ基準告示（農業）1条）

特定技能雇用契約の相手方となる本邦の公私の機関が次のいずれにも該当することとする。

一　出入国管理及び難民認定法（昭和二十六年政令第三百十九号）別表第一の二の表の特定技能の項の下欄第一号に掲げる活動を行おうとする外国人を労働者派遣（労働者派遣事業の適正な運営の確保及び派遣労働者の保護等に関する法律（昭和六十年法律第八十八号。以下「労働者派遣法」という。）第二条第一号に規定する労働者派遣をいう。以下同じ。）の対象とするものではない場合にあっては、労働者を六月以上継続して雇用した経験を有すること。

二　出入国管理及び難民認定法別表第一の二の表の特定技能の項の下欄第一号に掲げる活動を行おうとする外国人を労働者派遣の対象とする場合にあっては、労働者を六月以上継続して雇用した経験を有する者又は派遣責任者講習その他これに準ずる講習を受講した者を派遣先責任者（労働者派遣法第四十一条に規定する派遣先責任者をいう。）として選任している者に当該外国人に係る労働者派遣をすることとしていること。

三　農林水産省が設置する農業分野における特定技能外国人の受入れに関する協議会（以下「協議会」という。）の構成員であること。ただし、特定技能外国人を受け入れていない場合にあっては、特定技能外国人を受け入れた日から四月以内に協議会の構成員となること。

四　協議会が行う情報の提供、意見の聴取、現地調査その他の活動に対し、必要な協力を行うこと。

五　第二号に規定する場合にあっては、前号に規定する必要な協力を行う者に当該外国人に係る労働者派遣をすることとしていること。

六　登録支援機関に一号特定技能外国人支援計画の全部の実施を委託する場合にあっては、第四号に規定する必要な協力を行う登録支援機関に委託していること。

漁業（上乗せ基準告示（漁業）1条）

特定技能雇用契約の相手方となる本邦の公私の機関が次のいずれにも該当することとする。

一　農林水産省が設置する漁業分野における特定技能外国人の受入れに関する協議会（以下「協議会」という。）の構成員であること。ただし、特定技能外国人を受け入れていない場合にあっては、特定技能外国人を受け入れた日から四月以内に協議会の構成員となること。

二　協議会において協議が調った事項に関する措置を講ずること。

三　協議会及びその構成員が行う報告の徴収、資料の要求、現地調査その他の指導に対し、

第**2**章　外国人材と出入国関連法令

必要な協力を行うこと。

四　出入国管理及び難民認定法（昭和二十六年政令第三百十九号）別表第一の二の表の特定技能の項の下欄第一号に掲げる活動を行おうとする外国人を労働者派遣等の対象とする場合にあっては、前号に規定する必要な協力を行う者に当該外国人に係る労働者派遣等をすることとしていること。

五　登録支援機関に一号特定技能外国人支援計画の全部の実施を委託する場合にあっては、第三号に規定する必要な協力を行う登録支援機関に委託していること。

飲食料品製造（上乗せ基準告示（飲食料品製造）2条）

特定技能雇用契約の相手方となる本邦の公私の機関が次のいずれにも該当することとする。

一　農林水産省、関係業界団体、登録支援機関その他の関係者で構成される飲食料品製造業分野における特定技能外国人の受入れに関する協議会（以下「協議会」という。）の構成員であること。ただし、特定技能外国人を受け入れていない場合にあっては、特定技能外国人を受け入れた日から四月以内に協議会の構成員となること。

二　協議会が行う調査、情報の共有その他の活動に対し、必要な協力を行うこと。

三　農林水産省が行う調査、指導その他の活動に対し、必要な協力を行うこと。

四　登録支援機関に一号特定技能外国人支援計画の全部の実施を委託する場合にあっては、前三号のいずれにも該当する登録支援機関に委託していること。この場合において、第一号ただし書中「特定技能外国人を受け入れていない場合」とあるのは「飲食料品製造業分野に係る一号特定技能外国人（出入国管理及び難民認定法（昭和二十六年政令第三百十九号）別表第一の二の表の特定技能の項の下欄第一号に掲げる活動を行おうとする外国人をいう。以下同じ。）の支援を実施していない場合」と、「特定技能外国人を受け入れた」とあるのは「支援を実施する一号特定技能外国人を、委託をした本邦の公私の機関が受け入れた」と読み替えるものとする。

外食業（上乗せ基準告示（外食業）2条）

特定技能雇用契約の相手方となる本邦の公私の機関が次のいずれにも該当することとする。

一　一号特定技能外国人（出入国管理及び難民認定法（昭和二十六年政令第三百十九号）別表第一の二の表の特定技能の項の下欄第一号に掲げる活動を行おうとする外国人をいう。以下同じ。）に、風俗営業等の規制及び業務の適正化等に関する法律（昭和二十三年法律第百二十二号。以下「風営法」という。）第二条第四項に規定する接待飲食等営業を営む営業所において就労させないこととしていること。

二　一号特定技能外国人に、風営法第二条第三項に規定する接待を行わせないこととしていること。

三　農林水産省、関係業界団体、登録支援機関その他の関係者で構成される外食業分野における特定技能外国人の受入れに関する協議会（以下「協議会」という。）の構成員であること。ただし、特定技能外国人を受け入れていない場合にあっては、特定技能外国人を受け入れた日から四月以内に協議会の構成員となること。

四　協議会が行う調査、情報の共有その他の活動に対し、必要な協力を行うこと。

五　農林水産省が行う調査、指導その他の活動に対し、必要な協力を行うこと。

六　登録支援機関に一号特定技能外国人支援計画の全部の実施を委託する場合にあっては、前三号のいずれにも該当する登録支援機関に委託していること。この場合において、第三号ただし書中「特定技能外国人を受け入れていない場合」とあるのは「外食業分野に係る一号特定技能外国人の支援を実施していない場合」と、「特定技能外国人を受け入れた」とあるのは「支援を実施する一号特定技能外国人を、委託をした本邦の公私の機関が受け入れた」と読み替えるものとする。

第4　在留資格各論

　各特定産業分野における上乗せ基準については、項目としては、上陸許可基準の委任を受けた告示、特定技能基準省令1条1項7号の委任を受けた告示、特定技能基準省令1条2項3号の委任を受けた告示、特定技能基準省令2条1項13号の委任を受けた告示、同条2項7号の委任を受けた告示が存在し、特定技能基準省令3条1項5号の委任を受けた告示、特定技能基準省令4条5号の委任を受けた告示が存在し得る構造となっており、理解を難しくしているといえる。

　次の表は、上乗せ基準の項目、上乗せ基準告示の根拠となる法令及び特定産業分野別に該当項目の有無をまとめたものである。

図表2-54　上乗せ項目一覧

（条数のみの部分は各上乗せ基準告示の条文）

産業分野	上陸許可基準（申請人に関する事項）	特定技能基準省令1条1項7号（雇用契約に関する事項）	特定技能基準省令1条2項3号（適正な在留に関する事項）	特定基準省令2条1項13号（適合特定技能雇用契約の適正な履行確保に関する事項）	特定技能基準省令2条2項7号（適合一号特定技能外国人支援計画の適正な実施の確保に関する事項）	特定技能基準省令3条1項5号（一号特定技能外国人支援計画の内容に関する事項）	特定技能基準省令4条5号（一号特定技能外国人支援計画の基準に関する事項）
在留資格認定証明書交付申請書該当箇所	申請人等作成用3・31	所属機関等作成用1・2(8)	所属機関等作成用1・2(11)	所属機関等作成用4・3(31)	所属機関作成用4・3(40)	所属機関作成用5・4(14)	所属機関作成用5・4(16)
在留資格変更許可申請書該当箇所	申請人等作成用3・27	所属機関等作成用1・2(8)	所属機関等作成用1・2(11)	所属機関等作成用4・3(31)	所属機関作成用4・3(40)	所属機関作成用5・4(14)	所属機関作成用5・4(16)
在留期間更新許可申請書該当箇所	申請人等作成用3・27	所属機関等作成用1・2(8)	所属機関等作成用1・2(11)	所属機関等作成用4・3(31)	所属機関作成用4・3(40)	所属機関作成用5・4(12)	所属機関作成用5・4(14)
介護	○(1条)	―	―	○(2条)	―	―	―
ビルクリーニング	○(1条)	―	―	○(2条)	―	―	―
素形材産業	○(1条)	○(2条)	―	○(3条)	―	―	―
産業機械製造業	○(1条)	○(2条)	―	○(3条)	―	―	―

181

産業分野	上陸許可基準（申請人に関する事項）	特定技能基準省令1条1項7号（雇用契約に関する事項）	特定技能基準省令1条2項3号（適正な在留に関する事項）	特定基準省令2条1項13号（適合特定技能雇用契約の適正な履行確保に関する事項）	特定技能基準省令2条2項7号（適合一号特定技能外国人支援計画の適正な実施の確保に関する事項）	特定技能基準省令3条1項5号（一号特定技能外国人支援計画の内容に関する事項）	特定技能基準省令4条5号（一号特定技能外国人支援計画の基準に関する事項）
電気・電子情報関連産業	○(1条)	○(2条)	—	○(3条)	—	—	—
建設	○(1条)	—	—	○(2条)	○(2条)	—	—
造船・船用工業	○(1条)	—	—	○(2条)	○(2条)	—	—
自動車整備	○(1条)	—	—	○(2条)	○(2条)	—	—
航空	○(1条)	—	—	○(2条)	○(2条)	—	—
宿泊	○(1条)	—	—	○(2条)	○(2条)	—	—
農業	—	—	—	(1項〜6項)	(1項〜6項)	—	—
漁業	—	—	—	(1項〜5項)	(1項〜5項)	—	—
飲食業品製造	○(1条)	—	—	○(2条)	○(2条)	—	—
外食	○(1条)	—	—	○(2条)	○(2条)	—	—

　また、次の表は、特定技能所属機関の受け入れる事業所等の制限、受入れ人数制限、協議会への加入協力義務、委託する登録支援機関の制限、その他についてまとめた表である。産業分野別の特定技能所属機関の要件については、巻末のチェックリストを参照いただきたい。

第4　在留資格各論

図表2–55

（条数のみの部分は各上乗せ基準告示の条文）

産業分野	事業所等制限	人数制限	協議会への加入協力義務	登録支援機関の制限	その他特記事項
介護	○（2条1号）	○（2条2号）	○（2条3号・4号）	—	—
ビルクリーニング	○（2条1号）	—	○（2条2号・3号）	—	—
素形材産業	○（2条各号）	—	○（3条1号・2号）	—	—
産業機械製造業	○（2条各号）	—	○（3条1号・2号）	—	—
電気・電子情報関連産業	○（2条各号）	—	○（3条1号・2号）	—	—
建設	○（2条各号）93	○（3条3項7号）	—100	—	独自制度あり
造船・船用工業	○（2条1号）	—	○（2条2号・3号）	○（2条5号）	—
自動車整備	○（2条1号）94	—	○（2条2号・3号）	○（2条5号）	—
航空	○（2条1号）	—	○（2条2号・3号）	○（2条5号）	—
宿泊	○（2条1号）95	—	○（2条2号・3号）	○（2条5号）	—
農業	○（1条1号）96	—	○（1条3号・4号）	○（1条6号）	派遣の特則あり
漁業	—97	—	○（1条1号・2号）	○（1条5号）	—
飲食料品製造	—98	—	○（2条1号・2号）	○（2条4号）	—
外食	○（2条1号・2号）99	—	○（2条3号・4号）	○（2条6号）	—

93　なお、分野別運用要領において、建設分野の対象は、日本標準産業分類「D　建設業」に該当する事業者が行う業務と規定される。
94　なお、分野別運用要領において、自動車整備分野の対象は、日本標準産業分類「891　自動車整備」に該当する事業者が行う業務と規定される。
95　なお、分野別運用要領において、宿泊分野の対象は、日本標準産業分類「751　旅館、ホテル」、「759　その他宿泊業」に該当する事業者が行う業務と規定される。
96　なお、分野別運用要領において、農業分野の対象は、日本標準産業分類「01　農業」に該当する事業者及び当該事業者を構成員とする団体が行う業務と規定される。
97　なお、分野別運用要領において、漁業分野の対象は、日本標準産業分類「03　漁業（水産養殖業を除く）」、「04　水産養殖業」に該当する事業者又は当該分類に関連する業務を行う事業者が行う業務と規定される。
98　なお、分野別運用要領において、飲食料品製造分野の対象は、日本標準産業分類「09　食料品製造業」、「101　清涼飲料製造業」、「103　茶・コーヒー製造業（清涼飲料を除く）」、「104　製氷業」、「5861　菓子小売業（製造小売）」、「5863　パン小売業（製造小売り）」、「5897　豆腐・かまぼこ等加工食品小売業」に該当する事業者が行う業務と規定される。
99　なお、分野別運用要領において、学食分野の対象は、日本標準産業分類「76　飲食店」、「77　持ち帰り・配達飲食サービス業」に該当する事業者が行う業務と規定される。
100　なお、特定外国人受入事業実施法人を構成する建設事業者団体への所属を要する（上乗せ基準告示3条3項1号ハ）

183

第2章 外国人材と出入国関連法令

㈜　一号特定技能外国人支援計画の内容

　一号特定技能外国人を受け入れる機関は、外国人が当該活動を安定的かつ円滑に行うことができるようにするための職業生活上、日常生活上又は社会生活上の支援（以下「一号特定技能外国人支援」という。）の実施に関する計画（以下「一号特定技能外国人支援計画」という。）を作成しなければならない（改正入管法2条の5第6項）。

〈入管法〉

第2条の5　〔中略〕

6　別表第一の二の表の特定技能の項の下欄第一号に掲げる活動を行おうとする外国人と特定技能雇用契約を締結しようとする本邦の公私の機関は、法務省令で定めるところにより、当該機関が当該外国人に対して行う、同号に掲げる活動を行おうとする外国人が当該活動を安定的かつ円滑に行うことができるようにするための職業生活上、日常生活上又は社会生活上の支援（次項及び第四章第一節第二款において「一号特定技能外国人支援」という。）の実施に関する計画（第八項、第七条第一項第二号及び同款において「一号特定技能外国人支援計画」という。）を作成しなければならない。

7　一号特定技能外国人支援には、別表第一の二の表の特定技能の項の下欄第一号に掲げる活動を行おうとする外国人と日本人との交流の促進に係る支援及び当該外国人がその責めに帰すべき事由によらないで特定技能雇用契約を解除される場合において他の本邦の公私の機関との特定技能雇用契約に基づいて同号に掲げる活動を行うことができるようにするための支援を含むものとする。

　一号特定技能外国人支援計画の記載事項は、次のとおりである（特定技能基準省令3条1項）。一号特定技能外国人支援計画は、日本語及び特定技能外国人が十分に理解する言語で作成し、写しを特定技能外国人に交付する必要がある（同省令3条2項）。

〈特定技能基準省令〉

第3条　法第二条の五第六項の一号特定技能外国人支援計画には、次に掲げる事項を記載しなければならない。

　一　次に掲げる事項を含む職業生活上、日常生活上又は社会生活上の支援の内容

　　イ　法別表第一の二の表の特定技能の項の下欄第一号に掲げる活動を行おうとする外国人に係る在留資格認定証明書の交付の申請前（当該外国人

が他の在留資格をもって本邦に在留している場合にあっては、在留資格の変更の申請前）に、当該外国人に対し、特定技能雇用契約の内容、当該外国人が本邦において行うことができる活動の内容、上陸及び在留のための条件その他の当該外国人が本邦に上陸し在留するに当たって留意すべき事項に関する情報の提供を実施すること。

ロ　当該外国人が出入国しようとする港又は飛行場において当該外国人の送迎をすること。

ハ　当該外国人が締結する賃貸借契約に基づく当該外国人の債務についての保証人となることその他の当該外国人のための適切な住居の確保に係る支援をすることのほか、銀行その他の金融機関における預金口座又は貯金口座の開設及び携帯電話の利用に関する契約その他の生活に必要な契約に係る支援をすること。

ニ　当該外国人が本邦に入国した後（当該外国人が他の在留資格をもって本邦に在留している者である場合にあっては、在留資格の変更を受けた後）、次に掲げる事項に関する情報の提供を実施すること。

(1)　本邦での生活一般に関する事項

(2)　法第十九条の十六その他の法令の規定により当該外国人が履行しなければならない又は履行すべき国又は地方公共団体の機関に対する届出その他の手続

(3)　特定技能所属機関又は当該特定技能所属機関から契約により一号特定技能外国人支援の実施の委託を受けた者において相談又は苦情の申出に対応することとされている者の連絡先及びこれらの相談又は苦情の申出をすべき国又は地方公共団体の機関の連絡先

(4)　当該外国人が十分に理解することができる言語により医療を受けることができる医療機関に関する事項

(5)　防災及び防犯に関する事項並びに急病その他の緊急時における対応に必要な事項

(6)　出入国又は労働に関する法令の規定に違反していることを知ったときの対応方法その他当該外国人の法的保護に必要な事項

ホ　当該外国人がニ(2)に掲げる届出その他の手続を履行するに当たり、必要に応じ、関係機関への同行その他の必要な支援をすること。

ヘ　本邦での生活に必要な日本語を学習する機会を提供すること。

ト　当該外国人から職業生活、日常生活又は社会生活に関し、相談又は苦情の申出を受けたときは、遅滞なく、当該相談又は苦情に適切に応じるとともに、当該外国人への助言、指導その他の必要な措置を講ずること。

チ　当該外国人と日本人との交流の促進に係る支援をすること。

リ　当該外国人が、その責めに帰すべき事由によらないで特定技能雇用契約を解除される場合においては、公共職業安定所その他の職業安定機関又は職業紹介事業者等の紹介その他の他の本邦の公私の機関との特定技能雇用契約に基づいて法別表第一の二の表の特定技能の項の下欄第一号に掲げる活動を行うことができるようにするための支援をすること。

ヌ　<u>支援責任者又は支援担当者が当該外国人及びその監督をする立場にある者と定期的な面談を実施し、労働基準法その他の労働に関する法令の規定に違反していることその他の問題の発生を知ったときは、その旨を労働基準監督署その他の関係行政機関に通報すること。</u>

二　適合一号特定技能外国人支援計画の全部の実施を契約により登録支援機関に委託する場合にあっては、当該登録支援機関に係る登録支援機関登録簿に登録された事項及び当該契約の内容

三　一号特定技能外国人支援の実施を契約により他の者に委託する場合にあっては、当該他の者の氏名又は名称及び住所並びに当該契約の内容

四　支援責任者及び支援担当者の氏名及び役職名

五　前各号に掲げるもののほか、法務大臣が告示で定める特定の産業上の分野に係るものにあっては、当該産業上の分野を所管する関係行政機関の長が、法務大臣と協議の上、当該産業上の分野に特有の事情に鑑みて告示で定める事項

〔編注：傍線は筆者〕

㈣　一号特定技能外国人支援計画の基準

一号特定技能外国人支援計画は、法務省令で定める基準に適合するものでなければならない（入管法２条の５第８項）。

かかる基準は次のとおりである（特定技能基準省令４条）。

---〈特定技能基準省令〉---

第４条　法第二条の五第八項の法務省令で定める基準は、次のとおりとする。

一　法別表第一の二の表の特定技能の項の下欄第一号に掲げる活動を行おうとする外国人に対する職業生活上、日常生活上又は社会生活上の支援の内容が、当該外国人の適正な在留に資するものであって、かつ、特定技能所属機関（契約により他の者に一号特定技能外国人支援の全部の実施を委託した特定技能所属機関を除く。）及び特定技能所属機関から契約により一号特定技能外国人支援の全部又は一部の実施の委託を受けた者において適切に実施することができるものであること。

第4　在留資格各論

二　前条第一項第一号イに掲げる支援が、対面により又はテレビ電話装置その他の方法により実施されることとされていること。

三　前条第一項第一号イ、ニ、ト及びヌ（外国人との定期的な面談の実施の場合に限る。）に掲げる支援が、外国人が十分に理解することができる言語により実施されることとされていること。

四　一号特定技能外国人支援の一部の実施を契約により他の者に委託する場合にあっては、その委託の範囲が明示されていること。

五　前各号に掲げるもののほか、法務大臣が告示で定める特定の産業上の分野に係るものにあっては、当該産業上の分野を所管する関係行政機関の長が、法務大臣と協議の上、当該産業上の分野に特有の事情に鑑みて告示で定める基準に適合すること。

　事前ガイダンス（特定技能基準省令3条1項1号イ）については、対面又はテレビ電話等の方法により実施されることが必要である（特定技能基準省令4条2号）。

　また、事前ガイダンス（特定技能基準省令3条1項1号イ）、生活オリエンテーション（同条項1号ニ）、相談又は苦情への対応（同条項1号ト）及び定期的な面談の実施、行政機関への通報（同条項1号ヌ）については、一号特定技能外国人が十分に理解することができる言語[101]による実施が必要である。一号特定技能外国人が十分に理解することができる言語による実施が必要な事項については、上記の第一号特定技能外国人支援計画の記載事項のうちアンダーラインを付けてある。

㋚　一号特定技能外国人支援計画の適切な実施の確保（入管法2条の5第3項2号）

　入管法は一号特定技能外国人支援計画の適切な実施の確保についての基準を法務省令に委任し、当該規定をうけて特定技能基準省令2条2項において、実施の確保に関する基準が定められている。なお、登録支援機関適合一号特定技能外国人支援計画の全部の実施を委託する場合、本基準に適合するものとみなされる（入管法2条の5第5項）。

101　「十分に理解することができる言語」とは、特定技能外国人の母国語には限られないが、当該外国人が内容を余すことなく理解できるものをいう（特定技能運用要領72頁）。

187

第2章 外国人材と出入国関連法令

┌───┐

〈特定技能基準省令〉

第2条〔中略〕

2　法第二条の五第三項の法務省令で定める基準のうち適合一号特定技能外国人支援計画の適正な実施の確保に係るものは、次のとおりとする。

一　次のいずれかに該当すること。

　イ　過去二年間に法別表第一の一の表、二の表及び五の表の上欄の在留資格（収入を伴う事業を運営する活動又は報酬を受ける活動を行うことができる在留資格に限る。ロにおいて同じ。）をもって在留する中長期在留者の受入れ又は管理を適正に行った実績があり、かつ、役員又は職員の中から、適合一号特定技能外国人支援計画の実施に関する責任者（以下「支援責任者」という。）及び外国人に特定技能雇用契約に基づく活動をさせる事業所ごとに一名以上の適合一号特定技能外国人支援計画に基づく支援を担当する者（以下「支援担当者」という。）を選任していること（ただし、支援責任者は支援担当者を兼ねることができる。以下同じ。）。

　ロ　役員又は職員であって過去二年間に法別表第一の一の表、二の表及び五の表の上欄の在留資格をもって在留する中長期在留者の生活相談業務に従事した経験を有するものの中から、支援責任者及び外国人に特定技能雇用契約に基づく活動をさせる事業所ごとに一名以上の支援担当者を選任していること。

　ハ　イ又はロの基準に適合する者のほか、これらの者と同程度に支援業務を適正に実施することができる者として認めたもので、役員又は職員の中から、支援責任者及び外国人に特定技能雇用契約に基づく活動をさせる事業所ごとに一名以上の支援担当者を選任していること。

二　特定技能雇用契約の当事者である外国人に係る一号特定技能外国人支援計画に基づく職業生活上、日常生活上又は社会生活上の支援を当該外国人が十分に理解することができる言語によって行うことができる体制を有していること。

三　一号特定技能外国人支援の状況に係る文書を作成し、当該一号特定技能外国人支援を行う事業所に特定技能雇用契約の終了の日から一年以上備えて置くこととしていること。

四　支援責任者及び支援担当者が、外国人を監督する立場にない者その他の一号特定技能外国人支援計画の中立な実施を行うことができる立場の者であり、かつ、第一項第四号イからルまでのいずれにも該当しない者であること。

五　特定技能雇用契約の締結の日前五年以内又はその締結の日以後に、法第

└───┘

十九条の二十二第一項の規定に反して適合一号特定技能外国人支援計画に基づいた一号特定技能外国人支援を怠ったことがないこと。

六　支援責任者又は支援担当者が特定技能雇用契約の当事者である外国人及びその監督をする立場にある者と定期的な面談を実施することができる体制を有していること。

七　前各号に掲げるもののほか、法務大臣が告示で定める特定の産業上の分野に係るものにあっては、当該産業上の分野を所管する関係行政機関の長が、法務大臣と協議の上、当該産業上の分野に特有の事情に鑑みて告示で定める基準に適合すること。

a　中長期在留者の受入れ実績等（1号）

特定技能所属機関は、1号イ・ロ・ハのいずれかに該当する必要がある。支援担当者と支援責任者は同一の人物が兼務することが可能である。

イ	中長期在留者[102]の受入れ又は管理を適正に行った実績があり、かつ、役員又は職員の中から、適合一号特定技能外国人支援計画の実施に関する支援責任者及び外国人に特定技能雇用契約に基づく活動をさせる事業所ごとに一名以上の支援担当者を選任していること
ロ	役員又は職員であって過去二年間に中長期在留者[103]の生活相談業務に従事した経験を有するものの中から、支援責任者及び外国人に特定技能雇用契約に基づく活動をさせる事業所ごとに一名以上の支援担当者を選任していること。
ハ	イ又はロの基準に適合する者のほか、これらの者と同程度に支援業務を適正に実施することができる者として認めたもので、役員又は職員の中から、支援責任者及び外国人に特定技能雇用契約に基づく活動をさせる事業所ごとに一名以上の支援担当者を選任していること。

b　十分に理解できる言語による支援体制（2号）

特定技能所属機関は、一号特定技能外国人支援計画の適切な実施のため、特定技能外国人が十分に理解できる言語による支援体制を構築していることが求められる。

当該体制について、通訳を特定技能所属機関が採用するまでの必要はなく、必要なときに委託するなどして確保できるものであれば足りる（特

102　入管法別表第一の一、二及び五の表の在留資格を有し、収入を伴う事業を運営する活動又は報酬を受ける活動を行うことができる在留資格に限る。

103　入管法別表第一の一、二及び五の表の在留資格を有し、収入を伴う事業を運営する活動又は報酬を受ける活動を行うことができる在留資格に限る。

第**2**章 外国人材と出入国関連法令

定技能運用要領71頁)。

c 支援の実施状況に係る文書の作成等（３号）

特定技能所属機関に対し、一号特定技能外国人支援の状況に係る文書の作成及び保管を義務づけるものである。

「一号特定技能外国人支援の状況に係る文書」とは、次のものをいう（特定技能運用要領73 〜 74頁）。

〈特定技能運用要領〉

第５章　特定技能所属機関に関する基準等

　第２節　特定技能雇用契約の相手方の基準

　第２　適合１号特定技能外国人支援計画の適正な実施の確保に係るもの

　(3)　支援の実施状況に係る文書の作成等に関するもの

　〔中略〕

①　支援実施体制に関する管理簿
- 支援を行う事務所の名称、所在地及び連絡先
- 職員数（常勤・非常勤職員数の内訳）
- 支援実績（各月における支援人数、行方不明者数）
- 支援責任者の身分事項、住所、役職及び経歴（履歴書及び就任承諾書）
- 支援担当者の身分事項、住所、役職及び経歴（履歴書及び就任承諾書）
- 対応可能な言語及び同言語による相談担当者に関する事項（委託契約書、通訳人名簿）

② 　支援の委託契約に関する管理簿
- 支援業務に関する事項（委託契約書）
- 支援経費の収支に関する事項（支援委託費含む。）

③ 　支援対象者に関する管理簿
- １号特定技能外国人の氏名、生年月日、国籍・地域、性別及び在留カード番号
- １号特定技能外国人支援計画の内容（支援計画書）
- 支援の開始日
- 支援の終了日（支援を終了した理由を含む。）

④ 　支援の実施に関する管理簿
- i　事前ガイダンスに関する事項
  - １号特定技能外国人の氏名、生年月日、国籍・地域、性別及び在留カード番号
  - 実施担当者（通訳人を含む。）の氏名及び所属

190

第4　在留資格各論

　　　　・実施日時及び実施場所
　　　　・実施内容（情報提供内容）
　　　　・実施方法
　　ⅱ　空港等への出迎え及び見送りに関する事項
　　　　・1号特定技能外国人の氏名、生年月日、国籍・地域、性別及び在留カード番号
　　　　・出迎え日（上陸日）及び見送り日（出国日）
　　　　・実施担当者の氏名及び所属
　　ⅲ　住居の確保及び生活に必要な契約に関する事項
　　　　・1号特定技能外国人の氏名、生年月日、国籍・地域、性別及び在留カード番号
　　　　・確保した住居に関する事項（住所、住居の形態（賃貸、社宅等）及び家賃等）
　　　　・その他日常生活に必要な契約に係る支援の概要
　　ⅳ　生活オリエンテーションに関する事項（関係機関への同行に関する事項を含む。）
　　　　・1号特定技能外国人の氏名、生年月日、国籍・地域、性別及び在留カード番号
　　　　・実施日時及び実施場所
　　　　・実施内容（情報提供内容）
　　　　・実施方法
　　　　・実施担当者（通訳人及び法的保護に関する情報提供の実施者含む。）の氏名及び所属
　　ⅴ　日本語習得支援に関する事項
　　　　・1号特定技能外国人の氏名、生年月日、国籍・地域、性別及び在留カード番号
　　　　・実施内容（情報提供内容）
　　　　・実施方法
　　　　・実施担当者（委託先の講師を含む。）の氏名及び所属
　　ⅵ　相談等に関する事項
　　　　・1号特定技能外国人の氏名、生年月日、国籍・地域、性別及び在留カード番号
　　　　・相談日時
　　　　・相談内容及び対応内容（面談記録、対応記録）
　　　　・関係行政機関への通報・相談日時及び通報・相談先の名称
　　　　・実施担当者（通訳人を含む。）の氏名及び所属

191

vii 日本人との交流促進に関する管理簿
- 1号特定技能外国人の氏名、生年月日、国籍・地域、性別及び在留カード番号
- 実施日時及び実施場所
- 実施方法（促進した事項）
- 実施担当者の氏名及び役職

viii 転職支援に関する事項
- 1号特定技能外国人の氏名、生年月日、国籍・地域、性別及び在留カード番号
- 転職相談日時及び実施場所
- 相談内容及び対応内容（面談記録、対応記録）
- 公共職業安定所への相談日時及び相談を行った公共職業安定所の名称
- 転職先候補企業の名称、所在地及び連絡先
- 実施担当者（通訳人を含む。）の氏名及び所属

ix 定期的な面談に関する事項
- 1号特定技能外国人の氏名、生年月日、国籍・地域、性別及び在留カード番号
- 1号特定技能外国人を監督する立場にある者の氏名及び役職
- 面談日時
- 面談内容及び対応内容（面談記録、対応記録）
- 実施担当者（通訳人を含む。）の氏名及び所属

d 支援の中立性（4号）

支援責任者及び支援担当者について、一号特定技能外国人支援計画の中立な実施ができる立場である者であることを求めるものである。「中立な実施ができる立場」とは、特定技能外国人と異なる職場の職員である等、当該外国人に対して指揮命令権を有しない者をいい、形式上異なる部署の職員であっても、代表取締役等組織図を作成した場合に縦のラインにある者は適格性がない（特定技能運用要領75頁）。

e 支援実施義務の不履行（5号）

一号特定技能外国人支援の適切な実施の確保のため、特定技能所属機関について特定技能雇用契約締結前5年以内及び当該特定技能雇用契約締結後に、一号特定技能外国人支援を怠ったことがないことを求めるも

のである。

f 定期的な面談の実施（6号）

特定技能所属機関に対し、支援責任者及び支援担当者が特定技能外国人及びその監督者と定期的な面談を実施する体制を有していることを求めるものである。

「定期的な面談」とは、3ヶ月に1回以上の頻度をいい、「面談」とは直接対面して話すことをいう[104]（特定技能運用要領76頁）。

g 分野に特有の事情に鑑みて定められた基準（7号）

特定産業分野ごとに定められた基準に適合することを求めるものである。本条項に基づき策定されている告示がある分野としては建設（上乗せ基準告示2条）、造船・船用工業（上乗せ基準告示2条）、自動車整備（上乗せ基準告示2条）、航空（上乗せ基準告示2条）、宿泊（上乗せ基準告示2条）、農業（上乗せ基準告示1条）、漁業（上乗せ基準告示1条）、飲食料品製造（上乗せ基準告示2条）、及び、外食（上乗せ基準告示2条）である。

内容は特定技能基準省令2条1項13号部分で述べたとおりである。

㈺ 一号特定技能外国人支援計画の実施内容

一号特定技能外国人支援計画については、特定技能運用要領とは別に支援運用要領が作成されている。

支援運用要領では、一号特定技能外国支援として必ず実施が必要な「義務的支援」と、義務ではないが任意に行う支援として「任意的支援」とに区別して支援内容が説明されている。

支援運用要領に定められた「義務的支援」及び「任意的支援」の内容を支援の項目ごとに並べたものが次の表である。

104　洋上で長期間にわたって行われる漁業分野については、面談に変えて3ヶ月に1度以上の頻度で無線や船舶電話によって連絡をとることとし、帰港した際に面談を実施することで代替可能である（特定技能運用要領76頁）。

193

第**2**章 外国人材と出入国関連法令

図表2-56

	事前ガイダンスの提供（特定技能基準省令3条1項1号イ）
義務的支援	一号特定技能外国人に対し、特定技能雇用契約の内容、当該外国人が本邦において行うことができる活動の内容、上陸及び在留のための条件その他の当該外国人が本邦に上陸し在留するに当たって留意すべき事項に関する情報の提供を行う。 　情報提供する必要がある項目は次のとおり。 ・本邦において行うことができる活動の内容（法別表第1の2の表「特定技能」の項の下欄第1号に掲げる活動であること、技能水準が認められた業務区分に従事すること） ・入国に当たっての手続に関する事項（新たな入国の場合は、交付された在留資格認定証明書の送付を特定技能所属機関から受け、受領後に管轄の日本大使館・領事館で査証申請を行い、在留資格認定証明書交付日から3か月以内に日本に入国すること、既に在留している場合は、在留資格変更許可申請を行い、在留カードを受領する必要があること） ・一号特定技能外国人又はその配偶者、直系若しくは同居の親族その他当該外国人と社会生活において密接な関係を有する者が、特定技能雇用契約に基づく当該外国人の本邦における活動に関連して、保証金の徴収その他名目のいかんを問わず、金銭その他の財産を管理されず、かつ、特定技能雇用契約の不履行について違約金を定める契約その他の不当に金銭その他の財産の移転を予定する契約の締結をしておらず、かつ、締結させないことが見込まれること（保証金等の支払や違約金等に係る契約を現にしていないこと及び将来にわたりしないことについて確認する。） ・一号特定技能外国人に係る特定技能雇用契約の申込みの取次ぎ又は外国における特定技能1号の活動の準備に関して外国の機関に費用を支払っている場合は、その額及び内訳を十分理解して、当該機関との間で合意している必要があること（支払費用の有無、支払った機関の名称、支払年月日、支払った金額及びその内訳について確認する。） ・一号特定技能外国人支援に要する費用について、直接又は間接に当該外国人に負担させないこととしていること（義務的支援に要する費用は特定技能所属機関等が負担する。） ・特定技能所属機関等が一号特定技能外国人が入国しようとする港又は飛行場において当該外国人を出迎え、特定技能所属機関の事業所（又は当該外国人の住居）までの送迎を行うこと ・一号特定技能外国人のための適切な住居の確保に係る支援の内容（社宅等を貸与予定の場合は広さのほか、家賃等外国人が負担すべき金額を含む。） ・一号特定技能外国人からの職業生活、日常生活又は社会生活に関する相談又は苦情の申出を受ける体制（例えば、○曜日から○曜日の○時から○時まで面談・電話・電子メールの方法により相談又は苦情を受けることができること等） ・特定技能所属機関等の支援担当者氏名、連絡先（メールアドレス等）
任意的支援	次の事項について情報提供を行うこと。 ・入国時の日本の気候、服装 ・本国から持参すべき物、持参した方がよい物、持参してはならない物 ・入国後、当面必要となる金額及びその用途 ・特定技能所属機関等から支給される物（作業着等）

出入国する際の送迎（特定技能基準省令3条1項1号ロ）	
義務的支援	〔入国する際〕 　一号特定技能外国人が上陸の手続を受ける港又は飛行場と特定技能所属機関の事業所（又は当該外国人の住居）の間の送迎を行うこと。 〔出国する際〕 　一号特定技能外国人が出国の手続を受ける港又は飛行場まで送迎を行うこと、及び、保安検査場前まで同行し入場することを確認すること。
任意的支援	一号特定技能外国人が既に本邦に在留している場合に本邦内の移動について送迎を実施することや、本邦内の移動に要する費用を特定技能所属機関等が負担すること。
適切な住居の確保（特定技能基準省令3条1項1号ハ）	
義務的支援	次のいずれかを行うこと。 ①　一号特定技能外国人が賃借人として賃貸借契約を締結するに当たり、不動産仲介事業者や賃貸物件に係る情報を提供し、必要に応じて当該外国人に同行し、住居[105]探しの補助を行う。賃貸借契約に際し連帯保証人が必要な場合であって、連帯保証人として適当な者がいないときは、少なくとも次のいずれかの支援を行う 　・特定技能所属機関等が連帯保証人となる 　・利用可能な家賃債務保証業者を確保するとともに、特定技能所属機関等が緊急連絡先となる ②　特定技能所属機関等が自ら賃借人となって賃貸借契約を締結した上で、一号特定技能外国人の合意の下、当該外国人に対して住居として提供する ③　特定技能所属機関が所有する社宅等を、一号特定技能外国人の合意の下、当該外国人に対して住居として提供する
任意的支援	一号特定技能外国人に係る特定技能雇用契約の解除・終了後、次の受入先が決まるまでの間、住居の確保の必要性が生じた場合に、直近の特定技能所属機関等は、上記の支援を行うことなどにより当該外国人の日常生活の安定・継続性に支障が生じないよう配慮すること。
生活その他に必要な契約（特定技能基準省令3条1項1号ハ）	
義務的支援	銀行その他の金融機関における預金口座又は貯金口座の開設及び携帯電話の利用に関する契約その他の生活に必要な契約（電気・ガス・水道等のライフライン）に関し、一号特定技能外国人に対し、必要な書類の提供及び窓口の案内を行い、必要に応じて当該外国人に同行するなど、当該各手続の補助を行うこと。
任意的支援	生活に必要な契約について、契約の途中において、契約内容の変更や契約の解約を行う場合には、各手続が円滑に行われるよう、必要な書類の提供及び窓口の案内を行い、必要に応じて当該外国人に同行するなど、当該各手続の補助を行うこと。

105　「技能実習2号」等の在留資格から「特定技能1号」へ在留資格を変更する場合等であって、特定技能所属機関が既に確保している社宅等の住居に居住することを希望する場合を除き、一人あたり7.5㎡の広さの居室を確保することが必要である（支援運用要領12頁）。

第**2**章　外国人材と出入国関連法令

生活オリエンテーションの実施（特定技能基準省令3条1項1号ニ）	
義務的支援	少なくとも8時間以上の時間、生活オリエンテーションを実施すること。 情報提供しなければならない事項は、次のとおり。 ⑴　生活一般 ①　金融機関の利用方法 ・金融機関における入出金・振込等の方法、利用可能な時間、ATMの使い方、手数料等 ・出国する場合など、自己名義の銀行口座が不要となるときは、口座を閉鎖する手続を行うこと、ただし、将来再び入国するときのために口座を継続して利用する希望がある場合には、出国前に銀行に相談すること ②　医療機関の利用方法等 ・利用可能な医療機関（症状別）、医療機関での受診方法、保険証を持参すること等 ・アレルギー・宗教上の理由により治療に制限がある場合は、医療機関にその旨を説明すること ③　交通ルール等 ・歩行者は右側通行、車両は左側通行・歩行者優先であること、自転車損害賠償責任保険等 ・自動車、バイク等を運転する場合は運転免許が必要であること（必要に応じて、運転免許の取得方法） ④　交通機関の利用方法等 ・就労・生活する地域の公共交通機関（通勤に最適な公共交通機関）及びその利用方法 ・勤務先までの経路及び所要時間 ・通勤定期又は切符の購入・利用方法 ・ICカードの購入・利用方法等 ⑤　生活ルール・マナー ・就労・生活する地域におけるゴミの廃棄方法等（分別・出し方、収集日、粗大ゴミの捨て方等） ・夜中に大声で騒いだり騒音を出したりするなど、近隣住民の迷惑になる行為は控えること ・喫煙には一定の制限があること（喫煙、禁煙場所等） ⑥　生活必需品等の購入方法等 ・就労・生活する地域のスーパーマーケット、コンビニエンスストア、ドラッグストア、家電量販店等の所在地等 ⑦　気象情報や災害時に行政等から提供される災害情報の入手方法等 ・気象情報・災害情報に関するホームページ、アプリ、出身国別の外国人向けのコミュニティサイト等 ⑧　我が国で違法となる行為の例 ・原則として、銃砲刀剣類の所持が禁止されていること ・大麻、覚せい剤等違法薬物の所持等は犯罪であること ・在留カードの不携帯は犯罪であること ・在留カード、健康保険証等を貸し借りすることは禁止されていること ・自己名義の銀行口座・預貯金通帳・キャッシュカード・携帯電話を他人に譲渡することは犯罪であること ・ATMで他人名義の口座から無断で現金を引き出すことは犯罪であること

196

第4　在留資格各論

　　　　・他人になりすまして、配達伝票に署名したり、他人の宅配便を受領することは犯罪であること
　　　　・放置されている他人の自転車等を使用することは犯罪であること等
　(2)　届出その他の手続
　①　所属機関等に関する届出（入管法第19条の16関係）
　　　　特定技能所属機関の名称又は所在地の変更、その消滅、特定技能所属機関との契約の終了又は新たな契約の締結
　②　住居地に関する届出（入管法第19条の7から第19条の9まで）
　　　　新規上陸後の住居地届出、在留資格変更等に伴う住居地の届出、住居地の変更届出
　③　社会保障及び税に関する手続
　　　ア　社会保障に関する手続
　　　※未納がある場合には在留諸申請が不許可になる場合がある（在留期間更新及び在留資格変更の申請において保険料の納付状況を確認する）こと
　　　・健康保険及び厚生年金保険に関する手続・制度（保険料が給与から天引きされること）
　　　・国民健康保険及び国民年金に関する手続（外国人自身が手続を行う必要があること）
　　　イ　税に関する手続
　　　※未納がある場合には在留諸申請が不許可になる場合がある（在留期間更新及び在留資格変更の申請において税の納付状況を確認する）こと
　　　・源泉徴収・特別徴収制度（所得税・住民税は、原則として給与から天引きされること）
　　　・住民税納付の仕組み（前年の給与所得がない場合は入社2年目の年から納税が始まり、原則として離職後の翌年まで納税義務があること、離職後の納税については一括納税や納税管理人制度の利用も可能であること、転職により離職する場合には、転職先において、引き続き、未納税額を給与から天引きすることも可能であること）
　　　ウ　その他
　　　・個人番号（マイナンバー）制度の仕組み（マイナンバーは日本国内での社会保障・税・災害対策の分野で利用されるものであること、住所地で住民票が作成された後、マイナンバーを通知するカード（通知カード（紙製））が自宅に郵送されること、マイナンバーカード（写真付きICカード）が申請により取得できること、マイナンバーカードは市町村によってはコンビニエンスストアで住民票の写し等の証明書を取得できるなど、各種サービスに利用できること）
　④　その他の行政手続
　　　・自転車防犯登録の方法等（店頭又はインターネットで購入した場合や他人等から譲り受けた場合の登録方法、盗難又は撤去された場合の対応）
　(3)　連絡先等
　①　特定技能所属機関又は当該機関から契約により一号特定技能外国人支援の実施の委託を受けた登録支援機関その他の者において相談又は苦情の申出に対応することとされている者の連絡先として次の事項
　　　・支援担当者の氏名
　　　・支援担当者の電話番号、メールアドレス等
　②　相談又は苦情の申出をすることができる国又は地方公共団体の機関の

197

第2章　外国人材と出入国関連法令

連絡先として次の事項
- ・地方出入国在留管理局（入国・在留に関する相談）
- ・労働基準監督署（残業代を含む賃金の未払やその他労働条件に関する事項（労働時間、休暇など）、仕事中にけがをしたときなど労働に関する相談）
- ・ハローワーク（失業等給付の受給手続に関する相談、職業相談）
- ・法務局・地方法務局（差別、いじめ等人権に関する問題の相談）
- ・警察署（犯罪被害相談や交通事故事件相談等）
- ・最寄りの市区町村（住民税、国民健康保険、国民年金や行政サービスに関する相談）
- ・弁護士会、日本司法支援センター（法テラス）（民事や刑事などの様々な法的なトラブルが生じた場合の相談）
- ・大使館・領事館（パスポートの棄損・紛失等）等

(4) 医療機関に関する事項
- ・通訳人が配置されている又はインターネットや電話による医療機関向け通訳サービスが導入されているなど、外国人患者の受入れ体制が整備されている病院の名称、所在地及び連絡先
- ・医療に関する支援の一環として、予期せぬ病気やけがの際に、高額な医療費の支払に不安を感じることなく、安心して医療サービスを受けることができるよう、医療通訳雇入費用等をカバーする民間医療保険への加入案内

(5) 防災及び防犯並びに急病その他緊急時に関する事項
- ・トラブル対応や身を守るための方策（地震・津波・台風等の自然災害、事件・事故等への備え、火災の予防（たばこの不始末、コンロ・ストーブの取扱い、消火器の使い方））
- ・緊急時の連絡先・場所、警察・消防・海上保安庁等への通報・連絡の方法（110番・119番・118番、大使館・領事館、最寄りの警察署・交番、救急医療機関への連絡方法）
- ・気象情報・避難指示・避難勧告等の把握方法、災害時の避難場所

(6) 法的保護に必要な事項
- ・入管法令（在留手続、みなし再入国制度、在留資格の取消し及び在留カードに関する手続等）及び労働関係法令（労働契約、労働保険制度、休業補償制度、労働安全衛生及び未払賃金に関する立替払制度）に関する知識
- ・入管法令に関する違反がある場合（資格外活動違反、不法就労者雇用等）、その相談先（地方出入国在留管理局）及び連絡方法
- ・労働に関する法令違反がある場合（残業代を含む賃金の不払い、36協定を超えた時間外・休日労働等）、その相談先（労働基準監督署又は地方出入国在留管理局）及び連絡方法
- ・特定技能雇用契約に反することがあった場合、その相談先（地方出入国在留管理局又は労働基準監督署）及び連絡方法
- ・人権侵害があった場合、その相談先（法務局・地方法務局又は地方出入国在留管理局）及び連絡方法
- ・年金の受給権に関する知識（老齢年金の受給資格期間は10年であることや、一定の要件を満たした場合には障害年金や遺族年金等の受給権が得られることを含む。）及び脱退一時金制度に関する知識（脱退一時金を受給した場合、その額の計算の基礎となった被保険者期間は、

第4　在留資格各論

	被保険者でなかったものとみなされることを含む。）、それらの相談先（日本年金機構）及び連絡方法
任意的支援	NA

関係機関への同行（特定技能基準省令3条1項1号ホ）	
義務的支援	一号特定技能外国人が、届出・手続を履行するに当たって、必要に応じ、特定技能所属機関等が当該届出・手続を行う関係行政機関の窓口へ同行し、書類作成の補助をするなどの必要な支援を行うこと。
任意的支援	NA

日本語学習の機会（特定技能基準省令3条1項1号ヘ）	
義務的支援	次のいずれかの支援を行う必要がある。 ①　就労・生活する地域の日本語教室や日本語教育機関に関する入学案内の情報を提供し、必要に応じて一号特定技能外国人に同行して入学の手続の補助を行うこと ②　自主学習のための日本語学習教材やオンラインの日本語講座に関する情報を提供し、必要に応じて日本語学習教材の入手やオンラインの日本語講座の利用契約手続の補助を行うこと ③　一号特定技能外国人との合意の下、特定技能所属機関等が日本語講師と契約して、当該外国人に日本語の講習の機会を提供すること
任意的支援	・支援責任者又は支援担当者その他職員による一号特定技能外国人への日本語指導・講習の積極的な企画・運営を行うこと ・一号特定技能外国人の自主的な日本語の学習を促すため、日本語能力に係る試験の受験支援や資格取得者への優遇措置を講じること ・日本語学習を実施する場合において、特定技能所属機関等の判断により、日本語教室や日本語教育機関の入学金や月謝等の経費、日本語学習教材費、日本語講師との契約料等諸経費の全部又は一部を当該機関自ら負担する補助等の学習のための経済的支援を行うこと

相談又は苦情への対応（特定技能基準省令3条1項1号ト）	
義務的支援	・一号特定技能外国人から職業生活、日常生活又は社会生活に関する相談又は苦情の申出を受けたときは、遅滞なく適切に応じるとともに、相談等の内容に応じて当該外国人への必要な助言、指導を行うこと ・特定技能所属機関等は、必要に応じ、相談等内容に対応する適切な機関（地方出入国在留管理局、労働基準監督署等）を案内し、当該外国人に同行して必要な手続の補助を行うこと
任意的支援	・相談・苦情の内容により、一号特定技能外国人が直接必要な手続を行いやすくするため、相談窓口の情報を一覧にするなどして、あらかじめ手渡しておくこと ・相談・苦情は、特定技能所属機関等の事務所に相談窓口を設けたり、相談・苦情専用の電話番号やメールアドレスを設置したりすることにより実施すること ・一号特定技能外国人が仕事又は通勤によるけが、病気となり、又は死亡した等の場合に、その家族等に対して労災保険制度の周知及び必要な手続の補助を行うこと

	日本人との交流促進（特定技能基準省令3条1項1号チ）
義務的支援	・必要に応じ、地方公共団体やボランティア団体等が主催する地域住民との交流の場に関する情報の提供や地域の自治会等の案内を行い、各行事等への参加の手続の補助を行うほか、必要に応じて当該外国人に同行して各行事の注意事項や実施方法を説明するなどの補助を行うこと ・一号特定技能外国人が日本の文化を理解するために必要な情報として、必要に応じ、就労又は生活する地域の行事に関する案内を行うほか、必要に応じて当該外国人に同行して現地で説明するなどの補助を行うこと
任意的支援	・一号特定技能外国人が各行事への参加を希望する場合は、業務に支障を来さない範囲で、実際に行事に参加できるよう、有給休暇の付与や勤務時間について配慮すること ・一号特定技能外国人が地域社会で孤立することなく、当該外国人と日本人が相互に理解し信頼を深められるよう、特定技能所属機関等が率先して、当該外国人と日本人との交流の場を設けていくよう努めること
	転職支援（特定技能基準省令3条1項1号リ）
義務的支援	・次の支援のいずれかを行う必要がある。 ① 所属する業界団体や関連企業等を通じて、次の受入先に関する情報を入手し提供すること ② 公共職業安定所その他の職業安定機関又は職業紹介事業者等を案内し、必要に応じて一号特定技能外国人に同行し、次の受入先を探す補助を行うこと ③ 一号特定技能外国人の希望条件、技能水準、日本語能力等を踏まえ、適切に職業相談・職業紹介が受けられるよう又は円滑に就職活動が行えるよう推薦状を作成すること ④ 特定技能所属機関等が職業紹介事業の許可又は届出を受けて職業紹介事業を行うことができる場合は、就職先の紹介あっせんを行うこと ・一号特定技能外国人が求職活動を行うための有給休暇を付与すること ・離職時に必要な行政手続（国民健康保険や国民年金に関する手続等）について情報を提供すること ・特定技能所属機関が倒産等により、転職のための支援が適切に実施できなくなることが見込まれるときは、それに備え、当該機関に代わって支援を行う者（例えば、登録支援機関、関連企業等）を確保すること
任意的支援	NA
	定期的な面談、行政機関への通報（特定技能基準省令3条1項1号ヌ）
義務的支援	・一号特定技能外国人の労働状況や生活状況を確認するため、当該外国人及びその監督をする立場にある者（直接の上司や雇用先の代表者等）それぞれと定期的（3か月に1回以上）な面談を実施すること ・定期的に行う面談の場においては、生活オリエンテーションで提供した本邦での生活一般に関する事項、防災及び防犯に関する事項並びに急病その他の緊急時における対応に必要な事項その他の事項に係る情報を、必要に応じ、改めて提供すること ・支援責任者又は支援担当者が、一号特定技能外国人との定期的な面談において、労働基準法（長時間労働、賃金不払残業など）その他の労働に

	関する法令（最低賃金法、労働安全衛生法など）の規定に違反していることを知ったときは、その旨を労働基準監督署やその他の関係行政機関に通報すること ・支援責任者又は支援担当者が、一号特定技能外国人との定期的な面談において、資格外活動等の入管法違反、又は、旅券及び在留カードの取上げ等その他の問題の発生を知ったときは、その旨を地方出入国在留管理局に通報すること
任意的支援	・一号特定技能外国人自らが通報を行いやすくするため、関係行政機関の窓口の情報を一覧にするなどして、あらかじめ手渡しておくこと

(ス)　登録支援機関

　特定技能所属機関は、一号特定技能外国人支援計画に基づき一号特定技能外国人支援を行わなければならない（改正入管法19条の22第1項）。また、特定技能所属機関は、一号特定技能外国人支援計画の実施の一部又はすべてを第三者に委託することができる（同条2項）。

　契約により委託を受けて適合一号特定技能外国人支援計画の全部の実施の業務（以下「支援業務」という。）を行う者は、出入国在留管理庁長官の登録を受けることができる（改正入管法19条の23第1項）。

　かかる登録を受けた機関が登録支援機関であり（入管法19条の27第1項）、技能実習制度における監理団体と異なり、法人格の種類について限定はなく、また個人であっても登録支援機関となることができる[106]。

イ　在留資格該当性

(ア)　在留資格の活動内容

　「特定技能」の活動内容は、次のとおりである（入管法別表第一の二）。

---

[106]　営利を目的とする株式会社であっても登録支援機関としての登録を受けることは可能であり（「外国人材の受入れ制度に係るQ&A」Q59）、個人やボランティアサークル等の法人格のない団体であっても登録を受けることは可能である（「外国人材の受入れ制度に係るQ&A」Q60）。

第**2**章 外国人材と出入国関連法令

図表2-57

特定技能1号	一 法務大臣が指定する本邦の公私の機関との雇用に関する契約（第二条の五第一項から第四項までの規定に適合するものに限る。次号において同じ。）に基づいて行う特定産業分野（人材を確保することが困難な状況にあるため外国人により不足する人材の確保を図るべき産業上の分野として法務省令で定めるものをいう。同号において同じ。）であつて法務大臣が指定するものに属する法務省令で定める相当程度の知識又は経験を必要とする技能を要する業務に従事する活動
特定技能2号	二 法務大臣が指定する本邦の公私の機関との雇用に関する契約に基づいて行う特定産業分野であつて法務大臣が指定するものに属する法務省令で定める熟練した技能を要する業務に従事する活動

a 法務大臣による指定

「特定技能1号」及び「特定技能2号」では、本邦の公私の機関と特定産業分野について、法務大臣の指定を受ける。

在留資格の許可を受ける場合、在留カードの交付とともに、次の指定書（入管法施行規則別記第三十一号の四様式）が交付され、当該指定書で本邦の公私の機関及び特定産業分野の指定がなされる（入管法施行規則7条2項、同法施行規則20条7項、同法施行規則44条2項）。

指定される特定産業分野については、一つであることは求められず、特定技能外国人が、複数の特定産業分野の技能水準及び日本語能力水準等の要件を満たした上で、特定技能所属機関において、対応する複数の特定産業分野の業務を行わせるための各基準に適合するときは、法務大臣が当該複数の特定産業分野の業務を指定することで、特定技能外国人は、複数の特定産業分野の業務に従事することも可能である（運用要領10頁）。

なお、指定を受けた本邦の公私の機関及び特定産業分野の変更を行う場合、在留資格変更許可の手続を要する（入管法20条1項）。

別記第三十一号の四様式（第七条、第二十条、第四十四条関係）

第4　在留資格各論

日本国政府法務省

指　　定　　書

氏　　名

国籍・地域

　出入国管理及び難民認定法別表第1の2の表の技能実習の項の下欄第2号の規定に基づき，同号に定める活動を行うことのできる本邦の公私の機関及び特定産業分野を次のとおり指定します。

日本国法務大臣

（注）用紙の大きさは，日本工業規格A列5番又はA列6番とする。

b　特定産業分野

　「特定技能」の在留資格は、特定産業分野に関する活動であることを要する（入管法別表第一の二）。

　「特定技能1号」における特定産業分野は、次の14分野であり、「特

第**2**章　外国人材と出入国関連法令

定技能2号」における特定産業分野は⑥建設分野、⑦造船・舶用工業分野である[107]（特定産業分野省令）。

①　介護分野

②　ビルクリーニング分野

③　素形材産業分野

④　産業機械製造業分野

⑤　電気・電子情報関連産業分野

⑥　建設分野

⑦　造船・舶用工業分野

⑧　自動車整備分野

⑨　航空分野

⑩　宿泊分野

⑪　農業分野

⑫　漁業分野

⑬　飲食料品製造業分野

⑭　外食業分野

「特定技能1号」に係る14業種については、分野別運用方針に、今後5年間における受入見込数が記載されている。この受入見込数は「特定技能1号」の在留資格で在留資格外国人材の上限数として運用される（基本方針5頁）。

また、分野別運用方針には雇用形態として、派遣の可否についても記載されている（基本方針8頁）。

次の表は、「特定技能1号」の特定産業分野について、分野別運用方針の見込受入数及び派遣の可否並びに「特定技能2号」への対応についてまとめたものである。

107　なお、特定産業分野と技能実習における移行対象職種・作業の対応関係については、巻末資料を参照いただきたい。

第4　在留資格各論

図表2-58

産業分野	受入人数（人）	派遣の可否	特定技能2号
① 介護分野	60,000	×	—
② ビルクリーニング分野	37,000	×	—
③ 素形材産業分野	21,500	×	—
④ 産業機械製造業分野	5,250	×	—
⑤ 電気・電子情報関連産業分野	4,700	×	—
⑥ 建設分野	40,000	×	○
⑦ 造船・舶用工業分野	13,000	×	○
⑧ 自動車整備分野	7,000	×	—
⑨ 航空分野	2,200	×	—
⑩ 宿泊分野	22,000	×	—
⑪ 農業分野	36,500	○	—
⑫ 漁業分野	9,000	○	—
⑬ 飲食料品製造業分野	34,000	×	—
⑭ 外食業分野	53,000	×	—
合計	345,150		

c 「法務省令で定める相当程度の知識又は経験を必要とする技能」（特定技能1号）

「特定技能1号」の在留資格で行う活動は「法務省令で定める相当程度の知識又は経験を必要とする技能を要する業務に従事する活動」であることを要する。かかる技能は、特定産業分野省令で「基本方針にのっとりそれぞれ当該分野（中略）に係る分野別運用方針及び運用要領（中略）で定める水準を満たす技能とする」とされる。

そして、基本方針では「当該技能水準は、分野別運用方針において定める当該特定産業分野の業務区分に対応する試験等により確認する。」と規定される。

そのため、「特定技能1号」の活動内容は、分野別運用方針及び分野別運用要領で業務区分ごとに技能水準を評価するための試験等が定められ、当該試験等で確認された技能を要する業務に従事する活動となる。

そして、業務区分と技能水準を確認するための試験区分は一致するため、原則として合格した試験区分に対応する業務区分の活動が「法務省

205

第2章　外国人材と出入国関連法令

令で定める相当程度の知識又は経験を必要とする技能を要する業務に従事する活動」となる。

　各特定産業分野の業務区分、試験等をまとめると、次のとおりとなる。なお、第二号技能実習修了者と特定技能の業務区分の対応については、別紙をご覧いただきたい。

図表2-59

特定産業分野	従事する業務区分[108]	技能の試験等[109]
介護	身体介護等（利用者の心身の状況に応じた入浴、食事、排せつの介助等）及び、これに付随する支援業務（レクリエーションの実施、機能訓練の補助等）	介護技能評価試験 〔免除〕 介護福祉士養成施設修了 EPA介護福祉士候補者としての在留期間満了（4年間）
ビルクリーニング	建築物内部の清掃	ビルクリーニング分野特定技能1号評価試験
素形材産業	鋳造（指導者の指示を理解し、又は、自らの判断により、溶かした金属を型に流し込み製品を製造する作業に従事）	製造分野特定技能1号評価試験（鋳造）
	鍛造（指導者の指示を理解し、又は、自らの判断により、金属を打撃・加圧することで強度を高めたり、目的の形状にする作業に従事）	製造分野特定技能1号評価試験（鍛造）
	ダイカスト（指導者の指示を理解し、又は、自らの判断により、溶融金属を金型に圧入して高い精度の鋳物を短時間で大量に生産する作業に従事）	製造分野特定技能1号評価試験（ダイカスト）
	機械加工（指導者の指示を理解し、又は、自らの判断により、旋盤、フライス盤、ボール盤等の各種工作機械や切削工具を用いて金属材料等を加工する作業に従事）	製造分野特定技能1号評価試験（機械加工）
	金属プレス加工（指導者の指示を理解し、又は、自らの判断により、金型を用いて金属材料にプレス機械で荷重を加えて、曲げ、成形、絞り等を行い成形する作業に従事）	製造分野特定技能1号評価試験（金属プレス加工）
	工場板金（指導者の指示を理解し、又は、自らの判断により、各種工業製品に使われる金属薄板の加工・組立てを行う作業に従事）	製造分野特定技能1号評価試験（工場板金）

108　当該業務に従事する日本人が通常従事することとなる関連業務に付随的に従事することは可能である。

109　日本語の試験等については、介護以外の13特定産業分野では「国際交流基金日本語基礎テスト、又は、日本語能力試験（N4以上）」であり、介護は右の二つの試験に加えて介護日本語評価試験への合格を要する。なお、介護における日本語の試験等の免除対象は、介護の技能等の試験と同様である。

第4　在留資格各論

特定産業分野	従事する業務区分	技能の試験等
	めっき（指導者の指示を理解し、又は、自らの判断により、腐食防止等のため金属等の材料表面に薄い金属を被覆する作業に従事）	製造分野特定技能1号評価試験（めっき）
	アルミニウム陽極酸化処理（指導者の指示を理解し、又は、自らの判断により、アルミニウムの表面を酸化させ、酸化アルミニウムの皮膜を生成させる作業に従事）	製造分野特定技能1号評価試験（アルミニウム陽極酸化処理）
	仕上げ（指導者の指示を理解し、又は、自らの判断により、手工具や工作機械により部品を加工・調整し、精度を高め、部品の仕上げ及び組立てを行う作業に従事）	製造分野特定技能1号評価試験（仕上げ）
	機械検査（指導者の指示を理解し、又は、自らの判断により、各種測定機器等を用いて機械部品の検査を行う作業に従事）	製造分野特定技能1号評価試験（機械検査）
	機械保全（指導者の指示を理解し、又は、自らの判断により、工場の設備機械の故障や劣化を予防し、機械の正常な運転を維持し保全する作業に従事）	製造分野特定技能1号評価試験（機械保全）
	塗装（指導者の指示を理解し、又は、自らの判断により、塗料を用いて被塗装物を塗膜で覆う作業に従事）	製造分野特定技能1号評価試験（塗装）
	溶接（指導者の指示を理解し、又は、自らの判断により、圧力若しくはその両者を加え部材を接合する作業に従事）	製造分野特定技能1号評価試験（溶接）
産業機械製造	鋳造（指導者の指示を理解し、又は、自らの判断により、溶かした金属を型に流し込み製品を製造する作業に従事）	製造分野特定技能1号評価試験（鋳造）
	鍛造（指導者の指示を理解し、又は、自らの判断により、金属を打撃・加圧することで強度を高めたり、目的の形状にする作業に従事）	製造分野特定技能1号評価試験（鍛造）
	ダイカスト（指導者の指示を理解し、又は、自らの判断により、溶融金属を金型に圧入して高い精度の鋳物を短時間で大量に生産する作業に従事）	製造分野特定技能1号評価試験（ダイカスト）
	機械加工（指導者の指示を理解し、又は、自らの判断により、旋盤、フライス盤、ボール盤等の各種工作機械や切削工具を用いて金属材料等を加工する作業に従事）	製造分野特定技能1号評価試験（機械加工）
	金属プレス加工（指導者の指示を理解し、又は、自らの判断により、金型を用いて金属材料にプレス機械で荷重を加えて、曲げ、成形、絞り等を行い成形する作業に従事）	製造分野特定技能1号評価試験（金属プレス加工）
	鉄工（指導者の指示を理解し、又は、自らの判断により、鉄鋼材の加工、取付け、組立てを行う作業に従事）	製造分野特定技能1号評価試験（鉄工）

207

第**2**章 外国人材と出入国関連法令

特定産業分野	従事する業務区分	技能の試験等
	工場板金（指導者の指示を理解し、又は、自らの判断により、各種工業製品に使われる金属薄板の加工・組立てを行う作業に従事）	製造分野特定技能1号評価試験（工場板金）
	めっき（指導者の指示を理解し、又は、自らの判断により、腐食防止等のため金属等の材料表面に薄い金属を被覆する作業に従事）	製造分野特定技能1号評価試験（めっき）
	仕上げ（指導者の指示を理解し、又は、自らの判断により、手工具や工作機械により部品を加工・調整し、精度を高め、部品の仕上げ及び組立てを行う作業に従事）	製造分野特定技能1号評価試験（仕上げ）
	機械検査（指導者の指示を理解し、又は、自らの判断により、各種測定機器等を用いて機械部品の検査を行う作業に従事）	製造分野特定技能1号評価試験（機械検査）
	機械保全（指導者の指示を理解し、又は、自らの判断により、工場の設備機械の故障や劣化を予防し、機械の正常な運転を維持し保全する作業に従事）	製造分野特定技能1号評価試験（機械保全）
	電子機器組立て（指導者の指示を理解し、又は、自らの判断により、電子機器の組立て及びこれに伴う修理を行う作業に従事）	製造分野特定技能1号評価試験（電子機器組立て）
	電気機器組立て（指導者の指示を理解し、又は、自らの判断により、電気機器の組立てや、それに伴う電気系やメカニズム系の調整や検査を行う作業に従事）	製造分野特定技能1号評価試験（電気機器組立て）
	プリント配線板製造（指導者の指示を理解し、又は、自らの判断により、半導体等の電子部品を配列・接続するためのプリント配線板を製造する作業に従事）	製造分野特定技能1号評価試験（プリント配線板製造）
	プラスチック成形（指導者の指示を理解し、又は、自らの判断により、プラスチックへ熱と圧力を加える又は冷却することにより所定の形に成形する作業に従事）	製造分野特定技能1号評価試験（プラスチック成形）
	塗装（指導者の指示を理解し、又は、自らの判断により、塗料を用いて被塗装物を塗膜で覆う作業に従事）	製造分野特定技能1号評価試験（塗装）
	溶接（指導者の指示を理解し、又は、自らの判断により、熱又は圧力若しくはその両者を加え部材を接合する作業に従事）	製造分野特定技能1号評価試験（溶接）
	工業包装（指導者の指示を理解し、又は、自らの判断により、工業製品を輸送用に包装する作業に従事）	製造分野特定技能1号評価試験（工業包装）
電気・電子情報関連産業	機械加工（指導者の指示を理解し、又は、自らの判断により、旋盤、フライス盤、ボール盤などの各種工作機械や切削工具を用いて金属材料等を加工する作業に従事）	製造分野特定技能1号評価試験（機械加工）

208

第4 在留資格各論

特定産業分野	従事する業務区分	技能の試験等
	金属プレス加工（指導者の指示を理解し、又は、自らの判断により、金型を用いて金属材料にプレス機械で荷重を加えて、曲げ、成形、絞り等を行い成形する作業に従事）	製造分野特定技能1号評価試験（金属プレス加工）
	工場板金（指導者の指示を理解し、又は、自らの判断により、各種工業製品に使われる金属薄板の加工・組立てを行う作業に従事）	製造分野特定技能1号評価試験（工場板金）
	めっき（指導者の指示を理解し、又は、自らの判断により、腐食防止等のため金属等の材料表面に薄い金属を被覆する作業に従事）	製造分野特定技能1号評価試験（めっき）
	仕上げ（指導者の指示を理解し、又は、自らの判断により、手工具や工作機械により部品を加工・調整し、精度を高め、部品の仕上げ及び組立てを行う作業に従事）	製造分野特定技能1号評価試験（仕上げ）
	機械保全（指導者の指示を理解し、又は、自らの判断により、工場の設備機械の故障や劣化を予防し、機械の正常な運転を維持し保全する作業に従事）	製造分野特定技能1号評価試験（機械保全）
	電子機器組立て（指導者の指示を理解し、又は、自らの判断により、電子機器の組立て及びこれに伴う修理を行う作業に従事）	製造分野特定技能1号評価試験（電子機器組立て）
	電気機器組立て（指導者の指示を理解し、又は、自らの判断により、電気機器の組立てや、それに伴う電気系やメカニズム系の調整や検査を行う作業に従事）	製造分野特定技能1号評価試験（電気機器組立て）
	プリント配線板製造（指導者の指示を理解し、又は、自らの判断により、半導体等の電子部品を配列・接続するためのプリント配線板を製造する作業に従事）	製造分野特定技能1号評価試験（プリント配線板製造）
	プラスチック成形（指導者の指示を理解し、又は、自らの判断により、プラスチックへ熱と圧力を加える又は冷却することにより所定の形に成形する作業に従事）	製造分野特定技能1号評価試験（プラスチック成形）
	塗装（指導者の指示を理解し、又は、自らの判断により、塗料を用いて被塗装物を塗膜で覆う作業に従事）	製造分野特定技能1号評価試験（塗装）
	溶接（指導者の指示を理解し、又は、自らの判断により、熱又は圧力若しくはその両者を加え部材を接合する作業に従事）	製造分野特定技能1号評価試験（溶接）
	工業包装（指導者の指示を理解し、又は、自らの判断により、工業製品を輸送用に包装する作業に従事）	製造分野特定技能1号評価試験（工業包装）
建設	型枠施工（指導者の指示・監督を受けながら、コンクリートを打ち込む型枠の製作、加工、組立て又は解体の作業に従事）	建設分野特定技能1号評価試験（仮称）（型枠施工）、又は、技能検定3級（型枠施工）

209

第**2**章 外国人材と出入国関連法令

特定産業分野	従事する業務区分	技能の試験等
	左官（指導者の指示・監督を受けながら、墨出し作業、各種下地に応じた塗り作業（セメントモルタル、石膏プラスター、既調合モルタル、漆喰等）に従事）	建設分野特定技能1号評価試験（仮称）（左官）、又は、技能検定3級（左官）
	コンクリート圧送（指導者の指示・監督を受けながら、コンクリート等をコンクリートポンプを用いて構造物の所定の型枠内等に圧送・配分する作業に従事）	建設分野特定技能1号評価試験（仮称）（コンクリート圧送）
	トンネル推進工（指導者の指示・監督を受けながら、地下等を掘削し管きょを構築する作業に従事）	建設分野特定技能1号評価試験（仮称）（トンネル推進工）
	建設機械施工（指導者の指示・監督を受けながら、建設機械を運転・操作し、押土・整地、積込み、掘削、締固め等の作業に従事）	建設分野特定技能1号評価試験（仮称）（建設機械施工）
	土工（指導者の指示・監督を受けながら、掘削、埋め戻し、盛り土、コンクリートの打込み等の作業に従事）	建設分野特定技能1号評価試験（仮称）（土工）
	屋根ふき（指導者の指示・監督を受けながら、下葺き材の施工や瓦等の材料を用いて屋根をふく作業に従事）	建設分野特定技能1号評価試験（仮称）（屋根ふき）、又は、技能検定3級（かわらぶき）
	電気通信（指導者の指示・監督を受けながら、通信機器の設置、通信ケーブルの敷設等の電気通信工事の作業に従事）	建設分野特定技能1号評価試験（仮称）（電気通信）
	鉄筋施工（指導者の指示・監督を受けながら、鉄筋加工・組立ての作業に従事）	建設分野特定技能1号評価試験（仮称）（鉄筋施工）、又は、技能検定3級（鉄筋施工）
	鉄筋継手（指導者の指示・監督を受けながら、鉄筋の溶接継手、圧接継手の作業に従事）	建設分野特定技能1号評価試験（仮称）（鉄筋継手）
	内装仕上げ（指導者の指示・監督を受けながら、プラスチック系床仕上げ工事、カーペット系床仕上げ工事、鋼製下地工事、ボード仕上げ工事、カーテン工事の作業に従事）	建設分野特定技能1号評価試験（仮称）（内装仕上げ）、又は、技能検定3級（内装仕上げ）
	表装（指導者の指示・監督を受けながら、壁紙下地の調整、壁紙の張付け等の作業に従事）	建設分野特定技能1号評価試験（仮称）（内装仕上げ）、又は、技能検定3級（内装仕上げ）
造船・船用工業	溶接（手溶接、半自動溶接）	造船・船用工業分野特定技能1号評価試験（仮称）（溶接）
	塗装（金属塗装作業、噴霧塗装作業）	造船・船用工業分野特定技能1号評価試験（仮称）（塗装）、又は、技能検定3級（塗装）
	鉄工（構造物鉄工作業）	造船・船用工業分野特定技能1号評価試験（仮称）（鉄工）、又は、技能検定3級（鉄工）

210

第4 在留資格各論

特定産業分野	従事する業務区分	技能の試験等
	仕上げ（治工具仕上げ作業、金型仕上げ作業、機械組立仕上げ作業）	造船・船用工業分野特定技能1号評価試験（仮称）（仕上げ）、又は、技能検定3級（仕上げ）
	機械加工（普通旋盤作業、数値制御旋盤作業、フライス盤作業、マシニングセンタ作業）	造船・船用工業分野特定技能1号評価試験（仮称）（機械加工）、又は、技能検定3級（機械加工）
	電気機器組立て（回転電機組立て作業、変圧器組立て作業、配電盤・制御盤組立て作業、開閉制御器具組立て作業、回転電機巻線製作作業）	造船・船用工業分野特定技能1号評価試験（仮称）（電気機器組立て）、又は、技能検定3級（電気機器組立て）
自動車整備	自動車の日常点検整備、定期点検整備、分解整備	自動車整備特定技能評価試験（仮称）、又は、自動車整備技能検定3級
航空	空港グランドハンドリング（地上走行支援業務、手荷物・貨物取扱業務等）	航空分野技能評価試験（仮称）（空港グランドハンドリング）
	航空機整備（機体、装備品等の整備業務等）	航空分野技能評価試験（仮称）（航空機整備）
宿泊	宿泊施設におけるフロント、企画・広報、接客及びレストランサービス等の宿泊サービスの提供に係る業務	宿泊業技能測定試験
農業	耕種農業全般（栽培管理、農産物の集出荷・選別等）	農業技能測定試験（耕種農業全般）
	畜産農業全般（飼養管理、畜産物の集出荷・選別等）	農業技能測定試験（畜産農業全般）
漁業	漁業（漁具の製作・補修、水産動植物の探索、漁具・漁労機械の操作、水産動植物の採捕、漁獲物の処理・保蔵、安全衛生の確保等）	漁業技能測定試験（漁業）
	養殖業（養殖資材の製作・補修・管理、養殖水産動植物の育成管理、養殖水産動植物の収獲（穫）・処理、安全衛生の確保等）	漁業技能測定試験（養殖）
飲食料品製造	飲食料品製造業全般（飲食料品（酒類を除く。）の製造・加工、安全衛生）	飲食料品製造業技能測定試験
外食	外食業全般（飲食物調理、接客、店舗管理）	外食業技能測定試験

d 「法務省令で定める熟練した技能を要する業務」（特定技能2号）

　「特定技能2号」の在留資格で行う活動は「法務省令で定める熟練した技能を要する業務に従事する活動」である（入管法別表第一の二）。「特定技能1号」と同様に、かかる技能は、特定産業分野省令で「基本方針にのっとりそれぞれ当該分野（中略）に係る分野別運用方針及び運用要領（中略）で定める水準を満たす技能とする」とされる。

　そして、基本方針では「当該技能水準は、分野別運用方針において定

211

第**2**章　外国人材と出入国関連法令

める当該特定産業分野の業務区分に対応する試験等により確認する。」
と規定される。

　そのため、「特定技能２号」の活動内容も、分野別運用方針及び分野
別運用要領で業務区分ごとに技能水準を評価するための試験等が定めら
れ、当該試験等で確認された技能を要する業務に従事する活動となる。

　また、「特定技能１号」と「特定技能２号」は別の在留資格であり、「特
定技能１号」の在留期間が満了したからといって自動的に「特定技能２
号」に移行するものではない。他方で、「特定技能２号」は「特定技能１号」
であったことを求めるものではないため、「特定技能１号」の在留資格
を経ることなく「特定技能２号」の在留資格の許可を受けることは可能
である。

　「特定技能１号」の場合と同様に、各特定産業分野（但し「特定技能２号」
は建設及び造船・船用工業分野のみである。）の業務区分、試験等をま
とめると、次のとおりとなる。

図表2-60

特定産業分野	従事する業務区分[110]	技能の試験等
建設	型枠施工（複数の建設技能者を指導しながら、コンクリートを打ち込む型枠の製作、加工、組立て又は解体の作業に従事し、工程を管理）	建設分野特定技能２号評価試験（仮称）（型枠施工）、又は、技能検定１級（型枠施工）
	左官（複数の建設技能者を指導しながら、墨出し作業、各種下地に応じた塗り作業（セメントモルタル、石膏プラスター、既調合モルタル、漆喰）に従事し、工程を管理）	建設分野特定技能２号評価試験（仮称）（左官）、又は、技能検定１級（左官）
	コンクリート圧送（複数の建設技能者を指導しながら、コンクリート等をコンクリートポンプを用いて構造物の所定の型枠内等に圧送・配分する作業に従事し、工程を管理）	建設分野特定技能２号評価試験（仮称）（コンクリート圧送）、又は、技能検定１級（コンクリート圧送）
	トンネル推進工（複数の建設技能者を指導しながら、地下等を掘削し管きょを構築する作業に従事し、工程を管理）	建設分野特定技能２号評価試験（仮称）（トンネル推進工）
	建設機械施工（複数の建設技能者を指導しながら、建設機械を運転・操作し、押土・整地、積込み、掘削、締固め等の作業に従事し、工程を管理）	建設分野特定技能２号評価試験（仮称）（建設機械施工）

110　当該業務に従事する日本人が通常従事することとなる関連業務に付随的に従事することが可
　　能である。

特定産業分野	従事する業務区分	技能の試験等
	土工（複数の建設技能者を指導しながら、掘削、埋め戻し、盛り土、コンクリートの打込み等の作業に従事し、工程を管理）	建設分野特定技能2号評価試験（仮称）（土工）
	屋根ふき（複数の建設技能者を指導しながら、下葺き材の施工や瓦等の材料を用いて屋根をふく作業に従事し、工程を管理）	建設分野特定技能2号評価試験（仮称）（屋根ふき）、又は、技能検定1級（かわらぶき）
	電気通信（複数の建設技能者を指導しながら、通信機器の設置、通信ケーブルの敷設等の作業に従事し、工程を管理）	建設分野特定技能2号評価試験（仮称）（電気通信）
	鉄筋施工（複数の建設技能者を指導しながら、鉄筋加工・組立ての作業に従事し、工程を管理）	建設分野特定技能2号評価試験（仮称）（鉄筋施工）、又は、技能検定1級（鉄筋施工）
	鉄筋継手（複数の建設技能者を指導しながら、鉄筋の溶接継手、圧接継手の作業に従事し、工程を管理）	建設分野特定技能2号評価試験（仮称）（鉄筋継手）
	内装仕上げ（複数の建設技能者を指導しながら、プラスチック系床仕上げ工事、カーペット系床仕上げ工事、鋼製下地工事、ボード仕上げ工事、カーテン工事の作業に従事し、工程を管理）	建設分野特定技能2号評価試験（仮称）（内装仕上げ）、又は、技能検定1級（内装仕上げ）
	表装（複数の建設技能者を指導しながら、壁紙下地の調整、壁紙の張付け等の作業に従事し、工程を管理）	建設分野特定技能2号評価試験（仮称）（内装仕上げ）、又は、技能検定1級（内装仕上げ）
造船・船用工業	溶接（手溶接、半自動溶接）	造船・船用工業分野特定技能2号評価試験（仮称）（溶接）

(イ) 上陸許可基準

「特定技能1号」及び「特定技能2号」の上陸許可基準は**ア(エ)及び(オ)**で述べたため、ここでは省略する。

ウ 特定技能の実施

特定技能所属機関は、特定技能雇用契約の変更や一号特定技能外国人支援計画に関し、届出義務を負っている（入管法19条の18）。

届出義務が課されているのは、特定技能雇用契約の変更、終了又は新たな締結（入管法19条の18第1項1号）、一号特定技能外国人支援計画の変更（同条項2号）、登録支援機関との間で支援業務の委託契約を締結・変更・終了したとき（同条項3号）、その他法務省令で定める場合に該当するとき（同条項4号）、特定技能外国人の受入れ状況（同条2項1号）、一号特定技能外国人支援計画の実施状況（同条2項2号）、その他法務省令で定める事項（同条2項3号）である。

213

第**2**章　外国人材と出入国関連法令

入管法19条の18に基づく届出義務の不履行は特定技能基準省令2条が定める適合特定技能雇用契約の適正な履行の確保に関する基準における欠格事由（特定技能基準省令2条1項4号リ(9)）に該当するため、注意が必要である。

㋐　特定技能雇用契約の変更、終了又は新たな締結（入管法19条の18第1項1号）

特定技能所属機関は、法務省令で定める軽微な変更にあたる場合を除き、特定技能雇用契約の変更、終了、新たな締結[111]が生じた場合には、出入国管理庁長官に対し法務省令で定める事項を届け出る必要がある（入管法19条の18第1項1号）。

届出義務の対象とならない「軽微な変更」とは、業務の内容、報酬の額その他の労働条件以外の変更であって、特定技能雇用契約に実質的な影響を与えない変更をいう（入管法施行規則19条の17第3項）。

「軽微な変更」に該当しない届出対象となる事由が発生した場合、特定技能所属機関は当該事由が生じた日から14日以内に、管轄の地方出入国在留管理局に届出を行う必要がある（入管法施行規則19条の17第2項）。

届出を行う事項は、届出に係る特定技能外国人の氏名、生年月日、性別、国籍・地域、住居地及び在留カードの番号並びに次の表の届出事由に対応する届出事項である（入管法施行規則19条の17第1項、入管法施行規則別表三の五の一）。

図表2-61

届出事由	届出事項
特定技能雇用契約の変更	特定技能雇用契約を変更した年月日
	変更後の特定技能雇用契約の内容
特定技能雇用契約の終了	特定技能雇用契約が終了した年月日
	特定技能雇用契約の終了の事由
新たな特定技能雇用契約の締結	新たな特定技能雇用契約を締結した年月日
	新たな特定技能雇用契約の内容

111　新たに特定技能雇用契約を締結する場合とは、特定技能外国人が自己の意思で特定技能所属機関を退職して契約が終了したことによって契約終了の届出（入管法19条の18第1項1号）が提出され、転職活動を行っていたものの、従前の特定技能所属機関に戻り再度特定技能雇用契約を締結したような場合が該当する（特定技能運用要領89頁）。

㈡ 一号特定技能外国人支援計画の変更（同条項2号）

　特定技能所属機関は、法務省令で定める軽微な変更にあたる場合を除き、一号特定技能外国人支援計画の変更を変更した場合には、出入国管理庁長官に対し法務省令で定める事項を届け出る必要がある（入管法19条の18第1項2号）。

　届出義務の対象とならない「軽微な変更」とは、支援の内容又は実施方法以外の変更であって、一号特定技能外国人支援計画に実質的な影響を与えない変更をいう（入管法施行規則19条の17第4項）。

　「軽微な変更」に該当しない届出対象となる事由が発生した場合、特定技能所属機関は当該事由が生じた日から14日以内に、管轄の地方出入国在留管理局に届出を行う必要がある（入管法施行規則19条の17第2項）。

　届出を行う事項は、届出に係る特定技能外国人の氏名、生年月日、性別、国籍・地域、住居地及び在留カードの番号並びに次の表の届出事由に対応する届出事項である（入管法施行規則19条の17第1項、入管法施行規則別表三の五の二）。

図表2−62

届出事由	届出事項
一号特定技能外国人支援計画の変更	一号特定技能外国人支援計画を変更した年月日
	変更後の一号特定技能外国人支援計画の内容

㈡ 登録支援機関との間で支援業務の委託契約を締結・変更・終了したとき（同条項3号）

　特定技能所属機関は、法務省令で定める軽微な変更にあたる場合を除き、登録支援機関との間で支援業務の委託契約を締結・変更・終了した場合には、出入国管理庁長官に対し法務省令で定める事項を届け出る必要がある（入管法19条の18第1項3号）。

　届出義務の対象とならない「軽微な変更」とは、契約の内容の変更であって、入管法第2条の5第5項の契約に実質的な影響を与えない変更をいう（入管法施行規則19条の17第5項）。

第2章　外国人材と出入国関連法令

「軽微な変更」に該当しない届出対象となる事由が発生した場合、特定技能所属機関は当該事由が生じた日から14日以内に、管轄の地方出入国在留管理局に届出を行う必要がある（入管法施行規則19条の17第2項）。

届出を行う事項は、届出に係る特定技能外国人の氏名、生年月日、性別、国籍・地域、住居地及び在留カードの番号並びに次の表の届出事由に対応する届出事項である（入管法施行規則19条の17第1項、入管法施行規則別表三の五の三）。

図表2-63

届出事由	届出事項
法第二条の五第五項の契約の締結	法第二条の五第五項の契約を締結した年月日
	締結した法第二条の五第五項の契約の内容
法第二条の五第五項の契約の変更	法第二条の五第五項の契約を変更した年月日
	変更後の法第二条の五第五項の契約の内容
法第二条の五第五項の契約の終了	法第二条の五第五項の契約が終了した年月日
	法第二条の五第五項の契約の終了の事由

(エ)　**その他法務省令で定める場合に該当するとき（同条項4号）**

特定技能所属機関は、特定技能外国人を受け入れることが困難となった場合、又は、特定技能外国人に関して出入国又は労働に関する法令に関し不正又は著しく不当な行為があったことを知った場合には、出入国管理庁長官に対し法務省令で定める事項を届け出る必要がある（入管法19条の18第1項4号、入管法施行規則19条の17第6項）。

届出対象となる事由が発生した場合、特定技能所属機関は当該事由が生じた日から14日以内に、管轄の地方出入国在留管理局に届出を行う必要がある（入管法施行規則19条の17第2項）。

届出を行う事項は、届出に係る特定技能外国人の氏名、生年月日、性別、国籍・地域、住居地及び在留カードの番号並びに次の表の届出事由に対応する届出事項である（入管法施行規則19条の17第1項、入管法施行規則別表三の五の四）。

第4　在留資格各論

図表2-64

届出事由	届出事項
特定技能外国人の受入れ困難	特定技能外国人の受入れが困難となった事由並びにその発生時期及び原因
	特定技能外国人の現状
	特定技能外国人としての活動の継続のための措置
出入国又は労働に関する法令に関し不正又は著しく不当な行為の発生の認知	出入国又は労働に関する法令に関し不正又は著しく不当な行為の発生時期、認知時期及び当該行為への対応
	出入国又は労働に関する法令に関し不正又は著しく不当な行為の内容

㈺　特定技能外国人の受入れ状況（同条2項1号）

特定技能所属機関は、四半期ごとに特定技能外国人の受入れ状況を出入国在留管理庁長官に届け出る必要がある（入管法19条の18第2項1号、同法施行規則19条の18第1項、5項）。

届出の四半期とは次の表のとおりで、翌四半期の初日から14日以内に、管轄の地方出入国在留管理局に届出を行う必要がある（入管法施行規則19条の18第3項、5項）。

第1四半期	1月1日から3月31日まで
第2四半期	4月1日から6月30日まで
第3四半期	7月1日から9月30日まで
第4四半期	10月1日から12月31日まで

届け出る事項は特定技能外国人の氏名を含む、次の事項である（入管法19条の18第2項1号、同法施行規則19条の18第1項各号）。

① 　届出の対象となる期間内に受け入れていた特定技能外国人の総数

② 　届出に係る特定技能外国人の氏名、生年月日、性別、国籍・地域、住居地及び在留カードの番号

③ 　届出に係る特定技能外国人が法別表第一の二の表の特定技能の項の下欄に掲げる活動を行った日数、活動の場所及び従事した業務の内容

④ 　届出に係る特定技能外国人が派遣労働者等（中略）として業務に

217

第2章　外国人材と出入国関連法令

従事した場合にあっては、派遣先（中略）である本邦の公私の機関の氏名又は名称及び住所

(カ)　**一号特定技能外国人支援計画の実施状況（同条項2号）**

特定技能所属機関は、四半期ごとに一号特定技能外国人支援計画の実施状況を出入国在留管理庁長官に届け出る必要がある（入管法19条の18第2項2号、同法施行規則19条の18第5項）。但し、一号特定技能外国人支援計画の全部の実施を登録支援機関に委託したときは、届出義務を負わない（入管法19条の18第2項2号かっこ書）。

届出の四半期とは次の表のとおりで、翌四半期の初日から14日以内に、管轄の地方出入国在留管理局に届出を行う必要がある（入管法施行規則19条の18第3項、4項、5項）。

第1四半期	1月1日から3月31日まで
第2四半期	4月1日から6月30日まで
第3四半期	7月1日から9月30日まで
第4四半期	10月1日から12月31日まで

(キ)　**その他法務省令で定める事項（同条項3号）**

特定技能所属機関は、四半期ごとに特定技能外国人の在留管理に必要なものとして法務省令で定める事項を出入国在留管理庁長官に届け出る必要がある（入管法19条の18第2項3号、同法施行規則19条の18第5項）。

届出の四半期とは次の表のとおりで、翌四半期の初日から14日以内に、管轄の地方出入国在留管理局に届出を行う必要がある（入管法施行規則19条の18第3項、5項）。

第1四半期	1月1日から3月31日まで
第2四半期	4月1日から6月30日まで
第3四半期	7月1日から9月30日まで
第4四半期	10月1日から12月31日まで

届出の対象となる事項は、次の事項である（入管法施行規則19条の18第2項各号）。

①　特定技能外国人及び当該特定技能外国人の報酬を決定するに当

218

たって比較対象者とした従業員（比較対象者とした従業員がいない場合にあっては、当該特定技能外国人と同一の業務に従事する従業員）に対する報酬の支払状況（当該特定技能外国人のそれぞれの報酬の総額及び銀行その他の金融機関に対する当該特定技能外国人の預金口座又は貯金口座への振込みその他の方法により現実に支払われた額を含む。）

② 所属する従業員の数、特定技能外国人と同一の業務に従事する者の新規雇用者数、離職者数、行方不明者数及びそれらの日本人、外国人の別

③ 健康保険、厚生年金保険及び雇用保険に係る適用の状況並びに労働者災害補償保険の適用の手続に係る状況

④ 特定技能外国人の安全衛生に関する状況

⑤ 特定技能外国人の受入れに要した費用の額及びその内訳

エ 在留期間と更新

「特定技能1号」及び「特定技能2号」の在留期間は、次のとおりである（入管法施行規則別表第二（第三条関係））。

特定技能1号	一年、六月又は四月
特定技能2号	三年、一年又は六月

「特定技能1号」について、在留期間の更新を行うことはできるが、通算で5年を超えることはできない。なお、再入国許可による出国及びみなし再入国許可による出国期間も通算される期間に含むため、注意が必要である（特定技能運用要領20頁）。

「特定技能2号」について、在留期間の更新を行うことができ、上限はない。

オ 在留資格の特徴

㋐ 特定技能外国人と転職

特定技能外国人は、同一の業務区分内又は試験等によりその技能水準の共通性が確認されている業務区分間において転職することが可能である（基本方針8頁）。

第2章　外国人材と出入国関連法令

　特定技能外国人が転職し、特定技能所属機関を変更する場合には、在留資格変更許可を受けなければならない（入管法20条1項かっこ書）。

(イ)　活動内容の特徴

　特定産業分野に限られるが、産業の現場で働くことができる在留資格であるという在留資格の位置づけに特徴があるものといえる。そして、「特定技能1号」及び「特定技能2号」の活動には、いずれも業務区分での活動に加えて当該業務に従事する日本人が通常従事することとなる関連業務に付随的に従事することが許容されている。

　これは、技能実習制度[112]が厳格な必須業務、関連業務及び周辺業務による制度運用がされていたことから比較すると、活動内容が柔軟になっているという点で、受け入れる機関（特定技能所属機関）及び外国人材（特定技能外国人）の双方で、勤務のしやすさ等の点で活用しやすい制度となっているといえる。

　他方で、「特定技能」の在留資格における活動に「本邦の公私の機関との雇用に関する契約（第二条の五第一項から第四項までの規定に適合するものに限る。次号において同じ。）に基づいて行う」との文言が規定されている。かかる文言から、「特定技能」の活動は、入管法2条の5第1項から第4項に規定された特定技能雇用契約の内容や特定技能所属機関等の基準に適合していることが、在留資格の活動内容となる。

　そのため、特定技能所属機関が当該基準に適合しなくなった場合、在留資格該当性が否定される結果、当該特定技能所属機関と雇用関係にある特定技能外国人は、そのままでは在留期間の更新等ができないこととなる。

　このように、在留資格の活動内容に特定技能雇用契約や特定技能所属機関について法令で定められた基準に適合することが含まれている点及

112　なお、技能実習制度は、国際協力の推進を目的とし（技能実習法1条）、労働力の需給の調整の手段として用いてはならない制度である（同法3条2項）ところ、特定技能制度と比較することは不適切とも思える。しかし、第二号技能実習を修了した者は特定技能における技能及び日本語の試験が免除され、また、技能実習制度における移行対象職種・作業と特定技能における業務区分が対応していることから、制度として接続している点もあり、理解のしやすさの観点から比較するものである。

第4　在留資格各論

び当該基準の内容に鑑みると、法令遵守の点で非常に厳格な制度となっているといえる。

カ　立証資料

(ア)　在留資格認定証明書交付申請時

「特定技能1号」及び「特定技能2号」の在留資格認定証明書交付申請時に係る提出書類は、次のとおりである。

1　在留資格認定証明書交付申請書　1通
2　写真（縦4cm×横3cm）　1葉
3　返信用封筒（定形封筒に宛先を明記の上、必要な切手（簡易書留用）を貼付したもの）　1通
4　その他「特定技能外国人の在留諸申請に係る提出書類一覧・確認表」[113]に記載された申請に対応する資料
5　身分を証する文書（身分証明書等）　提示

(イ)　在留資格変更許可申請時

「特定技能1号」及び「特定技能2号」の在留資格認定証明書交付申請時に係る提出書類は、次のとおりである。

1　在留資格変更許可申請書　1通
2　写真（縦4cm×横3cm）　1葉
3　パスポート及び在留カード　提示
4　その他「特定技能外国人の在留諸申請に係る提出書類一覧・確認表」に記載された申請に対応する資料
5　身分を証する文書（申請取次者証明書、戸籍謄本等）　提示

(ウ)　在留期間更新許可申請時

「特定技能1号」及び「特定技能2号」の在留期間更新許可申請時に係る提出書類は、次のとおりである。

1　在留期間更新許可申請書　1通
2　写真（縦4cm×横3cm）　1葉
3　パスポート及び在留カード　提示

---

[113]　法務省のウェブサイトで公開されている（http://www.moj.go.jp/content/001289247.pdf）

第2章　外国人材と出入国関連法令

　4　その他「特定技能外国人の在留諸申請に係る提出書類一覧・確認表」に記
　　載された申請に対応する資料
　5　身分を証する文書（申請取次者証明書、戸籍謄本等）　提示

⑻　「留学」

　「留学」の在留資格は、次のとおりの活動を行う在留資格であり、就
労を目的とした在留資格ではない（入管法別表第一の四）。

┌─〈入管法〉─────────────────────────────┐
│　**別表第一**
│　**四　〔留学の項、「本邦において行うことができる活動」の欄〕**
│　　本邦の大学、高等専門学校、高等学校（中等教育学校の後期課程を含む。）
│　若しくは特別支援学校の高等部、中学校（義務教育学校の後期課程及び中等教
│　育学校の前期課程を含む。）若しくは特別支援学校の中学部、小学校（義務教
│　育学校の前期課程を含む。）若しくは特別支援学校の小学部、専修学校若しく
│　は各種学校又は設備及び編制に関してこれらに準ずる機関において教育を受け
│　る活動
└────────────────────────────────────┘

　しかし、資格外活動の許可（入管法19条2項、入管法施行規則19条）
を取得すると、「留学」の在留資格を有する者も週に28時間（在籍する
教育機関が学則で定める長期休業期間にあるときは、一日について8時
間以内）の収入を伴う事業を運営する活動又は報酬を受ける活動が可能
となる（入管法施行規則19条5項1号）。

　この資格外活動の許可を得てアルバイト等をする学生は多い。採用
する企業の側から見た場合、この週28時間以内（又は1日8時間以内）
という範囲で労働時間を管理する必要があり、当該時間を超過して働か
せた場合、外国人材は不法就労となり、働かせた側の企業についても不
法就労助長罪（入管法73条の2第1項1）が成立し得る。実際に、飲食
店を運営する会社が、ベトナムやネパール国籍の留学生11名を、週28
時間の法定限度を超えて働かせていたとして、運営会社、店舗統括部長
に対し、不法就労助長罪にあたるとして、それぞれ会社に50万円、店
舗統括部長に30万円の罰金の支払いを命じた事例が報道されている。

第4 在留資格各論

　このような法違反を犯さないためにも、次のような業務フローを作るべきである。

アルバイトの採用権限のある店長等への事前研修

↓

採用時に「在留カード」の原本の提示を求め、偽造されたものでないか確認し、資格外活動の許可を得ているかを確認した上で、写しを取得する

↓

法務省の運営する「在留カード等番号失効情報照会」（https://lapse-immi.moj.go.jp/ZEC/appl/e0/ZEC2/pages/FZECST011.aspx）により、有効な在留カードであることを確認し、照会結果を記録化する

↓

他にアルバイトしていないか確認し記録化する

↓

雇用状況の届出（労働施策総合推進法28条）を行う

↓

労働時間管理（週28時間の場合は、どの曜日から起算しても週28時間以内であることが求められる（審査要領））を行う

　この他に、他の事業所で就業していないか等、普段から勤務状態に意識を払うべきである。その上で、「留学」の在留資格で資格外活動の許可を得ている者を雇用する場合には、特に勤務時間の管理には注意を払うべきである。

　資格外活動で許可された範囲を超えてアルバイトを行った場合、当該留学生が、その後日本で就職する際に「留学」から他の在留資格に変更する場合に不許可となる可能性がある（2018年12月改訂法務省「留学生の在留資格「技術・人文知識・国際業務」への変更許可のガイドライン」別紙1・2頁参照）。

　「留学」の在留資格で在留する者の本分は勉学であり、就労のために在留するものではないことを、改めて認識すべきである。

223

第**2**章　外国人材と出入国関連法令

第5　外国人材受入れ時及び受入れ後と入管法

■1　受入れ時

　適法に報酬を得ることができる在留資格等を有しない外国人材を採用した場合、採用して勤務をさせた企業には、不法就労助長罪（入管法73条の2第1項1）が成立し得る。

　既に国内にいる外国人材を採用する場合、当該外国人材は在留カードを所持している（入管法19条の3）。企業が国内にいる外国人材を採用する場合、在留カードで当該外国人材が適法に報酬を得る活動をし得るか、確認するべきである[114]。

　また、残念ではあるが、2019年7月時点では偽造された在留カードを所持して就労する例もある。そういった偽造された在留カードが過去に失効した在留カードをもとに作成されている場合、法務省「在留カード等番号失効情報照会」のウェブサイト[115]で確認することで、偽造された在留カードであることを覚知することが可能である。

■2　受入れ後の届出

　入管法は19条の7以下で、受入れ企業（所属機関）及び外国人材の双方について、一定の事項について届出義務を課している。

(1)　外国人材の届出義務

　外国人材が行う届出としては、新規上陸後の居住地の届出（入管法19条の7）、在留資格変更等に伴う居住地届出（入管法19条の8）、住居地の変更届出（入管法19条の9）、居住地以外の記載事項の変更届出（入管法19条の10）、及び、所属機関に関する届出（入管法19条の16）

114　在留カードの見方等や在留カード所持しない場合で就労できる場合等について、法務省から資料が公表されているのでご参照いただきたい（法務省ウェブサイト：http://www.immi-moj.go.jp/seisaku/pdf/2015fuhoushurou.pdf）。

115　https://lapse-immi.moj.go.jp/ZEC/appl/e0/ZEC2/pages/FZECST011.aspx

224

第5　外国人材受入れ時及び受入れ後と入管法

がある。

　これらの届出について、外国人材に必要な手続を示し、必要に応じて窓口に同行する等の対応を行うことが望ましい。

⑵　受入れ企業の届出義務

　受入れ企業（所属機関）についても労働施策総合推進法28条、同法施行規則10条により届出（外国人雇用状況届出[116]）を行う。労働施策総合推進法28条による届出の対象とならない事業者は、入管法19条の17により、届出の努力義務が課されている[117]。

ア　外国人材が被保険者である場合

　当該外国人材が被保険者（雇用保険法4条1項）である場合は、雇入れに係るものにあっては雇用保険法施行規則第6条第1項の届出（雇用保険被保険者資格取得届）と併せて、離職に係るものにあっては同令7条1項の届出（雇用保険被保険者資格喪失届）と併せて行う（労働施策総合推進法規則10条2項）。

　雇用保険被保険者資格取得届及び雇用保険被保険者資格喪失届と併せて届け出る事項は、次のとおりである（同法施行規則11条1項、2項）。

図表2-65

届出事由	届出事項
雇い入れ	◆在留資格及び在留期間 ◆国籍の属する国又は出入国管理及び難民認定法第二条第五号ロに規定する地域 ◆出入国管理及び難民認定法第十九条第二項前段の許可（以下「資格外活動の許可」という。）を受けている者にあつては、当該許可を受けていること。 ◆出入国管理及び難民認定法別表第一の二の表の特定技能（次条第三項において「特定技能」という。）の在留資格をもつて在留する者にあつては、法務大臣が当該外国人について指定する特定産業分野（同表の特定技能

---

[116]　届出事項に在留カードの番号を含める等改正につき、パブリックコメント手続が2019年6月17日から7月16日まで行われており、改正の施行予定日は2020年3月1日である。

[117]　雇用関係に基づく外国人材を受け入れた場合は労働施策総合推進法28条の手続の対象となるところ、入管法19条の17に基づく手続の対象となるのは、留学生を受け入れている教育機関や委任契約により役員として外国人材を受け入れている機関等、一部の場合に限られる（出入国管理法令研究会編『注解・判例　出入国管理実務六法　平成31年版』（日本加除出版、2018年）64頁）。

225

第**2**章　外国人材と出入国関連法令

届出事由	届出事項
	の項の下欄第一号に規定する特定産業分野をいう。） ◆出入国管理及び難民認定法別表第一の五の表の特定活動（次条第四項において「特定活動」という。）の在留資格をもつて在留する者にあつては、法務大臣が当該外国人について特に指定する活動
離職	◆国籍の属する国又は出入国管理及び難民認定法第二条第五号ロに規定する地域 ◆出入国管理及び難民認定法別表第一の二の表の特定技能（次条第三項において「特定技能」という。）の在留資格をもつて在留する者にあつては、法務大臣が当該外国人について指定する特定産業分野（同表の特定技能の項の下欄第一号に規定する特定産業分野をいう。） ◆出入国管理及び難民認定法別表第一の五の表の特定活動（次条第四項において「特定活動」という。）の在留資格をもつて在留する者にあつては、法務大臣が当該外国人について特に指定する活動

イ　外国人材が被保険者ではない場合

　当該外国人材が被保険者ではない場合、外国人雇用状況届出は、外国人雇用状況届出書（様式第三号）により行う（労働施策総合推進法規則10条3項）。

図表2–66

届出事由	届出事項
雇い入れ	◆生年月日 ◆性別 ◆国籍の属する国又は出入国管理及び難民認定法第二条第五号ロに規定する地域 ◆出入国管理及び難民認定法第十九条第二項前段の許可（以下「資格外活動の許可」という。）を受けている者にあつては、当該許可を受けていること。 ◆出入国管理及び難民認定法別表第一の二の表の特定技能（次条第三項において「特定技能」という。）の在留資格をもつて在留する者にあつては、法務大臣が当該外国人について指定する特定産業分野（同表の特定技能の項の下欄第一号に規定する特定産業分野をいう。） ◆出入国管理及び難民認定法別表第一の五の表の特定活動（次条第四項において「特定活動」という。）の在留資格をもつて在留する者にあつては、法務大臣が当該外国人について特に指定する活動 ◆雇入れ又は離職に係る事業所の名称及び所在地
離職	◆生年月日 ◆性別 ◆国籍の属する国又は出入国管理及び難民認定法第二条第五号ロに規定する地域 ◆出入国管理及び難民認定法別表第一の二の表の特定技能（次条第三項において「特定技能」という。）の在留資格をもつて在留する者にあつては、

226

届出事由	届出事項
	法務大臣が当該外国人について指定する特定産業分野（同表の特定技能の項の下欄第一号に規定する特定産業分野をいう。） ◆出入国管理及び難民認定法別表第一の五の表の特定活動（次条第四項において「特定活動」という。）の在留資格をもつて在留する者にあつては、法務大臣が当該外国人について特に指定する活動 ◆雇入れ又は離職に係る事業所の名称及び所在地

ウ 届出の期限等

届出の期限は受入れ時は雇い入れ日の属する月の翌月10日まで、離職の場合には、離職日の翌日から起算して10日以内に、当該期限までに当該事業所の所在地を管轄する公共職業安定所の長に提出することによって行う必要がある（同法施行規則12条1項）。

被保険者でない外国人に係る外国人雇用状況届出は、当該外国人を雇い入れた日又は当該外国人が離職した日の属する月の翌月の末日までに、当該事業所の所在地を管轄する公共職業安定所の長に提出することによって行う必要がある（同法施行規則12条2項）。

第**2**章 外国人材と出入国関連法令

様式第３号（第10条関係）（表面）

雇　　入　　れ
　　　　　　　　　に係る外国人雇用状況届出書
離　　　　職

フリガナ（カタカナ）			
①外国人の氏名 （ローマ字）	姓	名	ミドルネーム
②①の者の在留資格		③①の者の在留期間 （期限） （西暦）	年　　月　　日 まで
④①の者の生年月日 （西暦）	年　　月　　日	⑤①の者の性別	１ 男　・　２ 女
⑥①の者の国籍・地域		⑦①の者の資格外 活動許可の有無	１ 有　・　２ 無

雇入れ年月日 （西暦）	年　　月　　日	離職年月日 （西暦）	年　　月　　日
	年　　月　　日		年　　月　　日
	年　　月　　日		年　　月　　日

労働施策の総合的な推進並びに労働者の雇用の安定及び職業生活の充実等に関する法律施行規則第10条第３項の規定により上記のとおり届けます。

年　　月　　日

事業主	事業所の名称、 所在地、電話番号等	雇入れ又は離職に係る事業所 （名称） （所在地） 主たる事務所 （名称） （所在地）	雇用保険適用事業所番号 □□□□-□□□□□□-□ ①の者が主として左記以外 の事業所で就労する場合 □ ＴＥＬ ＴＥＬ
	氏名		（印）

社 会 保 険 労 務 士 記 載 欄	作成年月日・提出代行者・事務代理者の表示	氏名
		（印）

公共職業安定所長　殿

第3章

外国人材と労働関係法令・社会保険関係法令

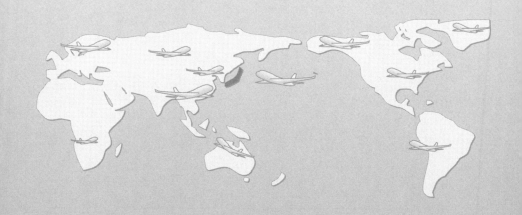

第3章　外国人材と労働関係法令・社会保険関係法令

第1　外国人材と労働関係法令・社会保険関係法令

　人材の国籍にかかわらず、労働基準法、最低賃金法、労働安全衛生法、労働者災害補償保険法、労働契約法、労働組合法、男女雇用機会均等法、労働施策相互推進法、職業安定法、労働者派遣法、雇用保険法、健康保険法、厚生年金保険法等の労働関係法令及び社会保険関係法令は適用される[1]。

　そのため、外国人材にも労働関係法令及び社会保険関係法令は、国内人材と同様に適用される。もっとも、完全に同じように適用すれば良いかというと、例えば日本語を介さない人材に対する就業規則の周知と就業規則の周知義務（労基法106条）のように、国内人材と同じことをすれば法令上問題ないかと言われれば、疑問がある論点もある。

　このように、外国人材と労働関係法令・社会保険関係法令は、原則として国内人材と同じく適用があるという原則があるが、個々の適用になると、実務でも十分に議論されていない論点が多いのが現状であるように思う。

1　外国人雇用管理指針第2

230

第2 外国人材と労働関係法令・社会保険関係法令の状況

外国人材に対する労働関係法令・社会保険関係法令の適用状況、遵守状況について見ると、現時点では望ましい状況ではないように解される。

平成30年6月20日付厚生労働省「外国人技能実習生の実習実施者に対する平成29年の監督指導、送検等の状況を公表します」によれば、平成29年に全国の労働局及び労働基準監督署が技能実習制度における実習実施者につき、監督指導を実施した5,966事業場のうち4,226事業場である70.8%の事業場で労働関係法令違反が認められている。

主な違反は、次のとおりである。

図表3-1

違反項目・条文	違反件数（占める割合）
労働時間（労基法32条・40条）	1,566件 （29.2%）
安全基準（安衛法20条〜25条）	1,176件 （19.7%）
割増賃金の支払い（労基法37条）	945件 （15.8%）
就業規則（労基法89条）	551件 （9.2%）
労働条件の明示（労基法15条）	541件 （9.1%）
賃金の支払い（労基法24条）	526件 （8.8%）
健康診断（安衛法66条）	477件 （8.0%）
衛生基準（安衛法20条〜25条）	473件 （7.9%）
賃金台帳（労基法108条）	448件 （7.5%）
法令等の周知（労基法106条）	342件 （5.7%）
寄宿舎の安全基準（労基法96条）	148件 （2.5%）
最低賃金の支払（最賃法4条）	92件 （1.5%）

平成29年8月9日付厚生労働省「外国人技能実習生の実習実施者に対する平成28年の監督指導、送検等の状況を公表します」でも、監督指導を実施した5,672事業場（実習実施機関）のうち4,004事業場（70.6%）に労働関係法令違反があり、また、違反内容も同様のものが多く、上記

第3章　外国人材と労働関係法令・社会保険関係法令

の表の項目は、多くの事業者が陥りやすい法令違反事項であるといえる。

　また、同様に技能実習制度に関するものであるが、平成30年2月法務省入国管理局「平成29年の「不正行為」について」によれば、不正行為の件数299件のうち、139件が「賃金等の不払い」であり、他の不正項目に比べて突出して多い。

　このような資料から、外国人材と労働関係法令・社会保険関係法令については、基本的な法令遵守体制を確立していくことが重要であるといえる。

第3 全体を通じて

第3 全体を通じて

■1 差別的取扱いの禁止

　外国人材について、国籍等を理由に、賃金、労働時間その他の労働条件について、差別的に取り扱うことは許されない（労基法3条）。差別的取扱いが禁止される「その他の労働条件」には、解雇、災害補償、安全衛生、寄宿舎等に関する条件も含まれると解されている（昭和23年6月16日基収1365号、昭和63年3月14日基発150号）。

　採用（雇入れ）について労基法3条が及ぶか否かについて、最大判昭和48年12月12日（民集27巻11号1536頁、三菱樹脂事件）は「労働基準法三条は労働者の信条によつて賃金その他の労働条件につき差別することを禁じているが、これは、雇入れ後における労働条件についての制限であつて、雇入れそのものを制約する規定ではない。」として、雇入れ時に労基法3条が直接適用されることを否定する。

　なお、労基法3条違反には、罰則（6ヶ月以下の懲役又は30万円以下の罰金）が定められている（労基法119条1号）。

■2 適用法

　労働契約の適用法については、法の適用に関する通則法7条、8条及び12条に規定されている。どの国の法律が適用されるかは、当事者の選択によることが原則であるが（同法7条）、労務を提供すべき地の法律が適用される法律であると推定される（同法12条2項、3項）。また、当事者が合意して労務を提供すべき地以外の国の法律が選択されていたとしても、当事者の意思表示があれば、労務を提供すべき地の強行規定が適用される（同法12条1項）。

　外国人材の受入れという観点から見た場合、適用される法律として想定されるのは、労務を提供すべき地の法律である日本法であることがほとんどであると思われる。

　そのため、適用される法律を明確にするためには、労働契約の中で、適用法を規定しておくことが望ましいといえる。

233

第3章 外国人材と労働関係法令・社会保険関係法令

は、30万円以下の罰金に処せられる（労基法120条1号）。また、労基法15条3項に基づく必要な旅費を負担しない場合についても、同様である（同条項）。

■2 雇入れ時の安全衛生教育

⑴ 一般の安全衛生教育

使用者は、新たに労働者を雇い入れたときには、労働者に対して、安全衛生教育を行う必要がある（安衛法59条1項）。安全教育として行う内容は、次のとおりである（安衛則35条1項各号）。このうち、事務作業が中心となる事業所では、1号から4号の内容は省略することができる（同条項、安衛法施行令2条）。

〈安衛則〉

第35条 〔中略〕
- 一 機械等、原材料等の危険性又は有害性及びこれらの取扱い方法に関すること。
- 二 安全装置、有害物抑制装置又は保護具の性能及びこれらの取扱い方法に関すること。
- 三 作業手順に関すること。
- 四 作業開始時の点検に関すること。
- 五 当該業務に関して発生するおそれのある疾病の原因及び予防に関すること。
- 六 整理、整頓とん及び清潔の保持に関すること。
- 七 事故時等における応急措置及び退避に関すること。
- 八 前各号に掲げるもののほか、当該業務に関する安全又は衛生のために必要な事項

⑵ 特別教育

使用者が労働者に危険有害業務につかせる場合、使用者は、特別の教育を行うことを要する（安衛法59条3項）。危険有害業務は、安衛則36条1号から41号まで定められている。

「技能実習」及び「特定技能」の在留資格で、本邦において活動する外国人材については、この特別教育が必要な危険有害業務を行う者も少なくない。移行対象職種・作業や、特定産業分野で行う業務について、

特別教育が必要な業務ではないか、確認の上、安全衛生教育を行う必要がある。特別教育が必要な作業の一覧は、次のとおりである。

使用者は、特別教育を行ったときは、特別教育の受講者、科目等の記録を作成し、3年間保存する義務がある（安衛則38条）。

図表3-2

号	作　業
1	研削といしの取替え又は取替え時の試運転の業務
2	動力により駆動されるプレス機械（以下「動力プレス」という。）の金型、シヤーの刃部又はプレス機械若しくはシヤーの安全装置若しくは安全囲いの取付け、取外し又は調整の業務
3	アーク溶接機を用いて行う金属の溶接、溶断等（以下「アーク溶接等」という。）の業務
4	高圧（直流にあっては七百五十ボルトを、交流にあっては六百ボルトを超え、七千ボルト以下である電圧をいう。以下同じ。）若しくは特別高圧（七千ボルトを超える電圧をいう。以下同じ。）の充電電路若しくは当該充電電路の支持物の敷設、点検、修理若しくは操作の業務、低圧（直流にあっては七百五十ボルト以下、交流にあっては六百ボルト以下である電圧をいう。以下同じ。）の充電電路（対地電圧が五十ボルト以下であるもの及び電信用のもの、電話用のもの等で感電による危害を生ずるおそれのないものを除く。）の敷設若しくは修理の業務又は配電盤室、変電室等区画された場所に設置する低圧の電路（対地電圧が五十ボルト以下であるもの及び電信用のもの、電話用のもの等で感電による危害の生ずるおそれのないものを除く。）のうち充電部分が露出している開閉器の操作の業務
5	最大荷重一トン未満のフオークリフトの運転（道路上を走行させる運転を除く。）の業務
5-2	最大荷重一トン未満のシヨベルローダー又はフオークローダーの運転（道路上を走行させる運転を除く。）の業務
5-3	最大積載量が一トン未満の不整地運搬車の運転（道路上を走行させる運転を除く。）の業務
6	制限荷重五トン未満の揚貨装置の運転の業務
6-2	伐木等機械（伐木、造材又は原木若しくは薪炭材の集積を行うための機械であって、動力を用い、かつ、不特定の場所に自走できるものをいう。以下同じ。）の運転（道路上を走行させる運転を除く。）の業務
6-3	走行集材機械（車両の走行により集材を行うための機械であって、動力を用い、かつ、不特定の場所に自走できるものをいう。以下同じ。）の運転（道路上を走行させる運転を除く。）の業務
7	機械集材装置（集材機、架線、搬器、支柱及びこれらに附属する物により構成され、動力を用いて、原木又は薪炭材（以下「原木等」という。）を巻き上げ、かつ、空中において運搬する設備をいう。以下同じ。）の運転の業務

号	作　　業
7-2	簡易架線集材装置（集材機、架線、搬器、支柱及びこれらに附属する物により構成され、動力を用いて、原木等を巻き上げ、かつ、原木等の一部が地面に接した状態で運搬する設備をいう。以下同じ。）の運転又は架線集材機械（動力を用いて原木等を巻き上げることにより当該原木等を運搬するための機械であって、動力を用い、かつ、不特定の場所に自走できるものをいう。以下同じ。）の運転（道路上を走行させる運転を除く。）の業務
8	胸高直径が七十センチメートル以上の立木の伐木、胸高直径が二十センチメートル以上で、かつ、重心が著しく偏している立木の伐木、つりきりその他特殊な方法による伐木又はかかり木でかかっている木の胸高直径が二十センチメートル以上であるものの処理の業務（第六号の二に掲げる業務を除く。）
8-2	チェーンソーを用いて行う立木の伐木、かかり木の処理又は造材の業務（前号に掲げる業務を除く。）
9	機体重量が三トン未満の令別表第七第一号、第二号、第三号又は第六号に掲げる機械で、動力を用い、かつ、不特定の場所に自走できるものの運転（道路上を走行させる運転を除く。）の業務 〔労働安全法施行令別表七〕 一　整地・運搬・積込み用機械 　　1　ブル・ドーザー 　　2　モーター・グレーダー 　　3　トラクター・シヨベル 　　4　ずり積機 　　5　スクレーパー 　　6　スクレープ・ドーザー 　　7　1から6までに掲げる機械に類するものとして厚生労働省令で定める機械 二　掘削用機械 　　1　パワー・シヨベル 　　2　ドラグ・シヨベル 　　3　ドラグライン 　　4　クラムシエル 　　5　バケツト掘削機 　　6　トレンチヤー 　　7　1から6までに掲げる機械に類するものとして厚生労働省令で定める機械 三　基礎工事用機械 　　1　くい打機 　　2　くい抜機 　　3　アース・ドリル 　　4　リバース・サーキユレーシヨン・ドリル 　　5　せん孔機（チユービングマシンを有するものに限る。） 　　6　アース・オーガー 　　7　ペーパー・ドレーン・マシン 　　8　1から7までに掲げる機械に類するものとして厚生労働省令で定める機械 六　解体用機械 　　1　ブレーカ 　　2　1に掲げる機械に類するものとして厚生労働省令で定める機械

第4 雇入れ時

号	作　業
9-2	令別表第七第三号に掲げる機械で、動力を用い、かつ、不特定の場所に自走できるもの以外のものの運転の業務 〔労働安全法施行令別表第七第三号〕 9-1参照
9-3	令別表第七第三号に掲げる機械で、動力を用い、かつ、不特定の場所に自走できるものの作業装置の操作（車体上の運転者席における操作を除く。）の業務 〔労働安全法施行令別表第七第三号〕 9-1参照
10	令別表第七第四号に掲げる機械で、動力を用い、かつ、不特定の場所に自走できるものの運転（道路上を走行させる運転を除く。）の業務 〔労働安全法施行令別表第七〕 四　締固め用機械 　1　ローラー 　2　1に掲げる機械に類するものとして厚生労働省令で定める機械
10-2	令別表第七第五号に掲げる機械の作業装置の操作の業務 〔労働安全法施行令別表第七〕 五　コンクリート打設用機械 1　コンクリートポンプ車 2　1に掲げる機械に類するものとして厚生労働省令で定める機械
10-3	ボーリングマシンの運転の業務
10-4	建設工事の作業を行う場合における、ジャッキ式つり上げ機械（複数の保持機構（ワイヤロープ等を締め付けること等によって保持する機構をいう。以下同じ。）を有し、当該保持機構を交互に開閉し、保持機構間を動力を用いて伸縮させることにより荷のつり上げ、つり下げ等の作業をワイヤロープ等を介して行う機械をいう。以下同じ。）の調整又は運転の業務
10-5	作業床の高さ（令第十条第四号の作業床の高さをいう[3]。）が十メートル未満の高所作業車（令第十条第四号の高所作業車をいう[4]。以下同じ。）の運転（道路上を走行させる運転を除く。）の業務
11	動力により駆動される巻上げ機（電気ホイスト、エヤーホイスト及びこれら以外の巻上げ機でゴンドラに係るものを除く。）の運転の業務
12	削除
13	令第十五条第一項第八号に掲げる機械等（巻上げ装置を除く。）の運転の業務 〔労働安全衛生法施行令15条1項8号〕 動力車及び動力により駆動される巻上げ装置で、軌条により人又は荷を運搬する用に供されるもの（鉄道営業法（明治三十三年法律第六十五号）、鉄道事業法（昭和六十一年法律第九十二号）又は軌道法（大正十年法律第七十六号）の適用を受けるものを除く。）
14	小型ボイラー（令第一条第四号の小型ボイラーをいう。以下同じ。）の取扱いの業務

3　作業床を最も高く上昇させた場合におけるその床面の高さをいう（安衛法施行令10条4号）
4　作業床の高さ（作業床を最も高く上昇させた場合におけるその床面の高さをいう。以下同じ。）が二メートル以上の高所作業車をいう（安衛法施行令10条4号）

号	作　　業
15	次に掲げるクレーン（移動式クレーン（令第一条第八号の移動式クレーンをいう。以下同じ。）を除く。以下同じ。）の運転の業務 イ　つり上げ荷重が五トン未満のクレーン ロ　つり上げ荷重が五トン以上の跨こ線テルハ
16	つり上げ荷重が一トン未満の移動式クレーンの運転（道路上を走行させる運転を除く。）の業務
17	つり上げ荷重が五トン未満のデリツクの運転の業務
18	建設用リフトの運転の業務
19	つり上げ荷重が一トン未満のクレーン、移動式クレーン又はデリツクの玉掛けの業務
20	ゴンドラの操作の業務
20-2	作業室及び気こう室へ送気するための空気圧縮機を運転する業務
21	高圧室内作業に係る作業室への送気の調節を行うためのバルブ又はコツクを操作する業務
22	気こう室への送気又は気こう室からの排気の調整を行うためのバルブ又はコツクを操作する業務
23	潜水作業者への送気の調節を行うためのバルブ又はコツクを操作する業務
24	再圧室を操作する業務
24-2	高圧室内作業に係る業務
25	令別表第五に掲げる四アルキル鉛等業務
26	令別表第六に掲げる酸素欠乏危険場所における作業に係る業務
27	特殊化学設備の取扱い、整備及び修理の業務（令第二十条第五号に規定する第一種圧力容器の整備の業務を除く。）
28	エツクス線装置又はガンマ線照射装置を用いて行う透過写真の撮影の業務
28-2	加工施設（核原料物質、核燃料物質及び原子炉の規制に関する法律（昭和三十二年法律第百六十六号）第十三条第二項第二号に規定する加工施設をいう。）、再処理施設（同法第四十四条第二項第二号に規定する再処理施設をいう。）又は使用施設等（同法第五十三条第二号に規定する使用施設等（核原料物質、核燃料物質及び原子炉の規制に関する法律施行令（昭和三十二年政令第三百二十四号）第四十一条に規定する核燃料物質の使用施設等に限る。）をいう。）の管理区域（電離放射線障害防止規則（昭和四十七年労働省令第四十一号。以下「電離則」という。）第三条第一項に規定する管理区域をいう。次号において同じ。）内において核燃料物質（原子力基本法（昭和三十年法律第百八十六号）第三条第二号に規定する核燃料物質をいう。次号において同じ。）若しくは使用済燃料（核原料物質、核燃料物質及び原子炉の規制に関する法律第二条第十項に規定する使用済燃料をいう。次号において同じ。）又はこれらによって汚染された物（原子核分裂生成物を含む。次号において同じ。）を取り扱う業務
28-3	原子炉施設（核原料物質、核燃料物質及び原子炉の規制に関する法律第二十三条第二項第五号に規定する試験研究用等原子炉施設及び同法第四十三条の三の五第二項第五号に規定する発電用原子炉施設をいう。）の管理区域内において、核燃料物質若しくは使用済燃料又はこれらによって汚染された物を取り扱う業務

号	作　　業
28-4	東日本大震災により生じた放射性物質により汚染された土壌等を除染するための業務等に係る電離放射線障害防止規則（平成二十三年厚生労働省令第百五十二号。以下「除染則」という。）第二条第七項第二号イ又はロに掲げる物その他の事故由来放射性物質（平成二十三年三月十一日に発生した東北地方太平洋沖地震に伴う原子力発電所の事故により当該原子力発電所から放出された放射性物質をいう。）により汚染された物であって、電離則第二条第二項に規定するものの処分の業務
28-5	電離則第七条の二第三項の特例緊急作業に係る業務
29	粉じん障害防止規則（昭和五十四年労働省令第十八号。以下「粉じん則」という。）第二条第一項第三号の特定粉じん作業（設備による注水又は注油をしながら行う粉じん則第三条各号に掲げる作業に該当するものを除く。）に係る業務
30	ずい道等の掘削の作業又はこれに伴うずり、資材等の運搬、覆工のコンクリートの打設等の作業（当該ずい道等の内部において行われるものに限る。）に係る業務
31	マニプレータ及び記憶装置（可変シーケンス制御装置及び固定シーケンス制御装置を含む。以下この号において同じ。）を有し、記憶装置の情報に基づきマニプレータの伸縮、屈伸、上下移動、左右移動若しくは旋回の動作又はこれらの複合動作を自動的に行うことができる機械（研究開発中のものその他厚生労働大臣が定めるものを除く。以下「産業用ロボット」という。）の可動範囲（記憶装置の情報に基づきマニプレータその他の産業用ロボットの各部の動くことができる最大の範囲をいう。以下同じ。）内において当該産業用ロボットについて行うマニプレータの動作の順序、位置若しくは速度の設定、変更若しくは確認（以下「教示等」という。）（産業用ロボットの駆動源を遮断して行うものを除く。以下この号において同じ。）又は産業用ロボットの可動範囲内において当該産業用ロボットについて教示等を行う労働者と共同して当該産業用ロボットの可動範囲外において行う当該教示等に係る機器の操作の業務
32	産業用ロボットの可動範囲内において行う当該産業用ロボットの検査、修理若しくは調整（教示等に該当するものを除く。）若しくはこれらの結果の確認（以下この号において「検査等」という。）（産業用ロボットの運転中に行うものに限る。以下この号において同じ。）又は産業用ロボットの可動範囲内において当該産業用ロボットの検査等を行う労働者と共同して当該産業用ロボットの可動範囲外において行う当該検査等に係る機器の操作の業務
33	自動車（二輪自動車を除く。）用タイヤの組立てに係る業務のうち、空気圧縮機を用いて当該タイヤに空気を充てんする業務
34	ダイオキシン類対策特別措置法施行令（平成十一年政令第四百三十三号）別表第一第五号に掲げる廃棄物焼却炉を有する廃棄物の焼却施設（第九十条第五号の三を除き、以下「廃棄物の焼却施設」という。）においてばいじん及び焼却灰その他の燃え殻を取り扱う業務（第三十六号に掲げる業務を除く。）
35	廃棄物の焼却施設に設置された廃棄物焼却炉、集じん機等の設備の保守点検等の業務
36	廃棄物の焼却施設に設置された廃棄物焼却炉、集じん機等の設備の解体等の業務及びこれに伴うばいじん及び焼却灰その他の燃え殻を取り扱う業務
37	石綿障害予防規則（平成十七年厚生労働省令第二十一号。以下「石綿則」という。）第四条第一項各号に掲げる作業に係る業務

号	作　業
38	除染則第二条第七項の除染等業務及び同条第八項の特定線量下業務
39	足場の組立て、解体又は変更の作業に係る業務（地上又は堅固な床上における補助作業の業務を除く。）
40	高さが二メートル以上の箇所であって作業床を設けることが困難なところにおいて、昇降器具（労働者自らの操作により上昇し、又は下降するための器具であって、作業箇所の上方にある支持物にロープを緊結してつり下げ、当該ロープに労働者の身体を保持するための器具（第五百三十九条の二及び第五百三十九条の三において「身体保持器具」という。）を取り付けたものをいう。）を用いて、労働者が当該昇降器具により身体を保持しつつ行う作業（四十度未満の斜面における作業を除く。以下「ロープ高所作業」という。）に係る業務
41	高さが二メートル以上の箇所であって作業床を設けることが困難なところにおいて、墜落制止用器具（令第十三条第三項第二十八号の墜落制止用器具をいう。第百三十条の五第一項において同じ。）のうちフルハーネス型のものを用いて行う作業に係る業務（前号に掲げる業務を除く。）

(3) 裁判例

安全衛生教育を怠ったことに関連する裁判例として、弁当箱洗浄機を使った作業中に、当該機械を停止させることなく手を入れ当該機械に絡まった異物等を取り除くことが危険であるから、機械から異物等を取り除く際に、当該機械を停止して行うよう十分に指導し励行させて作業させるべき注意義務があったにも関わらず、これを怠ったため事故により後遺症が残ったとして使用者の責任を認めた裁判例（大阪地判平成4年12月24日労働判例695号16頁）、有料老人ホームにおいてヘルパー2級を持つ職員が、ベッドと車椅子の間に倒れている入居者を車椅子に乗せようと抱えた際に右手を負傷した事故について、使用者に健康・安全教育義務を行った安全配慮義務違反を認めた裁判例（千葉地木更津支判平成21年11月10日労働判例999号35頁）がある[5]。

(4) 罰　則

使用者が安衛法59条1項に違反し、安全衛生教育を行わない場合には、50万円以下の罰金に処せられる（安衛法120条1号）。また、使用

5　労働行政研究所編『労働安全衛生法』558頁（労働行政、2017年）

者が安衛法59条3項に違反し、特別教育を行わない場合には、6ヶ月以下の懲役又は50万円以下の罰金に処せられる（安衛法119条1号）。

■3　雇入れ時の健康診断

　使用者は、労働者の雇入れ時には、医師による健康診断を実施しなければならない（安衛法66条1項、安衛則43条）。医師による健康診断は、日本の医師法に基づく医師による健康診断をいうと解されるところ国外で日本の医師法に基づかない医師による健康診断を実施した場合においても、再度、日本に入国し、雇入れ時に健康診断を行うことが必要である。

　使用者は、雇入れ時の健康診断については、健康診断個人票（様式第五号）を作成し、5年間保存する義務がある（安衛法66条の3、安衛則51条）。

　使用者が安衛法66条1項に違反し健康診断を行わない場及び安衛法66条の3に違反し健康診断の結果を記録しておかない場合には50万円以下の罰金に処せられる（安衛法120条1号）。

第**3**章 外国人材と労働関係法令・社会保険関係法令

第5 雇入れ後

■1 賃 金

(1) 賃金の支払

　労基法は同法24条で、賃金について「通貨払の原則」、「直接払の原則」、「全額払の原則」、「毎月払の原則」及び「一定期日払の原則」を定める。

　このうち、外国人材との関係で問題となることが多いのは「通貨払の原則」と「全額払の原則」である。

ア 「通貨払の原則」

　銀行口座に振り込む方法により支払う場合には、労働者の合意を要する（労基則7条の2第1号）。同意については、労働者の意思に基づくものである限り、形式は問わず、また、振込みについては、振り込まれた報酬が支払日に払い出し得るように行われることを要する（昭和63年1月1日基発1号）。

　なお、特定技能所属機関から特定技能外国人に対する報酬の支払については銀行振込によることが想定されている（特定技能基準省令2条1項12号参照）。

イ 「全額払の原則」

　外国人材に社宅等を提供している場合、当該社宅費を賃金から控除している例が多いと思われる。賃金から社宅費等を控除する場合、労基法24条に基づき、事業所に過半数労組がある場合は労組と、ない場合は過半数代表者との間で書面による協定を締結する必要がある。

　協定書の形式には任意であるが、少なくとも、①控除の対象となる具体的な項目、②右の各項目別に定める、控除を行う賃金支払日を記載する必要がある（昭和27年09月20日基発第675号）。

　また、控除できるのは「購買代金、社宅、寮その他の福利厚生施設の費用、労務用物資の代金、組合費等、事理明白なものについてのみ」であり、無制限に賃金控除が認められるわけではない（昭和27年09月

244

20日基発第675号）。

ウ 罰 則

使用者が労基法24条1項又は2項に違反した場合、30万円以下の罰金に処せられる（労基法120条1号）。

⑵ 最低賃金

使用者は、原則として、最低賃金以上の賃金を支払う必要がある（最賃法4条1項）。最低賃金には地域別最低賃金（最賃法9条1項）と特定最低賃金（最賃法15条1項）とがあり、2以上の最低賃金の適用がある場合には、最も高い最低賃金が適用される（最賃法6条1項）。

特定最低賃金は一定の事業もしくは職業にかかる最低賃金であるが（最賃法15条1項）、技能実習や特定技能の場合、特定最低賃金が適用される場合がある。そのため、地域別最低賃金だけでなく、特定最低賃金についても調べた上で、最低賃金以上の賃金を支払う必要がある。

使用者が最賃法4条1項の規定に違反した場合、当該違反が地域別最低賃金及び船員に適用される特定最低賃金の場合には、50万円以下の罰金に処せられる（最賃法40条）。

船員に適用される特定最低賃金以外については、刑事罰はないものの、最低賃金を下回る部分は無効となり、最低賃金と同様の規定をしたものとみなされる（最賃法4条2項）。

⑶ 割増賃金

使用者が、法定時間外労働（後述）、法定休日労働（後述）及び深夜労働[6]をさせる場合、次の割増賃金を支払う必要がある（労基法37条）。使用者が割増賃金を支払わない場合には、6ヶ月以下の懲役又は30万円以下の罰金に処せられる（労基法119条1号）。

---

6 午後10時から午前5時までの間の労働をいう（労基則20条1項）。

第**3**章　外国人材と労働関係法令・社会保険関係法令

図表3-3

割増賃金の区分	割増率	条文
法定時間外労働 （1ヶ月60時間まで）	2割5分以上	労基法37条1項本文、2項、割増賃金率令
法定時間外労働 （1ヶ月60時間を超えた時間）	5割以上[7]	労基法37条1項但書
法定休日労働	3割5分以上	労基法37条1項本文、2項、割増賃金率令
深夜労働	2割5分以上	労基法37条4項

■**2**　労働時間・休憩時間・休日

⑴　法定労働時間・休日

　労基法32条[8]は、使用者が、休憩時間を除き1日につき8時間を超えて、また、1週間について40時間を超えて労働させてはならないと定める[9]。この法定されている時間を「法定労働時間」といい、法定労働時間を超えた労働を「法定時間外労働」といい、労働契約に定められる所定労働時間[10]を超えた所定時間外労働と、法定時間外労働は区別される。

　また、労基法35条1項は、使用者が毎週少なくとも1回の休日を労働者に与えなければならないと定める。この法定された休日を「法定休日」といい、労働契約で定められた休日を「所定休日」という。

　そして、法定時間外労働及び法定休日労働については労使協定の締結・届出、割増賃金の支払などの法規制が行われる[11]。

⑵　三六協定による労働時間

　労基法36条は、法定時間労働及び法定休日について、使用者が労働者の過半数で組織する労働組合がある場合においてはその労働組合、労

---

[7]　中小事業主は2023年4月1日から適用される（労基法138条、働き方改革関連法附則1条3号）。

[8]　労基法32条に違反する場合には、6ヶ月以下の懲役又は30万円以下の罰金に処せられる（労基法119条1号）。

[9]　使用者は、休憩時間につき、労働時間が6時間を超える場合は少なくとも45分、8時間を超える場合は少なくとも1時間の休憩時間を、労働時間の途中で与える必要がある（労基法34条1項）。

[10]　菅野和夫『労働法　第11版補正版』（弘文堂、2017年）479頁

[11]　前掲注10、菅野483頁

246

働者の過半数で組織する労働組合がない場合においては労働者の過半数を代表する者との書面による協定をし、厚生労働省令で定めるところによりこれを行政官庁に届け出た場合には、法定時間外労働及び法定休日労働をさせることができることを定める。

このいわゆる三六協定を定めた労基法36条は、働き方改革関連法案により改正がなされており、三六協定適用後の労働時間の上限としての限度時間が法律で定められるようになった（労基法36条3項）。

この限度時間は、原則として1ヶ月について45時間及び1年について360時間とされる（労基法36条4項）。また、この上限について2ヶ月、3ヶ月、4ヶ月、5ヶ月、6ヶ月の平均で、それぞれの場合に、法定休日労働時間を含め、80時間以下としなければならない（労基法36条6項3号）。

いわゆる特別条項つきの三六協定を締結する場合でも、法定時間外労働時間及び法定休日労働時間をあわせた時間が1ヶ月に100時間未満であり、法定時間外労働時間が1年について720時間を超えない範囲でなければならず、月の法定時間外労働時間が45時間を超えることができる月数は6ヶ月までとされる（労基法36条5項）。また、上述の複数月で80時間以下としなければならない点は、特別条項付きの三六協定を定める場合でも同様である。

また、有害業務については1日について延長できる労働時間は2時間を超えない範囲である（36条6項1号）。

なお、労基法36条6項に違反した場合は、6ヶ月以下の懲役又は30万円以下の罰金に処せられる（労基法119条1号）。

⑶ 外国人材と労働時間
ア 三六協定の労働者の範囲

三六協定では、労働時間を延長し、又は休日に労働させることができる労働者の範囲を定める必要がある（労基法36条2項1号）。そして、「労働基準法第三十六条第一項の協定で定める労働時間の延長及び休日の労働について留意すべき事項等に関する指針」（平成30年9月7日厚生労

働省告示第323号）では、法定時間外労働をさせることができる業務の種類を定めるにあたっては、業務の区分を細分化し、当該業務の範囲を明確にする必要があるとする（同指針4条）。

外国人材の場合、特に、移行対象職種・作業で業務が定められる「技能実習」の在留資格で働く技能実習生や特定産業分野の一定の業務を活動内容とする「特定技能」の在留資格で働く特定技能外国人材については、対象となるかについて、その業務区分に注意して定める必要がある。

イ　有害業務

技能実習生や特定技能外国人が行う業務については、有害業務（労基法36条6項1号、労基則18条各号）に該当する業務が少なくない。有害業務の一覧は、次のとおりである。本条における有害業務の範囲については、昭和43年7月24日基発472号が存在する。

図表3-4

号	業　　務
法1	坑内労働
1	多量の高熱物体を取り扱う業務及び著しく暑熱な場所における業務
2	多量の低温物体を取り扱う業務及び著しく寒冷な場所における業務
3	ラジウム放射線、エックス線その他の有害放射線にさらされる業務
4	土石、獣毛等のじんあい又は粉末を著しく飛散する場所における業務
5	異常気圧下における業務
6	削岩機、鋲打機等の使用によって身体に著しい振動を与える業務
7	重量物の取扱い等重激なる業務
8	ボイラー製造等強烈な騒音を発する場所における業務
9	鉛、水銀、クロム、砒ひ素、黄りん、弗ふつ素、塩素、塩酸、硝酸、亜硫酸、硫酸、一酸化炭素、二硫化炭素、青酸、ベンゼン、アニリン、その他これに準ずる有害物の粉じん、蒸気又はガスを発散する場所における業務
10	前各号のほか、厚生労働大臣の指定する業務

ウ　技能実習と時間外労働

技能実習は、技能等の習得等を目的として行われるため、時間外労働、休日労働、深夜労働については、合理的理由がない限り、原則として行われることが想定されていない（技能実習運用要領51頁）。

第5 雇入れ後

■3 年次有給休暇

労基法は、使用者が労働者に対して年次有給休暇付与することを義務づけている（労基法39条1項）。年次有休暇の付与日数は、次のとおりである（労基法39条2項）。

勤続年数	6月	1年6月	2年6月	3年6月	4年6月	5年6月	6年6月〜
年休日数	10日	11日	12日	14日	16日	18日	20日

年次有給休暇は、原則として労働者の請求する時季に与える必要がある（労基法39条5項）。例外として使用者の時季変更権（労基法39条5項但書）及び計画年休制度（労基法39条6項）がある。時季変更権については、年次有給休暇を取得させることが「事業の正常な運営を妨げる場合」に該当する必要があるが、技能実習が技能等の習得等を目的とするところ、技能実習生に年次有給休暇を取得させることが「事業の正常な運営を妨げる場合」に該当する例は少ないと解される。

また、法定の年次有給休暇が10日以上付与される労働者については、年5日について時季を定め実際に年次有給休暇を取得させることが義務化されている（労基法39条7項）。

労基法39条に違反した場合、7項以外の違反の場合は6ヶ月以下の懲役又は30万円以下の罰金に処せられ（労基法119条1号）、7項に違反する場合は30万円以下の罰金に処せられる（労基法120条1号）。

■4 就業規則

常時10名以上労働者を使用する使用者は、就業規則を作成し、届け出る義務がある（労基法89条）。就業規則で定めなくてはならない事項は、次のとおりである（労基法89条各号）。

〈労基法〉

第89条 〔中略〕
　一　始業及び終業の時刻、休憩時間、休日、休暇並びに労働者を二組以上に分けて交替に就業させる場合においては就業時転換に関する事項

249

二　賃金（臨時の賃金等を除く。以下この号において同じ。）の決定、計算及び支払の方法、賃金の締切り及び支払の時期並びに昇給に関する事項

三　退職に関する事項（解雇の事由を含む。）

三の二　退職手当の定めをする場合においては、適用される労働者の範囲、退職手当の決定、計算及び支払の方法並びに退職手当の支払の時期に関する事項

四　臨時の賃金等（退職手当を除く。）及び最低賃金額の定めをする場合においては、これに関する事項

五　労働者に食費、作業用品その他の負担をさせる定めをする場合においては、これに関する事項

六　安全及び衛生に関する定めをする場合においては、これに関する事項

七　職業訓練に関する定めをする場合においては、これに関する事項

八　災害補償及び業務外の傷病扶助に関する定めをする場合においては、これに関する事項

九　表彰及び制裁の定めをする場合においては、その種類及び程度に関する事項

十　前各号に掲げるもののほか、当該事業場の労働者のすべてに適用される定めをする場合においては、これに関する事項

就業規則の絶対的記載事項の一つとして、退職の事由がある。外国人材の場合、在留資格が許可されなければ、日本で報酬を得る活動を行うことはできない（入管法19条1項）。特定技能制度では、特定技能雇用契約書（参考様式第1-5号）において、労働契約の終期として「何らかの事由で在留資格を喪失した時点で雇用契約は終了する」旨が規定されている。労働契約法12条との整合を考えると、就業規則の自然退職事由として在留資格の喪失を規定することが望ましいと解される。

労基89条に違反し就業規則を作成しない場合には、罰金30万円に処せられる（労基法120条1号）。

■5　法令等の周知

使用者は、就業規則等の周知義務を負う（労基法106条、安衛法101条）。この点について、どのような言語・方法によりどの程度周知を行えば、外国人材に対する十分な周知なのかという定まった基準はない。外国人雇用管理指針第4では、わかりやすい説明書や行政機関が作成し

ている多言語対応の資料等を用いる、母語語等を用いて説明する等、外国人材の理解を促進するため必要な配慮をするよう努めることが規定されている。

使用者が労基法106条に基づき法令などを周知しない場合には30万円以下の罰金に処せられ（労基法120条1号）、安衛法101条1項に違反して同様に周知しない場合には50万円以下の罰金に処せられる（安衛法120条1号）。

■6　帳簿類の作成、賃金台帳の保管

使用者は、労働者名簿、賃金台帳、その他労働関係に関する重要な書類の作成及び保存義務を負う（労基法107条、108条、109条）。

使用者が労基法107条、108条、109条に違反する場合には、30万円以下の罰金に処せられる（労基法120条1号）。

■7　寄宿舎の安全基準

(1)　寄宿舎の該当性

外国人材の採用については、「事業の附属寄宿舎」（労基法94条）に該当する寄宿舎を設置する例がある。いかなる寄宿舎が「事業の附属寄宿舎」に該当するかについては、解釈例規は「寄宿舎とは常態として相当人数の労働者が宿泊し、共同生活の実態を備えるものをいい、事業に附属するとは事業経営の必要上その一部として設けられているような事業との関連をもつことをいう」とする（昭和23年3月30日基発508号）。

(2)　寄宿舎生活の自治

寄宿舎について、使用者は寄宿する労働者の私生活の自由を侵してはならないとされる（労基法94条1項）。また、使用者は、寄宿舎生活の自治に必要な役員の選任に干渉してはならない（同条2項）。

使用者が94条2項に違反する場合、6ヶ月以下の懲役又は30万円以下の罰金に処せられる（労基法119条1号）。

251

第**3**章　外国人材と労働関係法令・社会保険関係法令

⑶　寄宿舎規則の作成届出義務

　労働者を寄宿させる使用者は、次の事項について寄宿舎規則を作成して所轄労働基準監督署長に届け出る必要がある（労基法95条）。

〈労基法〉

第95条　〔中略〕
　　一　起床、就寝、外出及び外泊に関する事項
　　二　行事に関する事項
　　三　食事に関する事項
　　四　安全及び衛生に関する事項
　　五　建設物及び設備の管理に関する事項

　使用者が労基法95条に違反し寄宿舎規則を作成しなかった場合は、30万円以下の罰金に処せられる（労基法120条1号）

⑷　寄宿舎の設備及び安全衛生義務

　使用者は寄宿舎の設備及び安全衛生について義務を負う（労基法96条）。

　これをうけ、寄宿舎規則の作成、寄宿舎の設置等の届出、寄宿舎管理者の職務、寄宿舎生活の秩序、寄宿舎での私生活の自由、安全衛生基準等が、事業附則寄宿舎規定及び建設業附属寄宿舎規定により定められている。

　使用者が96条に違反する場合、6ヶ月以下の懲役又は30万円以下の罰金に処せられる（労基法119条1号）。

■8　安全衛生基準

　今日では、使用者が労働者との関係で、安全配慮義務を負うことに疑問はない（労契法5条）。雇入れ後における安全衛生についての定めは多岐にわたるが、外国人材との関係で問題となりそうなものとして、次のものがある。

⑴　安全衛生管理体制の整備

　安衛法では、事業場の規模等に応じて、統括安全衛生管理者の選任（安衛法10条）、安全管理者の選任（同法11条）、衛生管理者の選任（同法

252

第5　雇入れ後

12条)、安全衛生推進者又は衛生推進者の選任（同法12条の2）、産業
医の選任（同法13条）、作業主任者の選任（同法14条）、統括安全衛生
責任者・安全衛生責任者の選任（同法15条）、安全衛生員会等の設置（同
法17条）を定めている。

　同規定に従い、適切な安全衛生管理体制を整備することが必要である[12]。

(2)　就業制限

　使用者は、一定の業務について、資格者でなければ当該業務に就かせ
てはならないとする就業制限が設けられている（安衛法61条1項）[13]。
就業制限に該当する業務は、外国人材が行う業務も含まれているところ、
外国人材に当該業務を行わせる場合は、資格を取得させてから行わせる
必要がある。

(3)　雇入れ後の安全教育

　使用者は、労働者の作業内容を変更したときにも、安全教育を行う義
務がある（安衛法59条2項）[14]。作業内容を変更した場合とは、軽易
な変更まで含むものではなく、労働者の安全衛生を確保するために実質
的な教育が必要とされる場合をいう[15]。なお、技能実習計画の認定基準
について、技能実習法施行規則は、必須業務、関連業務、周辺業務に従
事させる時間のうち10分の1以上を安全衛生に係る業務に充てること
とされている。そのため、技能実習生に対しても、また技能等を習得中
の技能実習生であるからこそ、十分な安全衛生教育を行う必要がある。

■9　健康診断

　使用者は、労働者に対して、医師による定期健康診断を行う必要があ
る（安衛法66条、安衛則44条）[16]。

12　罰則の適用もある（安衛法119条・120条）。
13　違反した場合には罰則の定めがある（安衛法119条・120条）。
14　違反した場合には罰則の定めがある（安衛法120条1号）。
15　前掲注5、労務行政研究所552頁
16　違反した場合には罰則の定めがある（安衛法120条1号）。

第**3**章　外国人材と労働関係法令・社会保険関係法令

　また、安衛則13条1項3号に規定する業務に常時従事する労働者については、その業務への配置換えの際及び6ヶ月ごとに定期健康診断が義務づけられる（安衛法66条2項、安衛法45条1項）。

　対象となるのは、次の業務である。

〈安衛則〉

第13条　〔中略〕

　三　常時千人以上の労働者を使用する事業場又は次に掲げる業務に常時五百人以上の労働者を従事させる事業場にあつては、その事業場に専属の者を選任すること。

　　イ　多量の高熱物体を取り扱う業務及び著しく暑熱な場所における業務

　　ロ　多量の低温物体を取り扱う業務及び著しく寒冷な場所における業務

　　ハ　ラジウム放射線、エックス線その他の有害放射線にさらされる業務

　　ニ　土石、獣毛等のじんあい又は粉末を著しく飛散する場所における業務

　　ホ　異常気圧下における業務

　　ヘ　さく岩機、鋲打機等の使用によつて、身体に著しい振動を与える業務

　　ト　重量物の取扱い等重激な業務

　　チ　ボイラー製造等強烈な騒音を発する場所における業務

　　リ　坑内における業務

　　ヌ　深夜業を含む業務[17]

　　ル　水銀、砒素、黄りん、弗化水素酸、塩酸、硝酸、硫酸、青酸、か性アルカリ、石炭酸その他これらに準ずる有害物を取り扱う業務

　　ヲ　鉛、水銀、クロム、砒素、黄りん、弗化水素、塩素、塩酸、硝酸、亜硫酸、硫酸、一酸化炭素、二硫化炭素、青酸、ベンゼン、アニリンその他これらに準ずる有害物のガス、蒸気又は粉じんを発散する場所における業務

　　ワ　病原体によつて汚染のおそれが著しい業務

　　カ　その他厚生労働大臣が定める業務

　同様に、有害業務に従事する労働者については、雇入れ時、その業務に配置転換した際、及び6ヶ月以内ごとに健康診断が義務づけられる（安衛法66条3項）。

　外国人材が該当する業務を行っている場合には、1年に1度の健康診断以外に健康診断が必要となる場合がある点につき、注意を要する。

17　深夜業を含む業務とは、業務の常態として深夜業を1週1回以上又は1ヶ月に4回以上おこなう業務をいう（昭和23年10月1日　基発1456号）。

254

■ 10　セクシャルハラスメント等

　使用者は、職場において行われる、性的な言動に対するその雇用する労働者の対応により当該労働者がその労働条件につき不利益を受け、又は当該性的な言動により当該労働者の就業環境が害されることのないよう、当該労働者からの相談に応じ、適切に対応するために必要な体制の整備その他の雇用管理上必要な措置を講じる必要がある（男女雇用機会均等法11条）。

　特に技能実習生は職場を変更する自由がなく、弱い立場に置かれやすい。使用者は、職場でセクシャルハラスメント等が生じないよう、体制の整備等を行う必要がある。

■ 11　各種保険

　外国人材についても、健康保険、厚生年金保険については国内人材と同様に適用がある。外国人材特有の論点としては、外国人材の出身国につき、社会保障協定を締結しているかという点がある。

⑴　社会保険について条約が締結された国であるか

　外国人材については、社会保険について、ⅰ出身国と勤務する国とで社会保障について二重加入となる問題（以下「二重加入問題」という。）、及び、ⅱ年金受給資格としての一定期間の制度への加入という要件を満たすことが困難となるという問題（以下「年金受給資格問題」という。）がある。

　この2つの問題に対応するため、日本では、社会保障協定を締結し、特定の二国間で、二重加入問題については、適用される社会保障制度が一つとなるよう適用の調整を行い、年金受給資格問題については、加入期間の通算を行うという手当をしている。そのため、外国人材の出身国が、この社会保障協定の締結国であるか否かについて確認し、社会保障協定締結国である場合、外国人材が出身国で社会保障に加入していれば、日本の社会保険への加入の必要がない場合がある。

　現在日本が社会保障協定を加入している国は、次のとおりである。今

第3章 外国人材と労働関係法令・社会保険関係法令

後増加することが見込まれる、東南アジアの国々では、フィリピンのみが社会保障協定の締結国であり、ベトナム等の国とは、協定の締結ができていないのが現状である。

図表3-5

相手方国	協定発効	期間通算	二重防止の対象となる社会保障制度	
ドイツ	○	○	公的年金制度	公的年金制度
イギリス	○	×	公的年金制度	公的年金制度
韓国	○	×	公的年金制度	公的年金制度
アメリカ	○	○	公的年金制度 公的医療保障制度	社会保障制度（公的年金制度） 公的医療保険制度（メディケア）
ベルギー	○	○	公的年金制度 公的医療保険制度	公的年金制度 公的医療保険制度 公的労災保険制度 公的雇用保険制度
フランス	○	○	公的年金制度 公的医療保険制度	公的年金制度 公的医療保険制度 公的労災保険制度
カナダ	○	○	公的年金制度	公的年金制度[18]
オーストラリア	○	○	公的年金制度	退職年金保障制度
オランダ	○	○	公的年金制度 公的医療保険制度	公的年金制度 公的医療保険制度 雇用保険制度
チェコ	○	○	公的年金制度 公的医療保険制度	公的年金制度 公的医療保険制度 雇用保険制度
スペイン	○	○	公的年金制度	公的年金制度
アイルランド	○	○	公的年金制度	公的年金制度
ブラジル	○	○	公的年金制度	公的年金制度
スイス	○	○	公的年金制度 公的医療保険制度	公的年金制度 公的医療保険制度 雇用保険制度
ハンガリー	○	○	公的年金制度 公的医療保険制度	公的年金制度 公的医療保険制度 雇用保険制度
インド	○	○	公的年金制度	公的年金制度
ルクセンブルク	○	○	公的年金制度 公的医療保険制度	公的年金制度 公的医療保険制度 公的労災保険制度 公的雇用保険制度
フィリピン	○	○	公的年金制度	公的年金制度
中国	令和元年 9月	×	公的年金制度	公的年金制度

18 ケベック州年金制度を除く。

256

相手方国	協定発効	期間通算	二重防止の対象となる社会保障制度	
スロバキア	令和元年7月	○	公的年金制度	公的年金制度 公的労災保険制度 公的雇用保険制度
イタリア	準備中	×	公的年金制度 公的雇用保険制度	公的年金制度 公的雇用保険制度
スウェーデン	準備中	○	公的年金制度	公的年金制度

※2019年7月1日日本年金機構「協定を結んでいる国との協定発効時期及び対象となる社会保障制度」をもとに作成

(2) 厚生年金及び国民年金の加入

　外国人材の厚生年金保険及び国民年金への加入手続は国内人材と同様である。厚生年金保険の場合、被保険者が住民基本台帳法30条の9の規定により地方公共団体情報システム機構より機構保存本人確認情報の提供を受けることができない場合、ローマ字氏名届（様式第7号の2）を添えて手続を行う必要がある（厚生年金保険法施行規則15条3項）。

(3) 国民年金

　団体監理型技能実習において、入国後講習期間中は労働契約の発効がされていないため、技能実習生が20歳以上60再未満の場合、厚生年金保険の被保険者となるのではなく、国民年金の被保険者となる（国民年金法7条1項）。

　国民年金には免除制度があるところ、入国後講習期間中の保険料については、免除制度を利用することが考えられる。

■12　労働災害

(1) 労災の発生状況

　JITCOが行った「労働災害アンケート」（2016）の結果[19]によれば、同アンケートで把握した労災は、労働災害で1,844件、通勤災害で122件であった。

　事故の類型別及び業種別労働災害発生率（2016）は次のとおりである。

19　公益社団法人国際研修協力機構編『2018年度版外国人技能実習・研修事業実施状況報告JITCO白書』（国際研修協力機構教材センター、2018年）97頁

第**3**章　外国人材と労働関係法令・社会保険関係法令

業種ごとに発生率が異なることからも、業種ごとの危険を分析し、労働
災害の発生を防止することが重要である。

図表3-6

事故の類型	人数
はさまれ・巻き込まれ	593人
飛来・落下	433人
切れ・こすれ	303人
転落	136人
機械等の物に激突された	74人
墜落・転落	69人
腰痛・筋痛等の動作反動・無理な動作	57人
高温・低温物との接触	47人
人が物に激突した	30人
有害物との接触	26人
交通事故	8人
沈没	3人
爆発	2人
火災	1人
感電	1人
その他	60人
不明	1人
合計	1,844人

※公益社団法人国際研修協力機構編『2018年度版外国人技能実習・研修事業実施状況報告　JITCO白
書』100頁

図表3-7

（単位：人）

業種	被災者数	実習生数	全災害千人率
金属製品製造業	341	9,417	36.2
木材・木製品製造業	47	1,472	31.9
非鉄金属精錬製造業	167	5,996	27.9
一般機械製造業	64	2,864	22.3
建設業	371	21,195	17.5
印刷・製本製造業	27	2,864	14.7
食料品製造業	295	24,193	12.2
輸送用機械器具製造業	127	17,140	7.4
農業	125	17,034	7.3
プラスチック製品製造業	59	8,586	6.9
電気機械製造業	43	7,931	5.4
繊維・繊維製品製造業	82	20,343	4.0
その他	96	18,628	5.2
合計・平均	1,844	156,635	11.8

※公益社団法人国際研修協力機構編『2018年度版外国人技能実習・研修事業実施状況報告　JITCO
白書』101頁「業種別労働災害発生率（2016）」より作成
※全災害千人率は、1年間に技能実習生千人あたりに発生する労働災害による死傷者数を表す。

第5　雇入れ後

(2)　労働災害と法律

労働災害が生じた場合、事業者は死亡を含む4日以上の休業の傷病の場合は安衛則様式23号で、休業が4日未満の場合は安衛則様式24号により、遅滞なく届け出る必要がある。

■ 13　農業・畜産業・漁業の特則

農業（林業を除く）、畜産業及び漁業については、労基法第4章、第6章、及び第6章の2が適用されない（労基法41条、労基法別表第一6号及び7号）。

ここで適用が除外されるのはまず労基法32条（法定労働時間）、40条（労働時間の特例）、34条（休憩時間）、35条（休日）である。また、法定時間外労働及び法定休日労働に対する33条（災害時による臨時の必要がある場合の時間外労働等）、36条（時間外及び休日の労働）、37条（時間外、休日及び深夜の割増賃金）における法定時間外及び法定休日労働の割増賃金に関する部分の適用はないとされる[20]。

他方で、深夜労働についての割増賃金率についての労基法37条3項は適用があるものと解される（管理監督者の場合につき、最判平成21年12月18日判時2087号193頁）。

農業の技能実習については2000年3月農林水産省構造改善局地域振興課「農業分野における技能実習移行に伴う留意事項について」及び2013年3月農林水産省経営局就農・女性課長「農業分野における技能実習生の労働条件の確保について」が出されており、「労働生産性の向上等のために、適切な労働時間管理を行い、他産業並みの労働環境等を目指していくことが必要」との観点から、労働基準法の労働時間、休憩、休日等に関する規定に準拠することが求められている。

20　厚生労働省労働基準局編『平成22年版労働基準法上』（労務行政、2011年）622頁

第**3**章 外国人材と労働関係法令・社会保険関係法令

第6 退職時

■1 在留資格と解雇

　外国人材についても、解雇権乱用の法理（労契法16条）、契約期間中の解雇（同法17条）、雇止めの法理（同法19条）の適用がある。

　就労可能な在留資格が許可されない場合について、使用者が外国人材を解雇できるかについては肯定的に解する見解が多い[21]。

　また、技能実習生や特定技能外国人は、有期雇用契約を締結しているのが一般的である。有期雇用契約における解雇は「やむを得ない事由」（労契法17条1項）がある場合でなければできない点に注意を要する。

■2 脱退一時金

　外国人材が、国民年金又は厚生年金の被保険者資格を失い日本を出国した場合、2年以内に、脱退一時金を請求することができる。外国人雇用管理指針第4では、脱退一時金について、老齢年金の受給資格及び社会保障協定の締結の有無についても考慮した上で、脱退一時金の請求を検討することを教示するよう努めることとされる。脱退一時金の請求書及び請求に関する説明書は、日本年金機構のウェブサイト「脱退一時金に関する手続をおこなうとき」に、英語、中国語、韓国語、ポルトガル語、スペイン語、インドネシア語、タガログ後、タイ語、ベトナム語、ミャンマー語、カンボジア語、ロシア語、ネパール語、及びモンゴル語の資料が掲載されており[22]、かかる資料を用いて外国人材に説明することが望ましいといえる。

21　石嵜信憲編著『労働契約解消の法律実務〔第3版〕』（中央経済社、2018年）767頁、板倉由美＝弘中章＝尾家康介『外国人の雇用に関するトラブル予防Q&A』（労働調査会、2018年）160頁

22　日本年金機構「脱退一時金に関する手続をおこなうとき」(https://www.nenkin.go.jp/service/jukyu/todoke/kyotsu/20150406.html)

第7　その他

第7　その他

■1　人事制度、研修制度と入管法

近年、外国人材を総合職として採用する例が増えてきている。日本の労働慣行として、総合職として採用した場合でも、OJTにより現場での研修をさせる例があると思われる。

新人研修として現場作業を行わせることは、それが研修目的であり、かつ一定期間であれば許容されるものといえる。また、その場合でも、従業員（日本人を含む）の入社後のキャリアステップや各段階における具体的な職務内容と当該研修の内容との関係等に係る資料の提出を求められることがあり、日本人も含めて、そういった現場での研修が行われており、また、新人研修として必要な期間のみになっているかを審査されることになる（平成27年12月付法務省入国管理局「ホテル・旅館等において外国人が就労する場合の在留資格の明確化について」）。

社内の人事制度や研修制度についても、労働関係法令だけではなく、出入国関係法令の観点からも制度上問題がないか、検討すべきである。

■2　外国人材とキャリアパス

外国人材が定着するには、どのようなキャリアパスがあるのかを示すことが重要である。2019年6月総務省「高度外国人材の受入れに関する政策評価書」によれば、外国人材が挙げる日本の就労環境の短所・課題として一番多く指摘されたのはキャリアパスが不明確という点である（同評価書91頁）。在留資格制度を含めて、どのようなキャリアパスがあり得るのかを外国人材に示すことが、望ましいものといえる。

261

第**3**章 外国人材と労働関係法令・社会保険関係法令

第8 今後の課題

　外国人材と労働関係法令の問題は、これまで十分に検討されてこなかった事項が多いように思われ、日本で外国人材が働く機会が増え、実務が形成されていく過程で検討を要する課題も多いと思われる。

　例えば、就業規則の周知義務における実質的周知と言語の問題や、退職時に外国人材に競業避止義務を課すことの可否と範囲（在留資格で就労できる範囲が限定されていることが競業避止義務を課すことの可否と範囲に影響するか）、在留資格の更新が難しくなる業種への配置転換と配置転換拒否の可否（「技術・人文知識・国際業務」の在留資格で、理科系の大学で理科系の科目を学修し、「技術」の分野に該当する者につき、在留期間の大半を「人文知識」の分野に該当する業務に就かせるような場合）、副業の可否と資格外活動等が考えられる。

　外国人材を受け入れる企業は、顧問等の継続的に関与のある弁護士、社会保険労務士、税理士、行政書士等の専門家と、自社の人事・労務制度について、外国人材を雇用するという観点から見て問題点がないか事前に検討し、自社の課題の共有及び課題解決の協同体制を構築することが望ましいといえる。

262

第4章

外国人材の採用を支援する側の法務

第4章　外国人材の採用を支援する側の法務

第1　日本の労働力調整システムと法

　日本における労働力調整に関する基本法は職業安定法であり、その特別法として労働者派遣法等が存在する。

　職業安定法は、公共職業安定機関の行う職業紹介（法6条から28条）、地方公共団体の行う職業紹介（法29条から29条の9）、民間有料職業紹介事業者の行う有料職業紹介事業（法30条から法32条の16）、労働組合等の行う無料職業紹介事業（法33条）、学校・特別の法人が行う無料職業紹介事業（法33条の2から33条の3）、労働者の募集（法36条から43条）、労働者供給事業（法44条から47条）、労働者派遣事業（47条の2）を規定する。

　労働者派遣については、特別法である労働者派遣法が定める。

　その他に、一定の職業についても特別法があり、船員についての船員職業安定法、建設業についての建設労働者の雇用の改善等に関する法律（建設労働法）、港湾労働者についての港湾労働法が定められている。

　また、技能実習制度[1]においては、監理団体が行う実習監理につき、団体監理型技能実習における実習実施者及び技能実習生との間における雇用関係の成立のあっせんを行うことも「実習監理」に含むと定義付け（技能実習法2条9項）、実習監理を業として行う者につき、監理許可を得ることとしている（同法2条10項、23条）。そのため、許可を受けた監理団体は、団体監理型技能実習の実習実施者と技能実習生の間における雇用関係の成立のあっせんを行うことになるが、この技能実習職業紹介事業[2]について、監理団体は職業安定法の許可又は届出を経ることなく、行うことができる等の特例が設けられている[3]（技能実習法27条1項、2項）。

1　職安法の特例があるため労働力調整システムとの関係を論じるものであるが、技能実習制度が労働力の需給の調整の手段として用いられるものではないのは（技能実習法3条2項）、前述のとおりである。

2　監理団体の実習監理を受ける団体監理型実習実施者等のみを求人者とし、当該監理団体の実習監理に係る団体監理型技能実習生等のみを求職者とし、求人及び求職の申込みを受け、求人者と求職者との間における技能実習に係る雇用関係の成立をあっせんすることを業として行うものをいう（技能実習法27条1項括弧書）。

3　なお、船員職業安定法の特例はないため、船員職業安定法の許可は別途必要となる（山脇康嗣『技能実習法の実務』（日本加除出版、2017年）36頁）。

264

第2 外国人材と労働力調整システム

　外国人材も、有料職業紹介事業、無料職業紹介事業、労働者派遣事業等の対象となり得る。そこで、外国人材との関係で検討を要する労働力調整システムについて整理したい。

1　各労働力調整システムの構造

(1)　職業紹介

　「職業紹介」とは、求人及び求職の申込みを受け、求人者と求職者との間における雇用関係の成立のあっせんを行うことを言う（職安法4条1項）。この職業紹介に際し、いかなる名義でも手数料又は報酬を得ないで行う職業紹介を「無料の職業紹介」といい（職安法4条2項）、それ以外を「有料の職業紹介」（職安法4条3項）という。

　職業紹介における求人者、求職者、職業紹介事業者（職安法4条9項）との関係を図にすると、次のとおりとなる。

図表4-1

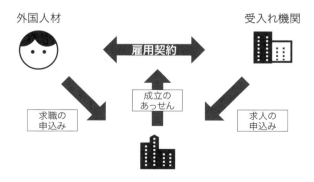

(2)　労働者派遣

　「労働者派遣」とは、自己の雇用する労働者を、当該雇用関係の下に、かつ、他人の指揮命令を受けて、当該他人のために従事させることをい

う（労働者派遣法2条1号）。そして、労働者派遣における派遣される労働者を「派遣労働者」といい（労働者派遣法2条2号）、労働者派遣を業として行うことを「労働者派遣事業」という。

また、一般に労働者派遣事業を行う者のことを「派遣元」と呼称し、派遣労働者を受け入れる者のことを「派遣先」と呼称する（労働者派遣法2条4号参照）。

労働者派遣における派遣労働者、派遣元、派遣先の関係を図にすると次のとおりである。

図表4-2

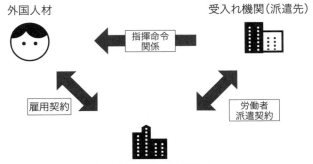

2 外国人材と労働力調整システム

外国人材も職業紹介や労働者派遣の対象となるものである。しかし、在留資格や技能実習制度、特定技能制度との関係で対象とならない場合がある。

有料職業紹介については、高度外国人材や特定技能外国人等が対象となる。他方で、団体監理型技能実習における実習実施者と技能実習生との間における雇用関係の成立のあっせんは実習監理（技能実習法2条9項）に含まれるため、有料職業紹介の許可では取り扱うことができない。

労働者派遣については、高度外国人材（実際に働く機関が指定される在留資格など一部は対象とならない）や特定技能外国人で農業分野、漁

業分野の外国人材等が該当する。

■3　各労働力調整システムと外国人材における注意点

(1)　職業紹介

ア　対象となる職種

　有料職業紹介では、港湾運送の業務、建設業務についての職業紹介を行うことができない（職安法32条の11）。そのため、建設分野の特定技能外国人を一般の有料職業紹介事業者が有料職業紹介の対象とすることはできないため、注意が必要である。なお、無料職業紹介については、かかる制限は適用されない（職安法33条4項、同法33条の3第2項参照）。

イ　国外にわたる職業紹介

　国外にわたる職業紹介とは、国外に所在する求人者と国内に所在する求職者との間、又は、国外に所在する求職者と国内に所在する求人者との間における雇用契約の成立のあっせんを行うことをいう（職業紹介運用要領2頁）。例えば、特定技能外国人を海外の送出機関（取次機関）を通じて日本国内の事業者に紹介する場合は、国外にわたる紹介事業に該当する。

　この国外にわたる職業紹介を行う場合、行為の一部は日本国外で行われるものであるが、職安法の規制の対象となる（職業紹介運用要領2頁）。

　国外にわたる職業紹介を行う場合は、許可時点であれば、許可の申請書に添付する書類として「相手先国に関する書類」、及び、取次機関を利用するときは、「取次機関に関する書類」を提出する必要がある（職安法30条4項、職安法規則18条3項1号ル、ヲ）。無料職業紹介の許可・届出の場合も同様である（職安法33条4項、職安法33条の3、職安法30条4項、職安法規則18条3項1号ル、ヲ）。

　また、許可・届出後に国外にわたる職業紹介を新たに行うようになった場合については届出が必要である（職安法32条の12、同法33条4項、同法33条の3第2項）。

　添付する書類は次のとおりである。

〔相手先国に関する書類〕

① 相手先国の関係法令

② 相手先国において、国外にわたる職業紹介について事業者の活動が認められていることを証明する書類及び当該書類が外国語で記載されている場合にあっては、その日本語訳（取次機関を利用しない場合に限る。）

〔取扱機関に関する書類〕

① 取次機関及び事業者の業務分担について記載した契約書その他事業の運営に関する書類

② 相手先国において、当該取次機関の活動が認められていることを証明する書類及びその日本語訳（相手先国で許可を受けている場合にあっては、その許可証の写し）

　例えば、ベトナムで送出機関を取次機関として特定技能外国人を日本国内の企業に紹介する場合には、契約に基づくベトナム人労働者の海外派遣法（72/2006/QH 11）及びその日本語訳、同法に基づく許可を受けた送出機関との契約書等、並びに、同法に基づく送出機関の許可証及びその日本語訳が必要になると解される[4]。

(2)　労働者派遣

ア　対象となる職種

　労働者派遣法は、港湾運送業務、建設業務、警備業務、その他派遣労働者に従事させることが適当でないと認められる業務として政令で定める業務についての労働者派遣事業を禁止する（労働者派遣法4条1項各号）。

　制令で定める業務は、医療機関等における医療関係の業務である（労働者派遣法施行令2条）。ホームヘルパー等介護の業務については労働者派遣を行うことが可能である（労働者派遣運用要領29頁）。

イ　偽装請負

　実態は労働者派遣でありながら、請負の形式をとって業務が行われる

---

[4]　なお、2019年7月23日在ベトナム大使館「ベトナムとの特定技能MOCの概要」に、特定技能制度において契約に基づくベトナム人労働者の海外派遣法（72/2006/QH 11）の適用があることが記載されている。

第2 外国人材と労働力調整システム

場合があり、労働者派遣と請負の区別の基準が問題となる。かかる基準として「労働者派遣事業と請負により行われる事業との区分に関する基準」（昭和61年労働省告示第37号）がある。請負といえるためには、次の基準に該当する必要があるとする（同告示2条）。また、かかる基準に該当する場合でも、偽装する目的で行われた場合は、労働者派遣を行っているものと判断される（同告示3条）。

労働者派遣を許可なく行うことが無いよう注意が必要である。

〈労働者派遣事業と請負により行われる事業との区分に関する基準〉

第2条 請負の形式による契約により行う業務に自己の雇用する労働者を従事させることを業として行う事業主であつても、当該事業主が当該業務の処理に関し次の各号のいずれにも該当する場合を除き、労働者派遣事業を行う事業主とする。

一 次のイ、ロ及びハのいずれにも該当することにより自己の雇用する労働者の労働力を自ら直接利用するものであること。

イ 次のいずれにも該当することにより業務の遂行に関する指示その他の管理を自ら行うものであること。

(1) 労働者に対する業務の遂行方法に関する指示その他の管理を自ら行うこと。

(2) 労働者の業務の遂行に関する評価等に係る指示その他の管理を自ら行うこと。

ロ 次のいずれにも該当することにより労働時間等に関する指示その他の管理を自ら行うものであること。

(1) 労働者の始業及び終業の時刻、休憩時間、休日、休暇等に関する指示その他の管理（これらの単なる把握を除く。）を自ら行うこと。

(2) 労働者の労働時間を延長する場合又は労働者を休日に労働させる場合における指示その他の管理（これらの場合における労働時間等の単なる把握を除く。）を自ら行うこと。

ハ 次のいずれにも該当することにより企業における秩序の維持、確保等のための指示その他の管理を自ら行うものであること。

(1) 労働者の服務上の規律に関する事項についての指示その他の管理を自ら行うこと。

(2) 労働者の配置等の決定及び変更を自ら行うこと。

二 次のイ、ロ及びハのいずれにも該当することにより請負契約により請け負つた業務を自己の業務として当該契約の相手方から独立して処理するも

269

のであること。

イ　業務の処理に要する資金につき、すべて自らの責任の下に調達し、か
つ、支弁すること。

ロ　業務の処理について、民法、商法その他の法律に規定された事業主と
してのすべての責任を負うこと。

ハ　次のいずれかに該当するものであつて、単に肉体的な労働力を提供す
るものでないこと。

(1)　自己の責任と負担で準備し、調達する機械、設備若しくは器材（業
務上必要な簡易な工具を除く。）又は材料若しくは資材により、業務
を処理すること。

(2)　自ら行う企画又は自己の有する専門的な技術若しくは経験に基づい
て、業務を処理すること。

第3 監理団体

団体監理型技能実習に必要不可欠な存在として監理団体が存在する。

■1 監理団体の許可

技能実習制度において監理事業（技能実習法2条10項）を行おうとする者は、法務大臣の監理許可を受ける必要がある（同法23条1項）。許可における事業の区分として一般監理業及び特定監理業がある。特定監理業は第一号・第二号団体監理型技能実習の実習監理を行うものであり、一般監理業は第三号団体監理型技能実習までの監理事業を行うものである。

許可の申請は法25条の許可基準を満たすことを証明する資料を添えて、外国人技能実習機構に対して申請を行う（同法23条3項、同法施行規則27条、法24条）。

■2 許可の基準

監理団体の許可の基準は、技能実習法25条1項、技能実習法施行規則29条、同規則30条で定められている。

技能実習法25条1項で定める基準は、次のとおりである。

① 法人の形態（法25条1項1号）
② 監査等監理事業を適正に行うに足りる能力を有すること（法25条1項2号）
③ 財産的基礎（法25条1項3号）
④ 個人情報管理体制（法25条1項4号）
⑤ 外部役員等の体制（法25条1項5号）
⑥ 外国の送出機関との契約内容等[5]（法25条1項6号）
⑦ 優良な監理団体（法25条1項7号）

---

[5] なお、ベトナムの場合、監理団体が契約することができる送出機関の数に制限がある（1123/LDTBXH–QLLDNN）。

第4章　外国人材の採用を支援する側の法務

⑧　監理事業を適正に遂行できる能力（法25条1項8号）

　また、技能実習法は、監理団体の許可の欠格事由として技能実習法26条に該当する場合に許可を受けられないと規定しているため、欠格事由に該当しないことも、併せて必要となる。

⑴　法人の形態（法25条1項1号）

　監理業の許可を得られるのは、営利を目的としない法人であって、次のものに限られる（技能実習法施行規則29条1項）。外国人技能実習機構が公表している監理団体一覧（一般監理事業）（2019年10月8日）には1,277団体が、同様に監理団体一覧（特定監理事業）（2019年10月8日）には1,421団体が掲載されているが、大多数が3号の中小企業団体のうち、事業協同組合である。

〈技能実習法施行規則〉

第29条　〔中略〕

一　商工会議所（その実習監理を受ける団体監理型実習実施者が当該商工会議所の会員である場合に限る。）

二　商工会（その実習監理を受ける団体監理型実習実施者が当該商工会の会員である場合に限る。）

三　中小企業団体（中小企業団体の組織に関する法律（昭和三十二年法律第百八十五号）第三条第一項に規定する中小企業団体をいう。）（その実習監理を受ける団体監理型実習実施者が当該中小企業団体の組合員又は会員である場合に限る。）

四　職業訓練法人

五　農業協同組合（その実習監理を受ける団体監理型実習実施者が当該農業協同組合の組合員であって農業を営む場合に限る。）

六　漁業協同組合（その実習監理を受ける団体監理型実習実施者が当該漁業協同組合の組合員であって漁業を営む場合に限る。）

七　公益社団法人

八　公益財団法人

九　前各号に掲げる法人以外の法人であって、監理事業を行うことについて特別の理由があり、かつ、重要事項の決定及び業務の監査を行う適切な機関を置いているもの

第3　監理団体

⑵　監査等監理事業を適正に行うに足りる能力を有すること（法25条1項2号）

監理団体は、団体監理型技能実習の実施状況の監査その他の業務の実施に関し主務省令で定める基準に従い、その業務を実施しなければならない（技能実習法39条3項）。

そして、許可の基準として、係る主務省令で定める基準に従って適正に行うに足りる能力を有するものであることが要求される（技能実習法25条1項2号）。

ア　監査に関するもの

----〈技能実習法施行規則〉----

第52条　法第三十九条第三項の主務省令で定める基準は、次のとおりとする。

一　団体監理型実習実施者が認定計画に従って団体監理型技能実習を行わせているか、出入国又は労働に関する法令に違反していないかどうかその他の団体監理型技能実習の適正な実施及び団体監理型技能実習生の保護に関する事項について、監理責任者の指揮の下に、次に掲げる方法（法務大臣及び厚生労働大臣が告示で定める特定の職種及び作業に係るものである場合にあっては、当該特定の職種及び作業に係る事業所管大臣が、法務大臣及び厚生労働大臣と協議の上、当該職種及び作業に特有の事情に鑑みて告示で定める方法、その他団体監理型技能実習生が従事する業務の性質上次に掲げる方法のうちにその方法によることが著しく困難なものがある場合にあっては、当該方法については、これに代えて他の適切な方法[6]）により、団体監理型実習実施者に対し三月に一回以上の頻度で監査を適切に行うこと。

イ　団体監理型技能実習の実施状況について実地による確認を行うこと。

ロ　技能実習責任者及び技能実習指導員から報告を受けること。

ハ　団体監理型実習実施者が団体監理型技能実習を行わせている団体監理型技能実習生の四分の一以上（当該団体監理型技能実習生が二人以上四

6　漁船漁業職種・作業については、次の方法によって実施することが求められる（漁船漁業職種及び養殖業職種に属する作業について外国人の技能実習の適正な実施及び技能実習生の保護に関する法律施行規則に規定する特定の職種及び作業に特有の事情に鑑みて事業所管大臣が定める基準等（平成29年農林水産省告示第937号）5条。

①　技能実習指導員から、毎日（団体監理型技能実習が船上において実施されない日を除く。）一回以上、各漁船における団体監理型技能実習の実施状況について無線その他の通信手段を用いて報告を受けること。

②　団体監理型技能実習生から、毎月（団体監理型技能実習が船上において実施されない月を除く。）一回以上、団体監理型技能実習の実施状況に係る文書の提出を受けること。

273

第4章 外国人材の採用を支援する側の法務

人以下の場合にあっては二人以上）と面談すること。

ニ　団体監理型実習実施者の事業所においてその設備を確認し、及び帳簿
書類その他の物件を閲覧すること。

ホ　団体監理型実習実施者が団体監理型技能実習を行わせている団体監理
型技能実習生の宿泊施設その他の生活環境を確認すること。

　　監査は、監理責任者の指揮の下に、3ヶ月に1回以上の頻度で、実地
により確認を行い、また、技能実習責任者及び技能実習指導員から報告
を受け、団体監理型技能実習生の4分の1以上と面談し、実習実施者の
設備を確認し、帳簿書類その他の物件を閲覧し、宿泊施設その他生活環
境を確認する必要がある。

　　技能実習責任者及び技能実習指導員から報告を受ける必要があるた
め、その片方では要件を満たさないことになる。

　　また、実習実施者の設備を確認する際には、設備等が安衛法上（安衛
法43条、安衛則25条等）の基準を満たしているかについても確認する
必要がある。

イ　臨時監査に関するもの

〈技能実習法施行規則〉

第52条〔中略〕

　　二　団体監理型実習実施者が法第十六条第一項各号のいずれかに該当する疑
いがあると認めたときは、監理責任者の指揮の下に、直ちに、前号に規定
する監査を適切に行うこと。

　　技能実習法16条1項が定める技能実習計画の認定についての取消事
由が発生した場合、直ちに、監理責任者の指揮の下臨時監査を行うこと
を定めている。法16条1項が定める取消事由は次のとおりである。

〈技能実習法〉

第16条〔中略〕

　　一　実習実施者が認定計画に従って技能実習を行わせていないと認めるとき。

　　二　認定計画が第九条各号のいずれかに適合しなくなったと認めるとき。

274

第3　監理団体

三　実習実施者が第十条各号のいずれかに該当することとなったとき。

四　第十三条第一項の規定による報告若しくは帳簿書類の提出若しくは提示を
せず、若しくは虚偽の報告若しくは虚偽の帳簿書類の提出若しくは提示をし、
又は同項の規定による質問に対して答弁をせず、若しくは虚偽の答弁をし、
若しくは同項の規定による検査を拒み、妨げ、若しくは忌避したとき。

五　第十四条第一項の規定により機構が行う報告若しくは帳簿書類の提出若
しくは提示の求めに虚偽の報告若しくは虚偽の帳簿書類の提出若しくは提
示をし、又は同項の規定により機構の職員が行う質問に対して虚偽の答弁
をしたとき。

六　前条第一項の規定による命令に違反したとき。

七　出入国又は労働に関する法令に関し不正又は著しく不当な行為をしたとき。

ウ　訪問指導に関するもの

┌╴〈技能実習法施行規則〉╴

第52条　〔中略〕

三　第一号団体監理型技能実習にあっては、監理責任者の指揮の下に、一月
に一回以上の頻度で、団体監理型実習実施者が認定計画に従って団体監理
型技能実習を行わせているかについて実地による確認（団体監理型技能実
習生が従事する業務の性質上当該方法によることが著しく困難な場合に
あっては、他の適切な方法による確認）を行うとともに、団体監理型実習
実施者に対し必要な指導を行うこと

　第一号団体監理型技能実習については、1ヶ月に1度の頻度で、監理
責任者の指揮の下、実習実施者が技能実習計画に従って技能実習を行わ
せているか、実地により確認を行い、必要な指導を行うことが定められ
ている。

エ　勧誘等に関するもの

┌╴〈技能実習法施行規則〉╴

第52条　〔中略〕

四　技能実習を労働力の需給の調整の手段と誤認させるような方法で、団体
監理型実習実施者等の勧誘又は監理事業の紹介をしないこと。

275

技能実習法3条2項では基本理念として「技能実習は、労働力の需給の調整の手段として行われてはならない。」と定められている。かかる基本理念に反し、技能実習を労働力の需給の調整の手段として誤認させるような方法での勧誘や紹介を行わないことを定めるものである。

例えば「技能実習生の受入れが人手不足対策になる」といった広告は不適切な勧誘や紹介である（技能実習運用要領175頁）。

オ　外国の送出機関に関するもの

〈技能実習法施行規則〉

第52条　〔中略〕

　五　外国の送出機関との間で団体監理型技能実習の申込みの取次ぎに係る契約を締結するときは、当該外国の送出機関が、団体監理型技能実習生等の本邦への送出に関連して、団体監理型技能実習生等又はその配偶者、直系若しくは同居の親族その他団体監理型技能実習生等と社会生活において密接な関係を有する者の金銭その他の財産を管理せず、かつ、団体監理型技能実習に係る契約の不履行について違約金を定める契約その他の不当に金銭その他の財産の移転を予定する契約をしないことを確認し、その旨を契約書に記載すること。

　六　団体監理型技能実習の申込みの取次ぎを受ける場合にあっては、当該取次ぎが外国の送出機関からのものであること。

送出機関については、技能実習法23条2項6号に基づき、同法施行規則25条で要件が定められている。法は、監理団体が取次をうける場合、この要件を充足する送出機関からの取次のみを認め、その上で、送出機関が保証金、違約金の徴収を行うような契約を締結しないことを確認し、その旨を送出機関と監理団体との間の契約に記載することを定める。

なお、送出機関の要件は、次のとおりである。

〈技能実習法施行規則〉

第25条　法第二十三条第二項第六号（法第三十一条第五項及び第三十二条第二項において準用する場合を含む。）の主務省令で定める要件は、次のとおりとする。

　一　団体監理型技能実習生の本邦への送出に関する事業を行う事業所が所在する国又は地域の公的機関から団体監理型技能実習の申込みを適切に本邦

の監理団体に取り次ぐことができるものとして推薦を受けていること。

二　制度の趣旨を理解して技能実習を行おうとする者のみを適切に選定し、本邦への送出を行うこととしていること。

三　団体監理型技能実習生等から徴収する手数料その他の費用について算出基準を明確に定めて公表するとともに、当該費用について団体監理型技能実習生等に対して明示し、十分に理解させることとしていること。

四　団体監理型技能実習を修了して帰国した者が修得等をした技能等を適切に活用できるよう、就職先のあっせんその他の必要な支援を行うこととしていること。

五　団体監理型技能実習を修了して帰国した者による技能等の移転の状況等について法務大臣及び厚生労働大臣又は機構が行う調査に協力することとしていることその他法務大臣及び厚生労働大臣又は機構からの技能実習の適正な実施及び技能実習生の保護に関する要請に応じることとしていること。

六　当該機関又はその役員が禁錮以上の刑（これに相当する外国の法令による刑を含む。）に処せられ、その刑の執行を終わり、又はその刑の執行を受けることがなくなった日から五年を経過しない者でないこと。

七　第一号に規定する国又は地域の法令に従って事業を行うこととしていること。

八　当該機関又はその役員が、過去五年以内に、次に掲げる行為をしていないこと。

　イ　技能実習に関連して、保証金の徴収その他名目のいかんを問わず、技能実習生等又はその配偶者、直系若しくは同居の親族その他技能実習生等と社会生活において密接な関係を有する者の金銭その他の財産を管理する行為

　ロ　技能実習に係る契約の不履行について違約金を定める契約その他の不当に金銭その他の財産の移転を予定する契約をする行為

　ハ　技能実習生等に対する暴行、脅迫、自由の制限その他人権を侵害する行為

　ニ　技能実習を行わせようとする者に不正に法第八条第一項若しくは第十一条第一項の認定を受けさせる目的、監理事業を行おうとする者に不正に法第二十三条第一項若しくは第三十二条第一項の許可若しくは法第三十一条第二項の更新を受けさせる目的、出入国若しくは労働に関する法令の規定に違反する事実を隠蔽する目的又はその事業活動に関し外国人に不正に入管法第三章第一節若しくは第二節の規定による証明書の交付、上陸許可の証印若しくは許可、同章第四節の規定による上陸の許可若しくは入管法第四章第一節若しくは第二節若しくは第五章第三節の規定による許可を受けさせる目的で、偽造若しくは変造された文書若しくは図画又は虚偽の文書若しくは図画を行使し、又は提供する行為

第**4**章　外国人材の採用を支援する側の法務

　　九　団体監理型技能実習の申込みの取次ぎを行うに当たり、団体監理型技能
　　　実習生等又はその配偶者、直系若しくは同居の親族その他団体監理型技能
　　　実習生等と社会生活において密接な関係を有する者が、団体監理型技能実
　　　習に関連して、保証金の徴収その他名目のいかんを問わず金銭その他の財
　　　産を管理されていないこと及び団体監理型技能実習に係る契約の不履行に
　　　ついて違約金を定める契約その他の不当に金銭その他の財産の移転を予定
　　　する契約をしていないことについて、団体監理型技能実習生になろうとす
　　　る者から確認することとしていること。
　　十　前各号に掲げるもののほか、団体監理型技能実習の申込みを適切に本邦
　　　の監理団体に取り次ぐために必要な能力を有するものであること。

カ　入国後講習に関するもの

┌〈技能実習法施行規則〉────────────────────────────
│
│**第52条**　〔中略〕
│　　七　第一号団体監理型技能実習にあっては、認定計画に従って入国後講習を
│　　　実施し、かつ、入国後講習の期間中は、団体監理型技能実習生を業務に従
│　　　事させないこと。
└──────────────────────────────────────

　第一号団体監理型技能実習生は、原則として、入国後1ヶ月間、入国
後講習を受講することになる（技能実習法施行規則10条2項7号）。

　監理団体は、入国後講習の実施者として、入国後講習を実施する施設
を確保し、入国後講習を実施する必要がある。

　この入国後講習期間中、団体監理型技能実習生を業務に従事させては
ならず、監理団体は、業務に従事することがないように監理を行う必要
がある。

　なお、監理団体は、入国後講習の企画立案は自ら行うことを要するが、
入国後講習を適切な者に委託して実施することが可能である（技能実習
法施行規則10条2項7号）。

キ　技能実習計画の作成指導に関するもの

┌〈技能実習法施行規則〉────────────────────────────
│
│**第52条**　〔中略〕
│　　八　法第八条第四項（法第十一条第二項において準用する場合を含む。）に規
└──────────────────────────────────────

278

定する指導に当たっては、団体監理型技能実習を行わせる事業所及び団体監理型技能実習生の宿泊施設（法第十一条第二項において準用する場合にあっては、これらのうち変更しようとする事項に係るものに限る。）を実地に確認するほか、次に掲げる観点から指導を行うこと。この場合において、ロに掲げる観点からの指導については、修得等をさせようとする技能等について一定の経験又は知識を有する役員又は職員にこれを担当させること。

イ　技能実習計画を法第九条各号に掲げる基準及び出入国又は労働に関する法令に適合するものとする観点
ロ　適切かつ効果的に技能等の修得等をさせる観点
ハ　技能実習を行わせる環境を適切に整備する観点

　監理団体は、実習実施者に対する技能実習計画の作成指導（技能実習法8条4項）にあたって、実習実施者の事業所及び宿泊施設を実地で確認し、技能実習計画の認定基準及び出入国、労働に関する法令に適合するかという観点、適切かつ効果的に技能等を習得等させる観点、技能実習を行わせる環境を適切に整備する観点から指導を行う必要がある。

　このうち、「適切かつ効果的に技能等の習得等をさせる観点」からの指導については、監理団体の役職員（常勤・非常勤は問わない）のうち、一定の経験又は知識を有すると認められる者として、「取扱職種について5年以上の実務経験を有する者」か「取扱職種に係る技能実習計画作成の指導歴を有する者」である技能実習計画作成指導者により行わせる必要がある（技能実習運用要領178頁）。

　5年以上の実務経験については、移行対象職種・作業の作業単位で一致する必要はなく、職種単位で一致する経験があれば、認められる。

ク　帰国費用の負担に関するもの

〈技能実習法施行規則〉

第52条　〔中略〕

　九　その実習監理に係る団体監理型技能実習生の団体監理型技能実習の終了後の帰国（第二号団体監理型技能実習の終了後に行う第三号団体監理型技能実習の開始前の一時帰国を含む。）に要する旅費（第三号団体監理型技能実習に係るものであって、第二号団体監理型技能実習生が第二号団体監理型技能実習を行っている間に法第八条第一項の認定の申請がされた場合にあっては、第三号

第4章 外国人材の採用を支援する側の法務

> 団体監理型技能実習の開始前の本邦への渡航に要する旅費及び第三号団体監理
> 型技能実習の終了後の帰国に要する旅費）を負担するとともに、団体監理型技
> 能実習の終了後の帰国が円滑になされるよう必要な措置を講ずること

　技能実習法施行規則12条1項6号部分で記載したとおり、団体監理
型技能実習の終了後の帰国旅費は、監理団体が負担する。そのため、監
理団体には、帰国旅費の負担を行うとともに、帰国が円滑に行われるよ
うに必要な措置を講ずることが定められている。

ケ　人権侵害行為、偽変造文書等の行使等に関するもの

〈技能実習法施行規則〉

第52条　〔中略〕

　十　その実習監理に係る団体監理型技能実習生の人権を著しく侵害する行為
　　　を行わないこと。

　十一　技能実習を行わせようとする者に不正に法第八条第一項若しくは第
　　　十一条第一項の認定を受けさせる目的、不正に法第二十三条第一項若しく
　　　は第三十二条第一項の許可若しくは法第三十一条第二項の更新を受ける目
　　　的、出入国若しくは労働に関する法令の規定に違反する事実を隠蔽する目
　　　的又はその事業活動に関し外国人に不正に入管法第三章第一節若しくは第
　　　二節の規定による証明書の交付、上陸許可の証印若しくは許可、同章第四
　　　節の規定による上陸の許可若しくは入管法第四章第一節若しくは第二節若
　　　しくは第五章第三節の規定による許可を受けさせる目的で、偽造若しくは
　　　変造された文書若しくは図画又は虚偽の文書若しくは図画を行使し、又は
　　　提供する行為を行わないこと。

　監理団体には、団体監理型技能実習生の人権を著しく侵害する行為を
行わないことが求められる。「人権を著しく侵害する行為」の例としては、
監理団体が技能実習生の意思に反して預金通帳を取り上げていた場合等
が想定される（技能実習運用要領180頁）。

　「不正な目的で偽変造文書等の行使等」として該当する例は、実習実
施者において法令違反が行われていることを認識しつつ技能実習が適正
に実施されているように記載した監査報告書を外国人技能実習機構に提
出する場合が該当するとされる（技能実習運用要領180頁）。

コ　二重契約の禁止に関するもの

〈技能実習法施行規則〉

第52条〔中略〕
　十二　団体監理型技能実習生との間で認定計画と反する内容の取決めをしないこと。

　監理団体が、認定を受けた技能実習計画に反するような契約を、団体監理型技能実習生と締結することは認められない。代表例として、入国後講習の講習手当について、技能実習計画の認定の際に提出した書類に記載された講習手当より低い金額の講習手当を支払うことを約することが指摘されている（技能実習運用要領180頁）。

サ　法令違反時の報告に関するもの

〈技能実習法施行規則〉

第52条〔中略〕
　十三　法第三十七条第一項各号のいずれかに該当するに至ったときは、直ちに、機構に当該事実を報告すること。

　監理団体は、技能実習法37条1項各号で定める次の事項に該当する場合、直ちに外国人技能実習機構に報告する必要がある。
①　許可の基準を定める第二十五条第一項各号のいずれかに適合しなくなったと認めるとき。
②　許可の欠格事由を定める第二十六条各号（第二号、第三号並びに第五号ハ及びニを除く。）のいずれかに該当することとなったとき。
③　第三十条第一項の規定により付された監理許可の条件に違反したとき。
④　この法律の規定若しくは出入国若しくは労働に関する法律の規定であって政令で定めるもの又はこれらの規定に基づく命令若しくは処分に違反したとき。
⑤　出入国又は労働に関する法令に関し不正又は著しく不当な行為をしたとき。

第4章 外国人材の採用を支援する側の法務

シ 相談体制の整備等に関するもの

〈技能実習法施行規則〉

第52条 〔中略〕

十四 その実習監理に係る団体監理型技能実習生からの相談に適切に応じるとともに、団体監理型実習実施者及び団体監理型技能実習生への助言、指導その他の必要な措置を講ずること。

監理団体は、技能実習生が技能実習生を保護、支援できるようにするため、受け入れている技能実習生の出身国又は出身地域に応じた相談応需体制を構築し、実習実施者のみでは困難な母国語での相談を可能とする必要がある（技能実習運用要領181頁）。

この場合の通訳については、常勤であることまで求められておらず、非常勤の職員が従事することや、通訳業務自体を外部委託することも可能とされる（技能実習運用要領181頁）。

また、技能実習生が相談したい場合に、いつ誰に相談をしたら相談をうけられるかがわかるよう、入国後講習の法的保護情報の科目の講義の際に必須教材とされる技能実習生手帳の該当箇所を詳しく説明する等して、技能実習生に詳しく周知する必要がある（技能実習運用要領181頁）。

ス 監理団体の業務の運用に係る規程の掲示に関するもの

〈技能実習法施行規則〉

第52条 〔中略〕

十五 事業所内の一般の閲覧に便利な場所に、監理団体の業務の運営（監理費の徴収を含む。）に係る規程を掲示すること。

監理団体は、その事業所内に、監理団体の業務の運営に係る規程を掲示する必要がある。同規程については「監理団体及び団体監理型実習実施者等が労働条件等の明示、団体監理型実習実施者等及び団体監理型技能実習生等の個人情報の取扱い等に関して適切に対処するための指針」（平成29年法務省・厚生労働省告示第2号）を遵守したものである必要がある。

規程の参考例については、技能実習運用要領別紙⑤に記載されている。

セ 特定の職種・作業に関するもの

〈技能実習法施行規則〉

第52条 〔中略〕

　十六　前各号に掲げるもののほか、法務大臣及び厚生労働大臣が告示で定める特定の職種及び作業に係る団体監理型技能実習の実習監理を行うものにあっては、当該特定の職種及び作業に係る事業所管大臣が、法務大臣及び厚生労働大臣と協議の上、当該職種及び作業に特有の事情に鑑みて告示で定める基準に適合すること。

　特定の職種・作業について、告示によって基準が定められている場合、当該基準に適合することが求められる。

　2019年7月時点において告示によって基準が定められているのは自動車整備職種及び作業、漁船漁業職種及び養殖業職種に属する作業、並びに、介護職種及び作業である。

　告示の基準は、次のとおりである。

図表4-3

自動車整備職種及び作業
自動車整備作業に係る規則第五十二条第十六号に規定する告示で定める基準は、同条第八号後段に規定する修得等をさせようとする技能等について一定の経験又は知識を有する役員又は職員が次の各号のいずれかに該当する者であることとする。 　一　一級又は二級の自動車整備士の技能検定に合格した者 　二　三級の自動車整備士の技能検定に合格した日から自動車整備作業に関し三年以上の実務の経験を有する者 　三　指定自動車整備事業規則（昭和三十七年運輸省令第四十九号）第四条に規定する自動車検査員の要件を備える者 　四　道路運送車両法第五十五条第三項に規定する自動車整備士の養成施設において五年以上の指導に係る実務の経験を有する者
漁船漁業職種及び養殖業職種に属する作業
第五条　漁船漁業職種・作業に係る規則第五十二条第一号に規定する告示で定める方法は、同号イに掲げる方法にあっては、これに代えて次のとおりとする。 　一　技能実習指導員から、毎日（団体監理型技能実習が船上において実施されない日を除く。）一回以上、各漁船における団体監理型技能実習の実施状況について無線その他の通信手段を用いて報告を受けること。 　二　団体監理型技能実習生から、毎月（団体監理型技能実習が船上において実施されない月を除く。）一回以上、団体監理型技能実習の実施状況に係る文書の提出を受けること。

第4章　外国人材の採用を支援する側の法務

介護職種及び作業
第五条　介護職種に係る規則第五十二条第十六号に規定する告示で定める基準は、次のとおりとする。 　一　規則第五十二条第八号に規定する修得等をさせようとする技能等について一定の経験又は知識を有する役員又は職員が次のいずれかに該当する者であること。 　　イ　五年以上介護等の業務に従事した経験を有する者であって、介護福祉士の資格を有するものであること。 　　ロ　イに掲げる者と同等以上の専門的知識及び技術を有すると認められる者であること。 　二　第三号技能実習の実習監理を行うものにあっては、規則第三十一条第一号及び第二号に掲げる事項について、介護職種に係る実績等を総合的に評価して、団体監理型技能実習の実施状況の監査その他の業務を遂行する能力につき高い水準を満たすと認められるものであること

(3)　財産的基礎（法25条1項3号）

　監理団体は、監理事業を健全に遂行するに足りる財産的基礎を有するものであることを要する（技能実習法25条1項3号）。「健全に遂行するに足りる財産的基礎を有する」か否かについては、監理団体の事業年度末における欠損金の有無、債務超過の有無などから総合的に判断される（技能実習運用要領183頁）。

　具体的な基準としては、①直近の貸借対照表で債務超過になっていないこと、又は、②直近の貸借対照表で債務超過となっている場合には、増資が実施済みである、組合費・賦課金による収益等により債務超過を解消することについて、団体の総会等決定機関で決定されており、債務超過解消が確約されていることが必要とされる（技能実習運用要領183頁）。

(4)　個人情報管理体制（法25条1項4号）

　監理団体は個人情報を適正に管理し、並びに団体監理型実習実施者等及び団体監理型技能実習生等の秘密を守るために必要な措置を講じていることが求められる（技能実習法25条1項4号）。監理団体は「監理団体及び団体監理型実習実施者等が労働条件等の明示、団体監理型実習実施者等及び団体監理型技能実習生等の個人情報の取扱い等に関して適切に対処するための指針」に従い、個人情報の管理体制及び個人情報管理規定を作成する必要がある。

規定の参考書式は、技能実習運用要領別紙⑥に記載されている。

⑸ 外部役員等の体制（法25条1項5号）

――〈技能実習法〉――――――――――――――――――――――――――

第25条 〔中略〕

　五　監理事業を適切に運営するための次のいずれかの措置を講じていること。

　　イ　役員が団体監理型実習実施者と主務省令で定める密接な関係を有する
　　　者のみにより構成されていないことその他役員の構成が監理事業の適切
　　　な運営の確保に支障を及ぼすおそれがないものとすること。

　　ロ　監事その他法人の業務を監査する者による監査のほか、団体監理型実
　　　習実施者と主務省令で定める密接な関係を有しない者であって主務省令
　　　で定める要件に適合するものに、主務省令で定めるところにより、役員
　　　の監理事業に係る職務の執行の監査を行わせるものとすること。

監理団体では、監理事業が適切に行われるために、外部役員又は外部
監査人を選任する必要がある。

ア　外部役員を置く場合

㋐　「主務省令で定める密接な関係を有する者」（技能実習法25条1項5号イ）

外部役員は、主務省令で定める密接な関係を有する者に該当しない者
から選任する必要がある。主務省令で定める密接な関係を有する者は、
具体的には次の者をいう。

――〈技能実習法施行規則〉――――――――――――――――――――――

第30条 〔中略〕

　一　申請者が実習監理を行う団体監理型実習実施者若しくはその役員若しく
　　は職員であり、又は過去五年以内にこれらの者であった者

　二　過去五年以内に申請者が実習監理を行った団体監理型実習実施者の役員
　　若しくは職員であり、又は過去五年以内にこれらの者であった者

　三　前二号に規定する者の配偶者又は二親等以内の親族

　四　社会生活において密接な関係を有する者であって、指定外部役員による
　　次項に規定する確認の公正が害されるおそれがあると認められるもの

㈡　指定外部役員

監理団体は、監理団体の業務が適正に実施されているかの確認を担当する役員（指定外部役員）を指定するものとする。指定外部役員は、次のいずれにも該当する者である必要がある。なお、①の研修の修了の要件については、2020年3月31日まで経過措置が定められている。

> **〈技能実習法施行規則〉**
>
> **第30条**〔中略〕
> 2　〔中略〕
> 　一　過去三年以内に外部役員に対する講習として法務大臣及び厚生労働大臣が告示で定めるものを修了した者であること。
> 　二　次のいずれにも該当しない者であること。
> 　　イ　申請者の役員（監理事業に係る業務の適正な執行の指導監督に関する専門的な知識と経験を有する者及び指定外部役員に指定されている者を除く。）若しくは職員又は過去五年以内にこれらの者であった者
> 　　ロ　申請者の構成員（申請者が実習監理する団体監理型技能実習の職種に係る事業を営む者に限る。）若しくはその役員若しくは職員又は過去五年以内にこれらの者であった者
> 　　ハ　実習実施者（申請者が実習監理を行う団体監理型実習実施者を除く。）又はその役員若しくは職員
> 　　ニ　監理団体（申請者を除く。）の役員（監理事業に係る業務の適正な執行の指導監督に関する専門的な知識と経験を有する者及び指定外部役員に指定されている者を除く。）又は職員
> 　　ホ　申請者が団体監理型技能実習の申込みの取次ぎを受ける外国の送出機関若しくはその役員若しくは職員又は過去五年以内にこれらの者であった者
> 　　ヘ　イからホまでに掲げる者のほか、申請者又はその役員、職員若しくは構成員と社会生活において密接な関係を有すること、過去に技能実習に関して不正又は著しく不当な行為を行った者であることその他の事情によりこの項に規定する確認の公正が害されるおそれがあると認められる者

㈢　指定外部役員の監査

指定外部役員は、監理団体の業務が適正に実施されているかの確認を行うため、監理事業を行う各事業所につき3月に1回以上の頻度で確認を行い、その結果を記載した書類を作成する。

また、当該確認作業については、責任役員及び監理責任者から報告を受けること、及び、申請者の事業所においてその設備を確認し、及び帳簿書類その他の物件を閲覧する方法による必要がある（技能実習法施行規則30条3項）。

イ　外部監査人を置く場合

㋐　「主務省令で定める密接な関係を有しない者」（技能実習法30条5項）

外部監査人を置く場合、外部監査人についても「主務省令で定める密接な関係を有しない者」である必要がある。具体的には、次に該当しない者が「主務省令で定める密接な関係を有しない者」にあたる。

〈技能実習法施行規則〉

第30条　〔中略〕

4　〔中略〕
一　第一項第一号から第三号までに掲げる者
二　社会生活において密接な関係を有する者であって、外部監査の公正が害されるおそれがあると認められる者

㋑　外部監査人の要件

外部監査人は、外部監査を適切に行う能力を有するものであって、次の各号のいずれにも該当する者である必要がある。

〈技能実習法施行規則〉

第30条　〔中略〕

5　〔中略〕
一　過去三年以内に外部監査人に対する講習として法務大臣及び厚生労働大臣が告示で定めるものを修了した者であること。
二　次のいずれにも該当しない者であること。
　イ　申請者の役員若しくは職員又は過去五年以内にこれらの者であった者
　ロ　申請者の構成員（申請者が実習監理する団体監理型技能実習の職種に係る事業を営む者に限る。）若しくはその役員若しくは職員又は過去五年以内にこれらの者であった者
　ハ　実習実施者（申請者が実習監理を行う団体監理型実習実施者を除く。）又はその役員若しくは職員

第4章　外国人材の採用を支援する側の法務

　　ニ　監理団体（申請者を除く。）又はその役員若しくは職員
　　ホ　申請者が団体監理型技能実習の申込みの取次ぎを受ける外国の送出機関
　　　若しくはその役員若しくは職員又は過去五年以内にこれらの者であった者
　　ヘ　法第二十六条第五号イからニまでのいずれかに該当する者
　　ト　法人であって、法第二十六条各号のいずれかに該当するもの又はその
　　　役員のうちにイからホまでのいずれかに該当する者があるもの
　　チ　イからトまでに掲げる者のほか、申請者又はその役員、職員若しくは
　　　構成員と社会生活において密接な関係を有すること、過去に技能実習に
　　　関して不正又は著しく不当な行為を行った者であることその他の事情に
　　　より外部監査の公正が害されるおそれがあると認められる者

(ウ)　外部監査人の監査

　外部監査人は、監理団体による実習実施者に対する監査その他の申請者の業務が適正に実施されているかどうかについて、監理事業を行う各事業所につき三月に一回以上の頻度で確認し、その結果を記載した書類を申請者に提出する。その際、責任役員及び監理責任者から報告を受けること、及び、申請者の事業所においてその設備を確認し、及び帳簿書類その他の物件を閲覧することにより実施する必要がある（技能実習法施行規則30条6項1号）。

　また監理団体の実習実施者に対する監査が適正に実施されているかどうかについて、申請者が行う同規則52条1号の規定による監査に監理事業を行う各事業所につき一年に一回以上同行することにより確認し、その結果を記載した書類を申請者に提出する必要がある（技能実習法施行規則30条6項2号）。

(6)　外国の送出機関に関するもの（法25条1項6号）

　前述のとおり、送出機関については、技能実習法23条2項6号及び技能実習法施行規則25条において要件が定められている。

　監理団体が送出機関から取次をうける場合、当該送出機関はかかる要件に適合した送出機関である必要がある。

　なお、送出国政府との間で二国間取り決めがされている国の送出機関で

288

あって、送出政府が認定されている送出機関については、技能実習法施行規則25条の要件に適合するものとみなされる（技能実習運用要領194頁）。

⑺　優良な監理団体（法25条1項7号）

　第三号団体監理型技能実習の実習監理を行う場合、一般監理事業の許可を要する（技能実習法23条1項1号）。一般監理業の許可を得ようとする場合、監理団体は、団体監理型技能実習の実施状況の監査その他の業務を遂行する能力につき高い水準を満たすものとして主務省令で定める基準に適合する（法25条1項7号）、いわゆる優良な監理団体であることを要する。

　「優良」とされるには、次の表で6割以上（120点満点で72点以上）を獲得する必要がある（技能実習運用要領193頁）。

図表4-4

団体監理型技能実習の実施状況の監査その他の業務を行う体制 （技能実習法施行規則31条1号）	
最大：50点	
Ⅰ　監理団体が行う定期の監査について、その実施方法・手順を定めたマニュアル等を策定し、監査を担当する職員に周知していること。）	有　5点
Ⅱ　監理事業に関与する常勤の役職員と実習監理を行う実習実施者の比率	1：5未満　15点 1：10未満　7点
Ⅲ　直近過去3年以内の監理責任者以外の監理団体の職員（監査を担当する者に限る。）の講習受講歴	60%以上　10点 50%以上60%未満　5点
Ⅳ　実習実施者の技能実習責任者、技能実習指導員、生活指導員等に対し、毎年、研修の実施マニュアルの配布などの支援を行っていること	有　5点
Ⅴ　帰国後の技能実習生のフォローアップ調査に協力すること	有　5点
Ⅵ　技能実習生のあっせんに関し、監理団体の役職員が送出国での事前面接をしていること。	有　5点
Ⅶ　帰国後の技能実習生に関し、送出機関と連携して、就職先の把握を行っていること	有　5点

第**4**章　外国人材の採用を支援する側の法務

実習監理する団体監理型技能実習における技能等の修得等に係る実績 （技能実習法施行規則31条2号）	
最大：40点	
Ⅰ　過去3年間の基礎級程度の技能検定等の学科試験及び実技試験の合格率（旧制度の基礎2級程度の合格率を含む。）	95%以上：10点 80%以上95%未満：5点 75%以上80%未満：0点 75%未満：−10点
Ⅱ　過去3年間の2・3級程度の技能検定等の実技試験の合格率 ＊計算方法は実習実施者の①Ⅱと同じ ＊施行後3年間については、Ⅱに代えて、Ⅱ−2(1)及び(2)で評価することも可能とする	80%以上：20点 70%以上80%未満：15点 60%以上70%未満：10点 50%以上60%未満：0点 50%未満：−20点
Ⅱ−2(1)　直近過去3年間の3級程度の技能検定等の実技試験の合格実績	2以上の実習実施者から合格者を輩出：15点 1の実習実施者から合格者を輩出：10点上記以外：−15点
Ⅱ−2(2)　直近過去3年間の2級程度の技能検定等の実技試験の合格実績	2以上の実習実施者から合格者を輩出：5点 1の実習実施者から合格者を輩出：3点
Ⅲ　直近過去3年間の2・3級程度の技能検定等の学科試験の合格実績 ＊2級、3級で分けず、合格人数の合計で評価	2以上の実習実施者から合格者を輩出：5点 1の実習実施者から合格者を輩出：3点
Ⅳ　技能検定等の実施への協力 ＊傘下の実習実施者が、技能検定委員（技能検定における学科試験及び実技試験の問題の作成、採点、実施要領の作成や検定試験会場での指導監督などを職務として行う者）又は技能実習評価試験において技能検定委員に相当する者を社員等の中から輩出している場合や、実技試験の実施に必要とされる機材・設備等の貸与等を行っている場合を想定	1以上の実習実施者から協力有：5点
法令違反・問題の発生状況 （技能実習法施行規則31条3号）	
最大　5点	
Ⅰ　直近過去3年以内に改善命令を受けたことがあること（旧制度の改善命令相当の行政指導を含む。）	改善未実施：−50点 改善実施：−30点
Ⅱ　直近過去3年以内における失踪がゼロ又は失踪の割合が低いこと（旧制度を含む。）	ゼロ：5点 10%未満又は1人以下：0点 20%未満又は2人以下：−5点 20%以上又は3人以上：−10点
直近過去3年以内に責めによるべき失踪があること（旧制度を含む。）	該当：−50点

直近過去3年以内に傘下の実習実施者に不正行為があること（監理団体が不正を発見して機構（旧制度では地方入国管理局）に報告した場合を除く。）	計画認定取消し（実習監理する実習実施者の数に対する認定を取り消された実習実施者（旧制度で認定取消し相当の行政指導を受けた者を含む。）の数の割合） 15%以上−10点 10%以上15%未満−7点 5%以上10%未満−5点 0%を超え5%未満−3点
	改善命令（実習監理する実習実施者の数に対する改善命令を受けた実習実施者（旧制度で改善命令相当の行政指導を受けた者を含む。）の数の割合） 15%以上−5点 10%以上15%未満−4点 5%以上10%未満−3点 0%を超え5%未満−2点

相談・支援体制 （技能実習法施行規則31条4号）	
最大　5点	
Ⅰ　機構・監理団体が実施する母国語相談・支援の実施方法・手順を定めたマニュアル等を策定し、関係職員に周知していること	有　5点
Ⅱ　技能実習の継続が困難となった技能実習生（他の監理団体傘下の実習実施者で技能実習を行っていた者に限る。）に引き続き技能実習を行う機会を与えるための受入れに協力する旨の機構への登録を行っていること	有　5点
直近過去3年以内に、技能実習の継続が困難となった技能実習生（他の監理団体傘下の実習実施者で技能実習を行っていた者に限る。）に引き続き技能実習を行う機会を与えるために、当該技能実習生の受入れを行ったこと（旧制度下における受入れを含む。）	有　5点

地域社会との共生に向けた取組の状況（技能実習法施行規則31条5号）	
最大10点	
Ⅰ　受け入れた技能実習生に対し、日本語の学習の支援を行っている実習実施者を支援していること	有　4点
Ⅱ　地域社会との交流を行う機会をアレンジしている実習実施者を支援していること	有　3点
Ⅲ　日本の文化を学ぶ機会をアレンジしている実習実施者を支援していること	有　4点

第4章 外国人材の採用を支援する側の法務

⑻ 監理事業を適正に遂行できる能力（法25条1項8号）

監理団体は、許可を受けた後に法令に従って適切に監理事業を遂行することができる能力を有している必要がある。

業務の適切性の他に、監理事業を行う事業所についても要件が定められている。具体的には、所在地の適切さ、事務所としての適切さ、適正な事業運営の確保が求められる。

■3　欠格事由（技能実習法26条）

監理団体の許可については、技能実習法26条により、欠格事由が定められている。欠格事由は、次のとおりである。

① 関係法令により刑罰を受けたこと（技能実習法26条1号、5号）
② 技能実習法による処分等を受けたこと等（技能実習法26条2号、3号、4号、5号）
③ 行為能力・役員等の適格性（技能実習法26条5号）
④ 暴力団排除の観点（技能実習法26条1号、5号、6号）

■4　監理団体の運営

⑴　監理費

監理団体は、監理事業に関し、団体監理型実習実施者等、団体監理型技能実習生等その他の関係者から、いかなる名義でも、手数料又は報酬を受けてはならない（技能実習法28条1項）。

他方で、監理団体は主務省令で定める適正な種類及び額の監理費を団体監理型実習実施者等へあらかじめ用途及び金額を明示した上で徴収することができる（同条2項）。技能実習法施行規則37条で認められる監理費は、次のとおりである。

第3　監理団体

図表4−5

種類	額	徴収方法
職業紹介費	団体監理型実習実施者等と団体監理型技能実習生等との間における雇用関係の成立のあっせんに係る事務に要する費用（募集及び選抜に要する人件費、交通費、外国の送出機関へ支払う費用その他の実費に限る。）の額を超えない額	団体監理型実習実施者等から求人の申込みを受理した時以降に当該団体監理型実習実施者等から徴収する。
講習費（第一号団体監理型技能実習に限る。）	監理団体が実施する入国前講習及び入国後講習に要する費用（監理団体が支出する施設使用料、講師及び通訳人への謝金、教材費、第一号団体監理型技能実習生に支給する手当その他の実費に限る。）の額を超えない額	入国前講習に要する費用にあっては入国前講習の開始日以降に、入国後講習に要する費用にあっては入国後講習の開始日以降に、団体監理型実習実施者等から徴収する。
監査指導費	団体監理型技能実習の実施に関する監理に要する費用（団体監理型実習実施者に対する監査及び指導に要する人件費、交通費その他の実費に限る。）の額を超えない額	団体監理型技能実習生が団体監理型実習実施者の事業所において業務に従事し始めた時以降一定期間ごとに当該団体監理型実習実施者から徴収する。
その他諸経費	その他技能実習の適正な実施及び技能実習生の保護に資する費用（実費に限る。）の額を超えない額	当該費用が必要となった時以降に団体監理型実習実施者等から徴収する。

⑵　認定計画に従った技能実習の実施

　監理団体は、認定計画に従った技能実習を実施する（技能実習法39条）。

　また、技能実習の実施状況の監査等の業務について、許可時点の基準となる技能実習法施行規則52条に従い業務を実施する必要がある。

⑶　監理責任者

ア　監理責任者の設置

　監理団体は、監理事業について、次の事項を統括する者として、監理責任者を選任する必要がある（技能実習法40条1項）。監理責任者には欠格事由が定められているため、欠格事由に該当しない者から選任する必要がある（技能実習法40条2項）。

　①　団体監理型技能実習生の受入れの準備に関すること。

293

第4章　外国人材の採用を支援する側の法務

② 団体監理型技能実習生の技能等の修得等に関する団体監理型実習実施者への指導及び助言並びに団体監理型実習実施者との連絡調整に関すること。

③ 次節に規定する技能実習生の保護その他団体監理型技能実習生の保護に関すること。

④ 団体監理型実習実施者等及び団体監理型技能実習生等の個人情報の管理に関すること。

⑤ 団体監理型技能実習生の労働条件、産業安全及び労働衛生に関し、第九条第七号に規定する責任者との連絡調整に関すること。

⑥ 国及び地方公共団体の機関であって技能実習に関する事務を所掌するもの、機構その他関係機関との連絡調整に関すること。

　監理団体は、監理事業を行う事業所ごとに、監理団体の常勤の役員又は職員の中から、当該事業所に所属する者であって監理責任者の業務を適正に遂行する能力を有するものを選任する必要がある（技能実習法施行規則53条1項）。

　また、監理責任者は、過去3年以内に監理責任者に対する講習として法務大臣及び厚生労働大臣が告示で定めるものを修了した者である必要がある（同法施行規則53条2項）。

　そのほかに、実習実施者と密接な関係を有する者[7]が当該事業所の監理責任者となる場合にあっては、当該監理責任者は当該実習実施者に対する実習監理に関与してはならず、当該事業所には、他に当該団体監理型実習実施者に対する実習監理に関与することができる監理責任者を置かなければならない（同法施行規則53条3項）。

イ　監理責任者の業務

　監理責任者は、技能実習を統括するものである（技能実習法40条1項）。また、監理団体は、実習実施者に対し労働関係法令に違反しないよう、

7　当該事業所において実習監理を行う団体監理型実習実施者若しくはその役員若しくは職員であり、又は過去五年以内にこれらの者であった者
　二　前号に規定する者の配偶者又は二親等以内の親族
　三　前二号に掲げるもののほか、当該事業所において実習監理を行う団体監理型実習実施者と社会生活において密接な関係を有する者であって、実習監理の公正が害されるおそれがあると認められるもの（技能実習法施行規則53条3項各号）

監理責任者をして、必要な指導を行うものと規定される（技能実習法法54条3項）。

　そして、実習実施者に労働関係法令に違反があると認める場合には、監理責任者をして、是正のために必要な指示をさせる（同条項4項）。そして、是正指示を行ったときは、監理団体は、当該是正指示の内容が労働基準関係法令違反に対するものを含むときは、当該監理団体の所在地を管轄する労働基準監督署に、その他の時は、当該所在地を管轄する都道府県労働局職業安定部訓練課に対して通報する（同条項5項、技能実習運用要領251頁）。

⑷　帳簿の備付け

　監理団体は、監理事業に関し、技能実習法施行規則54条で定める帳簿を作成し、1年間、監理事業を行う事業所に備え置かなければならない（技能実習法41条、技能実習法施行規則54条2項）。

　施行規則54条で定められる帳簿は、次のとおりである。

〈技能実習法施行規則〉

第54条　〔中略〕

　　一　実習監理を行う団体監理型実習実施者及びその実習監理に係る団体監理型技能実習生の管理簿

　　二　監理費に係る管理簿

　　三　団体監理型技能実習に係る雇用関係の成立のあっせんに係る管理簿

　　四　第五十二条第一号及び第二号の規定による団体監理型技能実習の実施状況の監査に係る書類

　　五　入国前講習及び入国後講習の実施状況を記録した書類

　　六　第五十二条第三号の規定による指導の内容を記録した書類

　　七　団体監理型技能実習生から受けた相談の内容及び当該相談への対応を記録した書類

　　八　外部監査の措置を講じている監理団体にあっては第三十条第六項各号に規定する書類、外部監査の措置を講じていない監理団体にあっては同条第三項に規定する書類

　　九　前各号に掲げるもののほか、法務大臣及び厚生労働大臣が告示で定める特定の職種及び作業に係るものにあっては、当該特定の職種及び作業に係

第4章　外国人材の採用を支援する側の法務

る事業所管大臣が、法務大臣及び厚生労働大臣と協議の上、当該職種及び
作業に特有の事情に鑑みて告示で定める書類

(5)　監査報告等

　監理団体は、監査を行ったときは、監査終了後遅滞なく、監査報告書
を作成し、実習実施者の本店所在地を管轄する外国人技能実習機構の地
方事務所・支所に提出する（技能実習法42条1項、技能実習法施行規
則55条1項）。

　また、監理団体は、毎年1回、監理事業を行う事業所ごとに事業報告
書を作成の上、翌技能実習事業年度の5月31日までに、外国人技能実
習機構の本部事務所に提出する（技能実習法42条2項、技能実習法施
行規則2項）。

　事業報告書には、次の書類を添付する（技能実習法施行規則55条3
項各号）。

① 　直近の事業年度に係る監理団体の貸借対照表及び損益計算書又は
　　収支計算書
② 　前述の帳簿類のうち第一項第六号に掲げる書類の写し
③ 　外部監査の措置を講じている監理団体にあっては、報告年度にお
　　ける第三十条第六項各号に規定する書類の写し

(6)　技能実習の実施が困難となった場合の届出等

　監理団体は、技能実習の実施が困難となった場合には、実習実施者の
住所地を管轄する外国人技能実習機構の地方事務所・支所に技能実習実
施困難時届出書を提出する必要がある（技能実習法33条、技能実習法
施行規則48条）。

(7)　事業の廃止

　監理団体は、監理事業を休廃止しようとするときは、1ヶ月前までに、
外国人技能実習機構本部に事業廃止届出書又は事業休止届出書を提出す
る（技能実習法34条、技能実習法施行規則49条）。

296

第4 登録支援機関

特定技能制度において、契約により委任を受けて支援業[8]を行う者は、出入国在留管理庁長官の登録を受けることができる（入管法19条の23）。登録支援機関は、監理団体と異なり法人形態に制限はなく、また、個人であっても登録することが可能である。

■1 登録の申請

申請は入管法施行規則別記第29の15様式により、管轄する地方出入国在留管理局に行う。申請は、登録拒否事由（入管法19条の26）に該当しないことを立証する資料等、必要資料を添付の上行う（入管法19条の24第2項）。必要書類については、法務省のウェブサイトにおいて一覧が公開されている（「登録支援機関の登録（更新）申請に係る提出書類一覧・確認表」[9]）。

■2 登録の要件

登録拒否事由（入管法19条の26）に該当しない場合には、登録支援機関登録簿に登録がなされる（入管法19条の25）。

登録拒否事由は次のとおりである。

- 関係法律による刑罰を受けたこと（入管法19条の26第1項1号から4号）
- 行為能力・役員等の適格性に関するもの（同法5号、6号、11号、12号）
- 登録を取り消されたこと（同法7号）
- 出入国関係法令及び労働関係法令に関し不正行為を行ったこと（同法9号）
- 暴力団排除に関するもの（同法10号、13号）

8　適合1号特定技能外国人支援計画の全部の実施の業務をいう（入管法23条の23）。
9　法務省ウェブサイト：http://www.moj.go.jp/content/001289240.pdf

第4章　外国人材の採用を支援する側の法務

- 行方不明者の発生に関するもの（同法14号、入管法施行規則19条の21第1号）
- 支援責任者及び支援担当者の選任に関するもの（同法14号、入管法施行規則19条の21第2号）
- 中長期在留者の適正な受入れ実績がないこと等（同法14号、入管法施行規則19条の21第3号）
- 情報提供・相談などの適切な対応体制がないこと（同法14号、入管法施行規則19条の21第4号）
- 支援業務に係る文書の作成等をしていないこと（同法14号、入管法施行規則19条の21第5号）
- 支援責任者及び支援担当者と特定技能所属機関の関係性に関すること（同法14号、入管法施行規則19条の21第6号）
- 支援費用の負担に関すること（同法14号、入管法施行規則19条の21第7号）
- 支援業務の委託契約締結に際し費用を明示しないこと（同法14号、入管法施行規則19条の21第8号）

　登録に際に問題となることが多いのは、登録拒否事由のうち、中長期在留者の適正な受入れ実績がないこと等（同法14号、入管法施行規則19条の21第3号）である。

　この要件を満たすためには、次のいずれかに該当する必要がある。

〈入管法施行規則〉

第19条の21　〔中略〕

　三　次のいずれにも該当しない者

　　イ　登録支援機関になろうとする者が、過去2年間に法別表第1の1の表、2の表及び5の表の上欄の在留資格（収入を伴う事業を運営する活動又は報酬を受ける活動を行うことができる在留資格に限る。ハにおいて同じ。）をもって在留する中長期在留者の受入れ又は管理を適正に行つた実績がある者であること

　　ロ　登録支援機関になろうとする者が、過去2年間に報酬を得る目的で業として本邦に在留する外国人に関する各種の相談業務に従事した経験を有する者であること

第4　登録支援機関

　　ハ　登録支援機関になろうとする者において選任された支援責任者及び支
　　　援担当者が、過去5年間に2年以上法別表第1の1の表、2の表及び5の
　　　表の上欄の在留資格をもつて在留する中長期在留者の生活相談業務に従
　　　事した一定の経験を有する者であること
　　ニ　イからハまでに掲げるもののほか、登録支援機関になろうとする者が、
　　　これらの者と同程度に支援業務を適正に実施することができる者として
　　　出入国在留管理庁長官が認めるものであること

　イについては、既に技能実習生を含め、外国人材の受入れを行ってい
る企業であれば満たすことが多い。イに当たることを立証する場合には、
様式は自由であるが、受け入れた外国人の一覧を作成して添付資料とし
て提出する。

　ロについては、弁護士、行政書士等の士業であれば満たすことが多い
と思われる。

　ニについては、個別に判断されるものであるが、業界団体（全国規模
で各地に下部組織を有するもの）、独立行政法人、特殊法人・認可法人、
日本の国・地方公共団体認可の公益法人、特定非営利法人、法人税法別
表第1に掲げる公共法人、日本の証券取引所に上場している企業、保険
業を営む相互会社、前年分の給与所得の源泉徴収票等の法定調書合計表
中、給与所得の源泉徴収票合計表の源泉徴収額が1,500万円以上ある団
体・個人が想定される例とされる（特定技能運用要領124頁）。

■3　登録の変更等

　登録を受け登録支援機関となった後に、入管法19条の24第1項の事
項に変更が生じた場合には、変更の届出を提出する必要がある（入管法
19条の27）。

　また、支援業務を休止又は廃止したときについても、届出が必要であ
る（入管法19条の29）。

第4章　外国人材の採用を支援する側の法務

■4　支援の実施状況に関する届出

　登録支援機関は、四半期ごとに支援の実施状況に関する届出を行う必要がある（入管法19条の30）。

　登録支援機関は、四半期ごとに一号特定技能外国人支援計画の実施状況を出入国在留管理庁長官に届け出る必要がある（入管法19条の30第2項、同法施行規則19条の24）。届出の四半期とは次の表のとおりで、翌四半期の初日から14日以内に、管轄の地方出入国在留管理局に届出を行う必要がある（入管法施行規則19条の24）。

第1四半期	1月1日から3月31日まで
第2四半期	4月1日から6月30日まで
第3四半期	7月1日から9月30日まで
第4四半期	10月1日から12月31日まで

外国人材と
コンプライアンス

第**5**章 外国人材とコンプライアンス

第1 外国人材とコンプライアンス総論

　外国人材については、主として出入国関係法令及び労働関係法令を遵守する必要があることはこれまで述べたとおりである。

　外国人材に関する法の執行や摘発は、今後増加するものと思われる。総合的対応策の中では、「不法滞在者等への対策強化」として、体制の強化や「不法滞在事犯、偽装滞在事犯及び不法就労助長事犯に関与する仲介事業者及び雇用主を積極的に摘発するなど、悪質な仲介事業者及び雇用主に対して厳格な対応を行う。」といった摘発の強化が具体的に規定されている（総合的対応策29頁以下）。

　また、技能実習制度における管理の強化についても言及されている（同20頁以下）。

　同様の法の執行体制の強化は、入管法改正時の衆議院[1]及び参議院[2]の付帯決議においても示されている。

　外国人材に対して間口を広げることと連動し、法の執行や摘発は、今後厳格化していくものと思われるため、外国人材を雇用する事業者は、自社が出入国関係法令及び労働関係法令を遵守しているかについて、今一度確認することが望ましいといえる。

---

1 衆議院「出入国管理及び難民認定法及び法務省設置法の一部を改正する法案に対する付帯決議」第8項及び第9項
2 参議院法務委員会「出入国管理及び難民認定法及び法務省設置法の一部を改正する法案に対する付帯決議」第8項

第2　受入れ企業に関するコンプライアンス問題

第2　受入れ企業に関するコンプライアンス問題

　受入れ企業については、直接適用される出入国関係法令及び労働関係法令を遵守する点が、第一に重要となる。特に注意すべき点については、過去に行政処分や刑事処分がなされた事例が参考になる。

■1　出入国関係法令

⑴　入管法

ア　注意が必要な条文

　入管法で注意すべき刑罰としては、次の各条がある。

図表5-1

条　文	内　容
入管法70条2の2号 （在留資格等不正取得罪）	【行為】 偽りその他不正の手段により、上陸の許可等を受けて本邦に上陸し、又は第四章第二節の規定による許可を受けた者 【罰則】 三年以下の懲役若しくは禁錮若しくは三百万円以下の罰金に処し、又はその懲役若しくは禁錮及び罰金を併科
入管法73条の2 （不法就労助長罪）	【行為】 一　事業活動に関し、外国人に不法就労活動をさせた者 二　外国人に不法就労活動をさせるためにこれを自己の支配下に置いた者 三　業として、外国人に不法就労活動をさせる行為又は前号の行為に関しあつせんした者 【罰則】 三年以下の懲役若しくは三百万円以下の罰金に処し、又はこれを併科する
入管法74条の6 （営利目的在留資格等不正取得助長罪）	【行為】 営利の目的で第七十条第一項第一号若しくは第二号に規定する行為（以下「不法入国等」という。）又は同項第二号の二に規定する行為の実行を容易にした者 【罰則】 三年以下の懲役若しくは三百万円以下の罰金に処し、又はこれを併科

303

第**5**章 外国人材とコンプライアンス

イ 不法就労助長罪
(ア) 「不法就労活動」について

特に問題となるのが、不法就労助長罪（入管法73条の2第1項1号）
である。まず、「不法就労活動」とは何かであるが、入管法24条1項3
の4号イにおいて、次のように定義される。

〈入管法〉

第24条 〔中略〕

　　三の四 〔中略〕

　　　イ 事業活動に関し、外国人に不法就労活動（第十九条第一項の規定に違
　　　　反する活動又は第七十条第一項第一号、第二号、第三号から第三号の三
　　　　まで、第五号、第七号から第七号の三まで若しくは第八号の二から第八
　　　　号の四までに掲げる者が行う活動であつて報酬その他の収入を伴うもの
　　　　をいう。以下同じ。）をさせること。

(参考)

第19条 別表第一の上欄の在留資格をもつて在留する者は、次項の許可を受
　　けて行う場合を除き、次の各号に掲げる区分に応じ当該各号に掲げる活動を
　　行つてはならない。

　　一 別表第一の一の表、二の表及び五の表の上欄の在留資格をもつて在留す
　　　る者 当該在留資格に応じこれらの表の下欄に掲げる活動に属しない収入
　　　を伴う事業を運営する活動又は報酬（業として行うものではない講演に対
　　　する謝金、日常生活に伴う臨時の報酬その他の法務省令で定めるものを除
　　　く。以下同じ。）を受ける活動

　　二 別表第一の三の表及び四の表の上欄の在留資格をもつて在留する者 収
　　　入を伴う事業を運営する活動又は報酬を受ける活動

　2 出入国在留管理庁長官は、別表第一の上欄の在留資格をもつて在留する者
　　から、法務省令で定める手続により、当該在留資格に応じ同表の下欄に掲げ
　　る活動の遂行を阻害しない範囲内で当該活動に属しない収入を伴う事業を運
　　営する活動又は報酬を受ける活動を行うことを希望する旨の申請があつた場
　　合において、相当と認めるときは、これを許可することができる。この場合
　　において、出入国在留管理庁長官は、当該許可に必要な条件を付することが
　　できる。

　　（以下略）

第70条 次の各号のいずれかに該当する者は、三年以下の懲役若しくは禁錮若しくは三百万円以下の罰金に処し、又はその懲役若しくは禁錮及び罰金を併科する。

一　第三条の規定に違反して本邦に入つた者

二　入国審査官から上陸の許可等を受けないで本邦に上陸した者

二の二　偽りその他不正の手段により、上陸の許可等を受けて本邦に上陸し、又は第四章第二節の規定による許可を受けた者

三　第二十二条の四第一項（第一号又は第二号に係るものに限る。）の規定により在留資格を取り消された者で本邦に残留するもの

三の二　第二十二条の四第一項（第五号に係るものに限る。）の規定により在留資格を取り消された者（同条第七項本文の規定により期間の指定を受けた者を除く。）で本邦に残留するもの

三の三　第二十二条の四第七項本文（第六十一条の二の八第二項において準用する場合を含む。）の規定により期間の指定を受けた者で、当該期間を経過して本邦に残留するもの

四　第十九条第一項の規定に違反して収入を伴う事業を運営する活動又は報酬を受ける活動を専ら行つていると明らかに認められる者

五　在留期間の更新又は変更を受けないで在留期間（第二十条第六項（第二十一条第四項において準用する場合を含む。）の規定により本邦に在留することができる期間を含む。）を経過して本邦に残留する者

六　仮上陸の許可を受けた者で、第十三条第三項の規定に基づき付された条件に違反して、逃亡し、又は正当な理由がなくて呼出しに応じないもの

七　寄港地上陸の許可、船舶観光上陸の許可、通過上陸の許可、乗員上陸の許可、緊急上陸の許可、遭難による上陸の許可又は一時庇ひ護のための上陸の許可を受けた者で、旅券又は当該許可書に記載された期間を経過して本邦に残留するもの

七の二　第十四条の二第九項の規定により期間の指定を受けた者で当該期間内に出国しないもの

七の三　第十六条第九項の規定により期間の指定を受けた者で当該期間内に帰船し又は出国しないもの

八　第二十二条の二第一項に規定する者で、同条第三項において準用する第二十条第三項本文の規定又は第二十二条の二第四項において準用する第二十二条第二項の規定による許可を受けないで、第二十二条の二第一項に規定する期間を経過して本邦に残留するもの

八の二　第五十五条の三第一項の規定により出国命令を受けた者で、当該出

国命令に係る出国期限を経過して本邦に残留するもの

八の三　第五十五条の六の規定により出国命令を取り消された者で本邦に残留するもの

八の四　第六十一条の二の四第一項の許可を受けた者で、仮滞在期間を経過して本邦に残留するもの

九　偽りその他不正の手段により難民の認定を受けた者

　この「不法就労活動」のうち、特に事例として多いのが入管法19条1項の規定に違反する活動である資格外活動である。入管法19条1項は、入管法別表第一の在留資格、すなわち、いわゆる活動類型の在留資格をもって在留する外国人材について、原則として、別表第一の一の表、二の表及び五の表の在留資格を有する者については、当該在留資格で認められている活動以外での報酬を得る活動を禁止している[3]。この類型に該当する在留資格としては「高度専門職」、「技術・人文知識・国際業務」、「企業内転勤」、「特定技能」、「技能実習」等、外国人材を招聘するときに活用される在留資格が該当する。

　また、別表一の三及び四の表の在留資格を持って在留する外国人については、原則として報酬を得る活動が禁止される。この類型に属する在留資格として「留学」がある。

　この入管法19条1項の制限の例外として、同条2項において、資格外活動の許可が定められている。「留学」の在留資格を有する留学生は、入管法19条2項に基づき「一週について二十八時間以内（留学の在留資格をもって在留する者については、在籍する教育機関が学則で定める長期休業期間にあるときは、一日について八時間以内）の収入を伴う事業を運営する活動又は報酬を受ける活動」（入管法施行規則19条5項1号）の許可を内容とする資格外活動の許可を得て、アルバイトをしているのが一般的である。

　このように、「技術・人文知識・国際業務」等の就労が認められている在留資格については、原則として、当該在留資格で認められた活動以

3　他方で、「日本人の配偶者等」の入管法別表第二で規定される、いわゆる地位等に基づく類型の在留資格を有する外国人については、本条における就労の制限はない。

外の活動で報酬を得ると「不法就労活動」となり、また、「留学」の在留資格でアルバイトをしている留学生について、資格外活動の許可の範囲を超えて就労すれば、やはり「不法就労活動」となるのである。

なお、外国人材が行う活動が在留資格に応じた活動ではない活動によって報酬を得ることになることや資格外活動の許可を得ていないことについて知らなかったとしても、知らなかったことに過失がないといえない限り、刑罰を免れない（入管法73条の2第2項）。そして、かかる事実は、いずれも在留カード等を確認し、あわせて在留カード等番号失効情報照会（法務省：https://lapse-immi.moj.go.jp/ZEC/appl/e0/ZEC2/pages/FZECST011.aspx）で確認すれば、判明する事実である。そのため、在留カードの確認等を確実に行うことが必要である。

　(イ)　「させた者」について

「させた」とは、外国人との関係で対人関係上優位にたっており、外国人が自己の指示通り不法就労活動に従事する状態にあることを利用して積極的に働きかけ、外国人が不法就労活動に従事するに至ったことを意味する[4]。

典型的には、事業の経営者・雇用主又はその従業者で監督的立場にある者が、外国人を使途して不法就労活動に従事させる場合が該当する[5]。労働者派遣においては、派遣元だけではなく、派遣先においても、実際に労働者への指揮命令の程度で、「させた」に該当する場合もあるとされ、そうではない場合でも幇助犯に該当することが指摘されている[6]。

また、立法時の国会の審議においても、米澤慶治法務大臣官房審議役（当時）が、「雇用した者という書き方をしなかったのは、雇用に限りませんで例えば労働者を派遣するようなものもありますし、事実上、雇用契約なんてなくて何らかの不法就労活動をさせるという態様もございますので、裸でそこを書いている。したがいまして、今申されました重層構造での請負形態を持っておる建設業界において仮に一番下の方だけが

4　坂中秀徳＝齋藤利男『出入国管理及び難民認定法逐条解説　改訂第四版』（日本加除出版、2012年）1000頁
5　前掲注4、坂中＝齋藤1000頁
6　前掲注4、坂中＝齋藤1000頁

第5章　外国人材とコンプライアンス

足元をすくわれるようなことのないように、つまりもっと上の方でそれを知ってそういうことをさせているというような人、雇用主じゃなくて、そういうような者も補足できるようなという、構成要件の上ではあれこれ配慮したつもりでございます」と答弁するとおり、労働者派遣の派遣先や、重層的な建設現場における元請けについても適用が想定されているものといえる[7]。

(ウ)　偽装技術・人文知識・国際業務

不法就労助長罪において典型的な適用事例としては、「技術・人文知識・国際業務」などの従来の専門的・技術的分野の在留資格で在留資格を得た後に、当該在留資格で行うことができない単純労働に就労する例がある。

例えば、2014年には、有名な中華料理チェーンのフランチャイズ加盟店において、通訳等の在留資格で来日した中国人5人と密入国したとみられる中国人1人を、大阪市内のフランチャイズ加盟店店舗において従業員として働かせた容疑で、フランチャイズ加盟店舗を経営していた会社の代表者が逮捕されている（2014年9月26日産経WEST）。

実務上は、上記のような例の他にも、派遣先会社が派遣労働者の在留資格を知らず、派遣労働者が「技術・人文知識・国際業務」の在留資格で在留する者であるにも関わらず、専ら工場での単純作業に就労させているような例もある。

(エ)　オーバーワーク

偽装技術・人文知識・国際業務と同様に多い類型として、「留学」の在留資格を有する留学生について、資格外活動の許可の範囲を超えて働かせるいわゆるオーバーワーク類型である。

資格外活動で許可される範囲は「一週について二十八時間以内（留学の在留資格をもつて在留する者については、在籍する教育機関が学則で定める長期休業期間にあるときは、一日について八時間以内）の収入を伴う事業を運営する活動又は報酬を受ける活動」（入管法施行規則19条

7　第116回国会参議院法務委員会議事録第3号9頁。なお、多賀谷一照＝髙宅茂『入管法大全　立法経緯・判例・実務運用　Ⅰ　逐条解説　Ⅱ　在留資格』（日本加除出版、2015年）727頁参照。

5項1号）である。

　この原則週28時間超えて留学生を就労させた場合には、不法就労助長罪に該当する。なお、この原則週28時間については、どの曜日から起算しても週28時間以内となっていることが必要である（審査要領）。

　オーバーワーク類型での摘発等の事例も多くあり、例えば、有名ラーメンチェーンが、経営する店舗のうち2店舗において、ベトナムや中国からの留学生10人を、週28時間を超えて働かせた疑いがあるとして、同社の代表者、労務担当責任者、店長ら7人と法人が書類送検されている（2018年3月6日朝日新聞デジタル）。

　また、同様に串カツチェーン店の運営会社についても、運営する5店舗において、ネパール人やミャンマー人の留学生ら17人について、週28時間を超えて働かせたとして代表者及び幹部ら6名並びに法人が書類送検されている（2017年3月14日産経WEST）。

　　㋑　対応策

　店舗の従業員、アルバイト従業員、工場の工員、派遣工員については、それぞれ店舗の責任者や工場の責任者において決裁を行っており、人事部やコンプライアンスを統括する部門からも把握が難しいことがあるかもしれない。

　しかし、上記の報道では全て社名が実名で報道されていることからも明らかなとおり、一度摘発されれば企業イメージは著しく損なわれるし、代表者以外の人事担当者や店舗の責任者においても刑事責任を問われる可能性がある。

　このような事態を防ぐためには、外国人材に関する法令の社内研修の実施等の正しい知識の社内での共有に加えて、社内での外国人材の雇用・人事制度のフローを構築することが必要であるといえる。

　また、フランチャイズ方式で店舗を運営する飲食店・小売店等については、直接営業する店舗以外の加盟店が法令違反を行った場合にも、ブランド名で報道がされる結果、企業イメージは同様に損なわれる。そのため、フランチャイズ方式での運営を行っている事業体については、自社だけではなく、加盟店においても研修の実施等を検討するべきように思う。

第5章 外国人材とコンプライアンス

⑵ 技能実習法

技能実習法においては、次のような行政処分がなされている。

ア 認定取消し（技能実習法16条）

技能実習法16条に基づく技能実習計画の実習認定の取消について、処分が出されている事例は、次の表のとおりである。

図表5-2

処分日	処分者の業種	処分の内容と理由
2018年7月3日	縫製会社	【処分】 4件の技能実習計画の認定取消 【理由】 出入国管理及び難民認定法第73条の2第1項第1号及び同法第76条の2の規定に基づき罰金の刑に処せられたため
2018年12月27日	玩具製造・販売	【処分】 3件の技能実習計画の認定取消 【理由】 ① 実習認定を受けた技能実習計画に従って技能実習を行わせていないこと ② 入国後講習期間中に技能実習生に対して業務に従事させたこと ③ 外国人技能実習機構による実地検査において、虚偽の報告を行ったこと
2018年12月27日	業種不明	【処分】 4件の技能実習計画の認定取消 【理由】 ① 実習認定を受けた技能実習計画に従って技能実習を行わせていないこと ② 入国後講習期間中に技能実習生に対して業務に従事させたこと ③ 技能実習生に対して外国人技能実習機構による実地検査に当たって、虚偽の答弁を行うよう指示したこと
2018年12月27日	撚糸製造業	【処分】 4件の技能実習計画の認定取消 【理由】 ① 実習認定を受けた技能実習計画に従って技能実習を行わせていないこと ② 入国後講習期間中に技能実習生に対して業務に従事させたこと ③ 技能実習生に対して外国人技能実習機構による実地検査に当たって、虚偽の答弁を行うよう指示したこと

第2　受入れ企業に関するコンプライアンス問題

処分日	処分者の業種	処分の内容と理由
		④　技能実習法第10条第8号に該当 ⑤　外国人技能実習機構の実地検査において、虚偽の報告を行ったこと
2019年1月25日	自動車製造業	【処分】 27件の技能実習計画の認定取消 【理由】 技能実習計画どおりに必須業務である半自動溶接作業を行わせていなかった
2019年1月25日	家電製造業	【処分】 82件の技能実習計画の認定取消 【理由】 労働基準法違反により罰金30万円に処せられ、刑罰が確定したこと
2019年1月25日	自動車部品製造業	【処分】 24件の技能実習計画の認定取消 【理由】 労働安全衛生法違反により罰金30万円に処せられ、刑罰が確定したこと
2019年1月25日	鉄筋加工	【処分】 3件の技能実習計画の認定取消 【理由】 相続税法違反により懲役1年及び罰金900万円に処せられたこと
2019年9月6日	個人	【処分】 1件の技能実習計画の認定取消 【理由】 技能実習計画に記載された実習予定時間を大幅に超過して技能実習を行わせていたこと、技能実習計画に記載された居住費よりも高い金額を居住費として徴収していたこと
2019年9月6日	個人	【処分】 1件の技能実習計画の認定取消 【理由】 長時間労働及び割増賃金の不払いといった不正又は著しく不当な行為が認められたこと
2019年9月6日	食品製造	【処分】 2件の技能実習計画の認定取消 【理由】 発酵食品を製造する設備・機械を保有しておらず、技能実習計画の必須作業である発酵作業を行っていなかった

第**5**章　外国人材とコンプライアンス

イ　改善命令（技能実習法15条）

図表5-3

処分日	処分者の業種	処分の内容と理由
2019年1月25日	自動車製造業	【処分】 改善命令 【理由】 技能実習計画どおりに必須業務である半自動溶接作業を行わせていなかったものであるが、技能実習計画に基づく必須業務を実施する改善の見込みがあり、必須業務の実施の改善及び実習実施者における技能実習の適正な実施を確保する必要がある
2019年9月6日	食品製造	【処分】 改善命令 【理由】 技能実習の期間を通じた業務の構成が、技能実習の目標に照らして適切なものではなく、技能実習の適正な実施を確保するため
2019年9月6日	製造業	【処分】 改善命令 【理由】 認定計画に従って技能実習を行わせておらず、技能実習の適正な実施を確保するため

ウ　対　応

　技能実習法が制定されてから、徐々に行政処分事例が増加している。行政処分の理由別で見ると、罰金等の法令違反類型が4件、技能実習計画に反する類型6件、著しく不正又は不当な行為類型が1件である。

　まず、労基法や安衛法による罰金刑に処せられると、技能実習法における受入れの欠格事由になるし、特定技能制度のおける受入れもできなくなる。2019年9月6日に発せられた処分理由を見ると、長時間労働や割増賃金の不払いというより技能実習の実施状況に踏み込んだ理由により処分がなされている。このような法令違反や不当な行為が行われれば、技能実習制度だけではなく、特定技能制度での欠格事由にも該当する。そのため、日頃から労働関係法令の遵守が求められる。

　また、技能実習計画における必須業務（技能実習法施行規則10条2項2号ハ）を行っていなかったことを理由に処分されている事例がある。

第2　受入れ企業に関するコンプライアンス問題

　本来、技能実習制度は人材育成を通じた開発途上地域等への技能、技術又は知識の移転による国際協力を推進するための制度である（技能実習法1条）。そして、技能実習制度では、多くの場合、技能実習計画において技能検定（職業能力開発促進法44条以下）の合格を目標としており、各移行対象職種・作業の必須業務等も技能検定に合格するために設定されている。

　かかる制度趣旨を理解せずに技能実習に取り組めば、本来、技能等の習得に必要なカリキュラムとして設定されている必須業務を行わないといった事態が発生してしまう。そのため、技能実習に取り組む場合には、改めて、技能実習制度への理解を社内で共有した上で実施し、また、日頃の技能実習の実施に際しも、技能実習計画との齟齬が生じないよう、書面だけではなく実際に作業を確認する等の確認体制を構築すべきである。

313

第5章 外国人材とコンプライアンス

第3 外国人材の採用を支援する側のコンプライアンス問題

外国人材の採用を支援する事業者として、職業紹介事業者、労働者派遣事業者、監理団体があげられる。

■1 職業紹介事業者

職業紹介事業者において問題となる点は、本来当該在留資格では行えないはずの業務について、あたかも行い得るかのような営業をしている例が散見される点が挙げられる。上述した偽装技術・人文知識・国際業務となるような勤務形態を、職業紹介事業者があっせんしているのである。

かかる行為は、職業紹介事業者自体に不法就労をあっせんした者として不法就労助長罪の正犯ないし従犯が成立しえる[8]。

このような営業行為を防止するためにも、職業紹介事業者の中でも、外国人材に関係する法制度についての研修の実施等、正確な情報の共有を行うべきである。

■2 労働者派遣事業者

労働者派遣事業者においても、本来就労が不可能な者を派遣することや、資格外活動となることを前提とした職種に派遣する例が散見される。派遣先で行う業務が、派遣労働者が有する在留資格で認められている活動なのかについて、確認した上で労働者派遣を行う体制を構築するべきである。

■3 監理団体

監理団体には、「技能実習を労働力の需給の調整の手段と誤認させるような方法で、団体監理型実習実施者等の勧誘又は監理事業の紹介をし

---

8 前掲注4、坂中＝齋藤1000〜1002頁参照。

ないこと」（技能実習法施行規則52条4号）との規定がありながら、当該条文に反する営業行為を行う団体も散見される。

このような営業行為は技能実習制度の趣旨・目的（技能実習法1条、3条）に反するものであり、行ってはならない。このような営業行為がなされないためにも、監理団体の団体内において研修を実施するなど、正確な情報の共有を行うべきである。

第5章 外国人材とコンプライアンス

第4 サプライチェーン上の外国人材に関する コンプライアンス上の問題

　外国人材に関するコンプライアンスは、外国人材を雇用する企業だけに関係があるかといえば、そうではない。サプライチェーンの中で、法令を遵守せずに技能実習生を雇用する事業者がいる場合、当該事項が報道などで明るみに出れば、最終製品を扱う事業者にとってもレピュテーション等、少なくない損害が発生する。

　サプライチェーンにおける人権・CSRの配慮について、サプライヤーとの間でCSR 調達基準・行動規範等 を遵守する義務を負わせる条項であるCSR条項を活用することが提唱されている[9]。外国人材に関するサプライチェーン上のリスク管理についても、CSR条項は有効であると解される。

　報道に接する限りではあるが、サプライチェーン上における外国人材の問題は、企業倫理上の問題ではなく、法令違反に関するものが多い。そのため、まずは、サプライチェーン上のコンプライアンス体制の確立が重要であると解される。すなわち、上記で述べた偽装技術・人文知識・国際業務や、技能実習計画に反する技能実習の実施等の法令違反をサプライチェーン上で防止することから対応を開始するべきと思われる。

　もっとも、サプライヤーに不可能を強いることや、独占禁止法・下請法に反する要求を行えないことは当然であり、また、暴力団排除条項のように単に取引を行わないとした場合には、そこで働く技能実習生等の外国人材が救われないという問題もある。

　企業がサプライチェーン上で影響力を行使する場合は、上記の点も考慮し、サプライチェーン上の外国人材に対する権利侵害が最も少なくなる方法での制度設計が求められているといえる。

9　日本弁護士連合会「人権デュー・ディリジェンスのための ガイダンス（手引）」2頁（2015年1月）

第5 M&A・組織再編と外国人材に関するコンプライアンス

M&Aや組織再編（以下「M&A等」という。）を行う場合、主に①M&A等を行った後に存続する法人が、外国人材の雇用契約を承継することに伴い法令違反状態を承継して継続してしまうリスクの有無、②M&A等を行った後に存続する法人に外国人材の雇用を承継することの可否、及び、③外国人材の雇用契約の承継手続が問題となる。

■1　外国人材に関するデューデリジェンス

⑴　法務デューデリジェンスのプロセス

M&A等を行う場合、まず、M&A等の当事者となる法人の状況を調査するためにデューデリジェンス（以下「DD」という。）を行うことが一般的である。外国人材に関するDDは、法務DDの中の労務部分で行われるのが一般的であると思う。

法務DDのプロセスは次のとおりである[10]。

①法務DDの方針決定
↓
②チーム内部での事前準備
↓
③関係者によるキックオフ会議
↓
④資料の開示依頼
↓
⑤資料の開示及び検討
↓
⑥インタビューの実施
↓

10　長島・大野・常松法律事務所編『法務デューデリジェンスの実務第3版』（27頁参照）

第**5**章　外国人材とコンプライアンス

⑦法律問題の調査及び検討

↓

⑧法務DDの結果について調査報告書の作成

↓

⑨法務DDの中間報告

↓

⑩追加の資料開示依頼・インタビューの実施

↓

⑪最終報告

　法務DDにおいて外国人材に関する事項が問題となるか否かについては、法務DDの初期段階で判断が可能な事が多い。M&A等の当事者となる法人が外国人材を採用しているか否かについては、技能実習の対象職種であって、かつ、受入れが多い職種に関する事業を行っている法人[11]であれば、技能実習生を採用しているか否かを、外食や物流拠点の運営等留学生のアルバイトを採用することが多い事業を行っている法人であれば、留学生のアルバイトを採用しているか否かを、法務DDのプロセスの初期段階で把握できることが多いためである。

　後述する外国人材の雇用契約をM&A等の後に存続する法人に承継する場合に一定の手続が必要となる場合があるが、当該手続の準備を並行して行うためにも、法務DDの初期段階でM&A等の当事者となる法人が判明次第、法務DDにおいて外国人材が重要な論点になるか否かを早期に把握するべきである。

⑵　資料の開示依頼

　法務DDにおいて外国人材に関する事項を検討する場合、開示を依頼

11　JITCOが支援する技能実習生について産業・業種別で区分したときに、技能実習生の受入れが多い産業・業種（上位10位まで）は①食品品製造業、②職別工事業（設備工事業を除く）、③衣服・その他繊維製造業、④農業、⑤輸送用機械器具製造業、⑥金属製品製造業、⑦プラスチック製品製造業（一部除く）、⑧総合工事業、⑨一般機械器具製造業、⑩電気機械器具製造業である（公益財団法人国際研修協力機構編『2019年度版外国人技能実習・研修事業実施状況報告　JITCO白書』41頁）

する資料としては、次のものが考えられる。これらの資料をもとに、法令違反の有無、存続する法人への承継の可否、承継手続を検討することになる。

- 雇用する外国人材のリスト（パート・アルバイト・派遣労働者を含む）
- 雇用する外国人材の在留カードの写し
- 指定書がある在留資格については指定書の写し
- 外国人材を雇用する際の業務フローが記載された資料
- 在留カード等番号失効情報照会の結果を記録化している場合、その資料
- 就業規則等の社内規定
- 労働協約
- 労使協定
- 雇用状況の届出
- 在留諸申請を行った際の申請書及び添付資料
- 技能実習計画認定申請書及び添付資料
- 技能実習計画
- 技能実習日誌
- 監理団体の行った監査結果が示された資料
- 監理団体との契約
- 外国人技能実習機構に行った届出についての届出書
- 入管に行った届出についての届出書
- 登録支援機関との契約
- 資格外活動の許可を受けて勤務する外国人材の労働時間がわかる資料
- 外国人材が実際に従事する業務内容を示した資料
- ダブルワーク対策で書面を取得している場合、当該書面

(3) 法令違反について

　無意識的に不法就労活動を行わせていることや、法令を知らずに雇用状況の届出（労働施策総合推進法28条）の届出義務を怠っていることがある。特に、これまで見てきたとおり不法就労活動は、有名企業でも

第5章 外国人材とコンプライアンス

実際に摘発されており相当の注意が必要である。

　不法就労活動が行われていないかについては、まず、雇入れ時点において、就労が可能な外国人材を雇い入れているかを確認する。「技術・人文知識・国際業務」等の就労資格に分類される在留資格を有する外国人材については、企業も、雇入れ時点に在留資格を確認していることが多い。他方で、アルバイト・パート、派遣労働者については在留資格の確認を行っていない例も散見されるので注意が必要である。

　次に、許可された在留資格で認められた活動の範囲で業務を行っているかを確認する。「留学」や「家族滞在」の在留資格でアルバイトを行っている場合は、資格外活動の許可（入管法19条2項）の範囲で就労させているか、当該労務時間管理ができているかを確認する。

　「技術・人文知識・国際業務」の在留資格で現業職を行わせている偽装技術・人文知識・国際業務については、企業の規模や事業内容に対して通訳業務を行う者が多すぎることや、在留諸申請の際に添付することが多い「雇用理由書」において、実際とは異なる業務が記載されていること等を通じて発見することができる。

　筆者の経験では、人事部など企業の本社の管理部門で管理している外国人材より、工場や店舗に決裁・管理権があることが多い派遣社員、パート・アルバイト、技能実習生に違反が多い傾向があるので、人事の決裁・管理構造も意識して調査にあたることが必要である。

　調査の過程で恒常的に不法就労活動が行われていることが判明した場合でM&A等を進める場合、M&A等の最終契約書の前提条件として、効力発生日までに当該不法就労活動が行われている状態を解消することを規定することになる。万が一不法就労活動が行われていることを看過して存続する法人において、引き続き不法就労活動が行われたが場合、存続する法人の役員、人事担当者、法人自体に不法就労助長罪が成立し得るので注意を要する（入管法73条の2、76条の2）。

⑷　承継の可否と手続の特定について

　外国人材に関する雇用契約を存続する法人が承継する場合、存続する

第5　M&A・組織再編と外国人材に関するコンプライアンス

法人について在留資格の許可を受けるための要件を充足しているかを確認する必要がある。特に問題となるのは「技能実習」及び「特定技能」の在留資格で在留する外国人材を採用している場合である。検討事項として技能実習制度及び特定技能制度で定められている欠格事由に該当しないか等の受入れの要件や産業別の要件を充足するかを確認する。この確認過程では、一般的に調査の対象となる法人だけではなく、クライアント側の法人についても調査する必要があるのでその点も注意が必要である。

　また、特に特定技能制度では、飲食料品製造分野のように主たる業務として、日本標準産業分類で分類される一定の業務を行っていることが要求される等[12]、M&A等の後に存続する法人における事業が問題となる場合もある。そのため、新規の受入れの際のプロセスと同様に、外国人材を雇用するための要件を検討し、承継の可否を判断する[13]。

　その上で、対象会社に在籍する外国人材を把握し、外国人材の雇用を別法人に移転する際に手続が必要となる外国人材と手続をリストアップする。

　手続が特に問題となるのは、技能実習計画で実習実施者が指定される「技能実習」及び「高度専門職」や「特定技能」のように指定書で勤務する機関が指定される類型の在留資格である。

■2　M&A等の際に必要となる手続

⑴　合併等の類型

　M&A等のために行われるものとして吸収合併（会社法2条27号）、新設合併（同条28号）、吸収分割（同法29号）、新設分割（同法30号）が合併等の類型として存在する。

　これらの合併等を行う場合で、合併等の効力として外国人材の雇用契約が新たな法人に承継される場合には、「技能実習」の在留資格や「特

12　飲食料品製造業分野における特定技能外国人の受入れに関する誓約書（分野参考様式第13–1号）参照
13　なお、特定技能制度において特定産業分野事における受入れ企業が満たすべき要件については、巻末の表を参照いただきたい。

321

第5章　外国人材とコンプライアンス

定技能」の在留資格で就労する外国人材について、個々に手続が必要となる。

　製造業においては一つの工場で50～100名の技能実習生が所属している場合もあり、想定より手続が膨大となる場合もあるので、余裕をもって準備を行う必要がある。

⑵　技能実習

　「技能実習」の在留資格については、実習実施者を技能実習計画に記載し（技能実習法8条2項）、その上で技能実習の認定を受ける（同条1項）。そのため、実習実施者が吸収合併存続会社になる吸収合併を行う場合等、実習実施者が異なる法人となる場合には、技能実習計画の認定申請が必要となる（技能実習運用要領155頁以下）。

ア　吸収合併及び新設合併について

　実習実施者が、合併により別の法人から吸収合併存続会社（会社法749条1項）又は新設合併設立会社（会社法753条1項）に変更される場合には、新たに技能実習計画の認定申請が必要となる。

　この場合、技能実習を行わせる期間に空白が生じないように、新たに実習実施者となる法人[14]において合併の効力発生日に技能実習計画の認定が行われるように事前に技能実習計画の認定申請を行う。

　申請において、合併の後に法人の名称、住所、代表者、役員、技能実習責任者が変更するときであって、これらについて、技能実習計画の認定申請時に合併を決議した株主総会議事録等により当該変更が確認できるときは、技能実習計画認定申請書においては、変更後の内容を記載し、変更後直ちにその内容に違いがない旨の報告を行う（技能実習運用要領156頁）。

　また、通常の技能実習計画の認定手続に必要な書類の他、原則として、次の書類の提出が必要となる（技能実習運用要領156頁）。

14　新設合併の場合、技能実習計画の認定申請時点において新設合併設立会社が存在していないが、合併の効力が発生した後の内容で技能実習計画の認定申請を行うことが認められている（技能実習運用要領156頁）。

・合併の経緯、合併後の法人及び技能実習を行わせる事業所の概要

　　・関係法人の総会議事録（合併を議決したもの）

　　・社会・労働保険等合併後に提出すべき書類

　　・存続する法人及び消滅する法人の最近の事業年度における貸借対照
　　　表等

イ　吸収分割及び新設分割について

　実習実施者が、会社分割により別の法人から吸収分割承継会社（会社
法757条）又は新設分割設立会社（同法763条1項）に変更される場合
は、合併の場合に準じて手続が必要である（技能実習運用要領157頁）。

(3)　特定技能

　「特定技能」の在留資格については、雇用契約を締結する法人が指定
される類型の在留資格である[15]（入管法別表第一の二）。指定書によっ
て雇用契約を締結する法人が指定される類型の在留資格の場合、勤務す
る法人を変更するには、変更が可能な在留資格については在留資格変更
許可申請を行う必要がある（入管法20条1項）。

ア　吸収合併及び新設合併について

　特定技能所属機関が、合併により別の法人から吸収合併存続会社又は
新設合併設立会社に変更される場合には、在留資格変更許可申請が必要
となる。

　この場合、特定技能雇用契約に基づいた「特定技能」の活動を行う期
間に空白が生じないように、合併の決議をした株主総会議事録等により
合併が確実に行われることを確認することにより、合併の効力発生日に
在留資格変更許可を受けることが可能となるよう、新たに特定技能所属
機関となる法人[16]により事前に在留資格変更許可申請を行うことが望
ましい（審査要領）。

15　特定技能の他に指定書によって雇用契約を締結する法人が指定される類型の在留資格として
　　「高度専門職1号」や「特定活動（本邦大学卒業者）」等がある。これらの在留資格でも在留資格
　　変更許可が必要となる（入管法20条1項参照）。
16　新設合併の場合、在留資格変更許可申請の時点において新設合併設立会社が存在していないが、
　　合併の効力が発生した後の内容で在留資格変更許可申請を行うことが認められている（運用要領）。

その際、合併により、合併後に法人の名称、住所、代表者、役員が変更する場合であっても、これについて、在留資格変更許可申請時に合併を決議した株主総会議事録等により当該変更が確認できるときは、在留資格変更許可申請書においては、変更後のものを記載し、変更後直ちに、その内容に違いがない旨の報告を行う（審査要領）。

また、通常の在留資格変更許可手続に必要な関係書類のほか、原則として、以下の書類の提出が必要となる（審査要領）。

- ・合併の経緯、合併後の法人及び「特定技能」に係る活動を行わせる事業所の概要
- ・関係法人の総会議事録（合併を議決したもの）
- ・社会・労働保険等合併後に提出すべき書類
- ・存続する法人及び消滅する法人の最近の事業年度における貸借対照表等

イ　吸収分割及び新設分割について

特定技能所属機関が、会社分割により別の法人から吸収分割承継会社（会社法757条）又は新設分割設立会社（同法763条1項）に変更される場合は、合併の場合に準じて手続が必要である（審査要領）。

⑷　その他

「技能実習」や「特定技能」の在留資格にかかわらず、外国人材を承継して雇用を開始した場合には、当該法人で雇用状況の届出（労働施策総合推進法28条）を提出することが必要となる場合がある。

また、入管法19条の16の対象となる外国人材については、所属機関の変更に伴い届出を要する。M&A等の場合、外国人材側に転職をした意識がなく、届出を行わない可能性が高いため、企業の側から手続の履行を促すべきである。

共生社会に向けて
―あとがきに代えて―

1　労働力としてではなく人としての受入れ

　これまで、外国人材の労働者としての面に着目してきた。しかし、外国人材も当然に人であり、労働ばかりをしているわけではない。

　住民として地域社会にかかわるのであり、日本の社会で生活する。そのため、外国人材の受入れにあたっては、就労の面でだけではなく、教育、医療、生活といった、人として当然関わりがある事項について受入れ体制を整備する必要がある。

2　受入れ体制の整備

　特定技能制度の導入とあわせて、2018年12月25日に総合的対応策が策定された。総合的対応策は、外国人材の受入れ・共生のための取組を、政府一丸となって、より強力に、かつ、包括的に推進していく観点からとりまとめられたものである（総合的対応策1頁参照）。総合的対応策では、具体的な対応策が126項目規定されており、文字通り関わり合いがない省庁は無い内容で規定されている。

　また、2019年6月18日は「第5回外国人材の受入れ・共生に関する関係閣僚会議」において「外国人材の受入れ・共生のための総合的対応策の充実について」が決定されている。その中では、「共生社会実現のための受入れ環境整備」が盛り込まれ、共生社会に向けて準備が進められている。

　外国人材との共生社会の実現には、医療、防災、教育、コミュニケーション等多くの点で課題があり、国、地方公共団体、受入れ企業、教育機関等がそれぞれ受入れ体制の整備を行う必要がある。

　また、受入れ企業は、外国人材にとって日本での社会生活における要となる存在である。本書では十分に触れられなかったが、一号特定技能外国人に対する支援を参考に、支援業務が義務づけられていない外国人

共生社会に向けて―あとがきに代えて―

材に対する支援や外国人材の家族に対する支援など、ベストプラクティスを確立することが求められている。

3 多様性と活力ある社会へ

　拙著『外国人材受入れガイドブック』でも述べたことだが、外国人材も、日本人と変わらない人である。日本に働きにくる外国人材にも、両親がいて、家族がいて、社会の一員として働いて、勉強している。

　他方で、外国で働くことの大変さは想像に難しくないのではないか。同じ人であるという発想を基礎に、外国で働くことの大変さを理解すると外国人材の受入れは、より円滑に進むように思われる。

　最後に、多くの受入れ体制の整った魅力ある職場が構築され、多くの外国人材が日本で働くことを選び、多様性と活力ある社会につながることを期待したい。

〇特定技能所属機関の産業分野別要件充足チェックリスト

〔資　料〕

〇特定技能所属機関の産業分野別要件充足チェックリスト[1]

介護	
［運用要領によるもの］	
1.　1号特定技能外国人の就業場所が、介護福祉士国家試験の受験資格要件において「介護」の実務経験として認められる施設[2]であること	☐
［上乗せ基準告示によるもの］	
2.　受け入れる事業所が、介護等の業務（利用者の居宅においてサービスを提供する業務を除く。）を行うものであること。	☐
3.　1号特定技能外国人を受け入れる事業所において、1号特定技能外国人の数が、当該事業所の日本人等の常勤の介護職員の総数を超えないこと。	☐
4.　厚生労働大臣が設置する介護分野における特定技能外国人の受入れに関する協議会の構成員であること。ただし、1号特定技能外国人を受け入れていない機関にあっては、1号特定技能外国人を受け入れた日から4か月以内に協議会の構成員となること。	☐
5.　協議会に対し、必要な協力を行うこと。	☐
6.　介護分野への特定技能外国人の受入れに関し、厚生労働大臣が行う必要な調査、指導、情報の収集、意見の聴取その他業務に対して必要な協力を行うこと。	☐
ビルクリーニング	
［上乗せ基準告示によるもの］	
1.　建築物における衛生的環境の確保に関する法律（昭和45年法律第20号）第12条の2第1項第1号に規定する事業又は第8号に規定する事業の登録を受けた営業所において、特定技能外国人を受け入れること。	☐
2.　厚生労働大臣が設置するビルクリーニング分野における特定技能外国人の受入れに関する協議会の構成員であること、又は、1号特定技能外国人を受け入れていない場合にあっては、1号特定技能外国人を受け入れた日から4か月以内に協議会の構成員となること。	☐
3.　協議会に対し、必要な協力を行うこと。	☐
4.　ビルクリーニング分野への特定技能外国人の受入れに関し、厚生労働大臣が行う必要な調査、指導、情報の収集、意見の聴取その他業務に対して必要な協力を行うこと。	☐
素形材産業	
［運用要領によるもの］	
1.　特定技能外国人が行う業務が、以下の日本標準産業分類に該当する事業者が行う業務であること。	☐
2194　鋳型製造業（中子を含む）	
225　　鉄素形材製造業	
235　　非鉄金属素形材製造業	
2424　作業工具製造業	
2431　配管工事用附属品製造業（バルブ、コックを除く）	
245　　金属素形材製品製造業	

1　特定技能外国人の要件、特定技能雇用契約の内容についての要件を除く
2　指定施設における業務の範囲等及び介護福祉士試験の受験資格の認定に係る介護等の業務の範囲等について（昭和63年2月12日）（社庶第29号）参照

2465	金属熱処理業
2534	工業窯炉製造業
2592	弁・同附属品製造業
2651	鋳造装置製造業
2691	金属用金型・同部分品・附属品製造業
2692	非金属用金型・同部分品・附属品製造業
2929	その他の産業用電気機械器具製造業（車両用、船舶用を含む）
3295	工業用模型製造業

[上乗せ基準告示によるもの]

2. 1号特定技能外国人が、特定技能雇用契約に基づいて活動を行う事業所が、平成25年総務省告示第405号（統計法第28条の規定に基づき、産業に関する分類を定める件）に定める日本標準産業分類に掲げる産業のうち次のいずれかに掲げるものを行っている[3]こと。 ☐

① 細分類2194−鋳型製造業（中子を含む）

② 小分類225−鉄素形材製造業

③ 小分類235−非鉄金属素形材製造業

④ 細分類2424−作業工具製造業

⑤ 細分類2431−配管工事用附属品製造業（バルブ、コックを除く）

⑥ 小分類245−金属素形材製品製造業

⑦ 細分類2465−金属熱処理業

⑧ 細分類2534−工業窯炉製造業

⑨ 細分類2592−弁・同附属品製造業

⑩ 細分類2651−鋳造装置製造業

⑪ 細分類2691−金属用金型・同部分品・附属品製造業

⑫ 細分類2692−非金属用金型・同部分品・附属品製造業

⑬ 細分類2929−その他の産業用電気機械器具製造業（車両用、船舶用を含む）

⑭ 細分類3295−工業用模型製造業

3. 経済産業省が設置する製造業特定技能外国人材受入れ協議・連絡会の構成員であること、又は、特定技能外国人を受け入れていない場合にあっては、当該外国人を受け入れた日から4か月以内に協議・連絡会の構成員となること。 ☐

4. 経済産業省や、協議・連絡会が行う一般的な指導、報告の徴収、資料の要求、意見の報告、現地調査その他業務に対し、必要な協力を行うこと。 ☐

産業機械製造業分野

[運用要領によるもの]

1. 特定技能外国人の行う業務が、以下の日本標準産業分類に該当する事業者が行う業務であること。 ☐

2422 機械刃物製造業

---

3 「行っている」とは、1号特定技能外国人が業務に従事する事業場において、直近1年間で掲げられた産業について製品出荷額等が発生していることを意味する。そして、製品出荷額等とは、直近1年間における製品出荷額、加工賃収入額、くず廃物の出荷額及びその他収入額の合計であり、消費税及び酒税、たばこ税、揮発油税及び地方揮発税を含んだ額のことを意味する（運用要領別冊）。産業機械製造分野及び電気・電子情報関連産業分野においても同じ（運用要領別冊）。

○特定技能所属機関の産業分野別要件充足チェックリスト

248	ボルト・ナット・リベット・小ねじ・木ねじ等製造業	
25	はん用機械器具製造業（ただし、2591 消火器具・消火装置製造業及び素形材産業分野に掲げられた対象業種を除く。）	
26	生産用機械器具製造業（ただし、素形材産業分野に掲げられた対象業種を除く。）	
27	業務用機械器具製造業（ただし、以下に掲げられた業種に限る。）	
270	管理、補助的経済活動を行う事業所（27 業務用機械器具製造業）	
271	事務用機械器具製造業	
272	サービス用・娯楽用機械器具製造業	
273	計量器・測定器・分析機器・試験機・測量機械器具・理化学機械器具製造業	
275	光学機械器具・レンズ製造業	

[上乗せ基準告示によるもの]

2. 1号特定技能外国人が、特定技能雇用契約に基づいて活動を行う事業所が、日本標準産業分類に掲げる産業のうち次のいずれかに掲げるものを行っていること。 □

　① 細分類2422-機械刃物製造業

　② 小分類248-ボルト・ナット・リベット・小ねじ・木ねじ等製造業

　③ 中分類25-はん用機械器具製造業（細分類2534-工業窯炉製造業、細分類2591-消火器具・消火装置製造業及び細分類2592-弁・同附属品製造業を除く。）

　④ 中分類26-生産用機械器具製造業（細分類2651-鋳造装置製造業、細分類2691-金属用金型・同部分品・附属品製造業及び細分類2692-非金属用金型・同部分品・附属品製造業を除く。）

　⑤ 小分類270-管理、補助的経済活動を行う事業所（27 業務用機械器具製造業）

　⑥ 小分類271-事務用機械器具製造業

　⑦ 小分類272-サービス用・娯楽用機械器具製造業

　⑧ 小分類273-計量器・測定器・分析機器・試験機・測量機械器具・理化学機械器具製造業

　⑨ 小分類275-光学機械器具・レンズ製造業

3. 経済産業省が設置する製造業特定技能外国人材受入れ協議・連絡会（以下「協議・連絡会」という。）の構成員であること、又は、特定技能外国人を受け入れていない場合にあっては、当該外国人を受け入れた日から4か月以内に協議・連絡会の構成員となること。 □

4. 経済産業省や、協議・連絡会が行う一般的な指導、報告の徴収、資料の要求、意見の報告、現地調査その他業務に対し、必要な協力を行うこと。 □

電気・電子情報関連産業

[運用要領によるもの]

1. 特定技能外国人の行う業務が、次の日本標準産業分類に該当する事業者が行う業務であること。 □

　28 電子部品・デバイス・電子回路製造業

　29 電気機械器具製造業（ただし、2922 内燃機関電装品製造業及び素形材産業分野に掲げられた対象業種を除く。）

　30 情報通信機械器具製造業

[上乗せ基準告示によるもの]

2. 1号特定技能外国人が、特定技能雇用契約に基づいて活動を行う事業所が、日本標準産業分類に掲げる産業のうち次のいずれかに掲げるものを行っていること。 □

　① 中分類28-電子部品・デバイス・電子回路製造業

資料

② 中分類29−電気機械器具製造業（細分類2922−内燃機関電装品製造業及び細分類2929−その他の産業用電気機械器具製造業（車両用、船舶用を含む）を除く。）

③ 中分類30−情報通信機械器具製造業

3. 経済産業省が設置する製造業特定技能外国人材受入れ協議・連絡会（以下「協議・連絡会」という。）の構成員であること、又は、特定技能外国人を受け入れていない場合にあっては、当該外国人を受け入れた日から4か月以内に協議・連絡会の構成員となること。 ☐

4. 経済産業省や、協議・連絡会が行う一般的な指導、報告の徴収、資料の要求、意見の報告、現地調査その他業務に対し、必要な協力を行うこと。 ☐

建設

[運用要領によるもの]

1. 特定技能外国人が従事する業務が、日本標準産業分類「D 建設業」に該当する事業者が行う業務であること ☐

[上乗せ基準告示によるもの]

2. 1号特定技能外国人と特定技能雇用契約を締結する場合にあっては、1号特定技能外国人の受入れに関する計画（以下「建設特定技能受入計画」という。）について、その内容が適当である旨の国土交通大臣の認定を受けていること。 ☐

[建設特定技能受入計画認定要件]

① 認定申請者が次に掲げる要件をいずれも満たしていること。

イ 建設業法（昭和24年法律第100号）第3条の許可を受けていること。

ロ 建設キャリアアップシステム（一般財団法人建設業振興基金が提供するサービスであって、当該サービスを利用する工事現場における建設工事の施工に従事する者や建設業を営む者に関する情報を登録し、又は蓄積し、これらの情報について当該サービスを利用する者の利用に供するものをいう。以下同じ。）に登録していること。

ハ 一般社団法人建設技能人材機構又は当該法人を構成する建設業者団体に所属し特定技能外国人受入事業で規定された行動規範を遵守すること。

ニ 建設特定技能受入計画の申請の日前五年以内又はその申請の日以後に、建設業法に基づく監督処分を受けていないこと。

ホ 職員の適切な処遇、適切な労働条件を提示した労働者の募集その他の国内人材確保の取組を行っていること。

② 一号特定技能外国人に対し、同等の技能を有する日本人が従事する場合と同等額以上の報酬を安定的に支払い、技能習熟に応じて昇給を行うとともに、その旨を特定技能雇用契約に明記していること。

③ 一号特定技能外国人に対し、特定技能雇用契約を締結するまでの間に、当該契約に係る重要事項について、様式第二により当該外国人が十分に理解することができる言語で説明していること。

④ 一号特定技能外国人の受入れを開始し、若しくは終了したとき又は一号特定技能外国人が特定技能雇用契約に基づく活動を継続することが困難となったときは、国土交通大臣に報告を行うこと。

⑤ 一号特定技能外国人を建設キャリアアップシステムに登録すること。

⑥ 一号特定技能外国人が従事する建設工事において、申請者が下請負人である場合には、発注者から直接当該工事を請け負った建設業者の指導に従うこと。

⑦ 一号特定技能外国人の総数と外国人建設就労者（外国人建設就労者受入事業に関する告示（平成二十六年国土交通省告示第八百二十二号）第二の二に規定する外国人建設就労者をいう。以下同じ。）の総数の合計が常勤の職員（一号特定技能外国人、技能実習生（外国人の技能実習の適正な実施及び技能実習生の保護に関する法律（平成二十八年法律第八十九号）第二条第一項に規定する技能実習生を

○特定技能所属機関の産業分野別要件充足チェックリスト

いう。）及び外国人建設就労者を含まない。）の総数を超えないこと。

⑧ 一号特定技能外国人に対し、受け入れた後において、国土交通大臣が指定する講習又は研修を受講させること。 ☐

3. 1号特定技能外国人と特定技能雇用契約を締結する場合にあっては、建設特定技能受入計画を適正に実施し、国土交通大臣又は適正就労監理機関により、その旨の確認を受けること。 ☐

4. 国土交通省が行う調査又は指導に対し、必要な協力を行うこと。 ☐

造船・舶用工業

［上乗せ基準告示によるもの］

1. 造船法（昭和25年法律第129号）第6条第1項の事業を営む者、小型船造船業法（昭和41年法律第119号）第2条第1項に規定する小型船造船業を営む者その他の造船・舶用工業分野に係る事業を営む者であること。 ☐

2. 国土交通省が設置する造船・舶用工業分野に係る特定技能外国人の受入れに関する協議会の構成員であること。ただし、特定技能外国人を受け入れていない場合にあっては、特定技能外国人を受け入れた日から四月以内に当該協議会の構成員となること。 ☐

3. 前号の協議会に対し、必要な協力を行うこと。 ☐

4. 国土交通省が行う調査又は指導に対し、必要な協力を行うこと。 ☐

5. 登録支援機関に適合一号特定技能外国人支援計画の全部の実施を委託する場合にあっては、2から4のいずれにも該当する登録支援機関に委託すること。 ☐

自動車整備

［運用要領によるもの］

1. 特定技能外国人が行う業務が日本標準産業分類「891 自動車整備業」に該当する事業者が行う業務であること。 ☐

［上乗せ基準告示によるもの］

2. 道路運送車両法（昭和26年法律第185号）第78条第1項に基づき地方運輸局長から認証を受けた事業場を有すること。 ☐

3. 国土交通省が設置する自動車整備分野に係る特定技能外国人の受入れに関する協議会の構成員であること。ただし、特定技能外国人を受け入れていない場合にあっては、特定技能外国人を受け入れた日から四月以内に当該協議会の構成員となること。 ☐

4. 前号の協議会に対し、必要な協力を行うこと。 ☐

5. 国土交通省が行う調査又は指導に対し、必要な協力を行うこと。 ☐

6. 登録支援機関に適合一号特定技能外国人支援計画の全部の実施を委託する場合にあっては、次のいずれにも該当する登録支援機関に委託することとしていること。

① 前2から4のいずれにも該当すること。

② 一級又は二級の自動車整備士の技能検定（道路運送車両法第55条第1項の技能検定をいう。）に合格した者又は自動車整備士の養成施設（同条第3項に規定する養成施設をいう。）において5年以上の指導に係る実務の経験を有する者が置かれていること。

航空

［上乗せ基準告示によるもの］

1. 空港管理規則（昭和27年運輸省令第44号）第12条第1項若しくは第12条の2第1項の承認を受けた者（航空法（昭和27年法律第231号）第百条第一項の許可を受けた者を含む。）若しくは同規則第13条第1項の承認を受けた者若しくは同規則第12条第1項、第12条の2第1項若しくは第13条第1項の規定に準じて定められた条例、規則その他の規程の規定に相当するものに基づき空港管理者により営業を行うことを ☐

認められた者であって、空港グランドハンドリングを営む者であること、又は同法第20条第1項第3号、第4号若しくは第7号の能力について同項の認定を受けた者若しくは当該者から業務の委託を受けた者であること。

2. 国土交通省が設置する航空分野に係る特定技能外国人の受入れに関する協議会の構成員であること。ただし、特定技能外国人を受け入れていない場合にあっては、特定技能外国人を受け入れた日から四月以内に当該協議会の構成員となること。 ☐

3. 前号の協議会に対し、必要な協力を行うこと。 ☐

4. 国土交通省が行う調査又は指導に対し、必要な協力を行うこと。 ☐

5. 登録支援機関に適合一号特定技能外国人支援計画の全部の実施を委託する場合にあっては、2から4のいずれにも該当する登録支援機関に委託すること。 ☐

宿泊

[運用要領によるもの]

1. 特定技能外国人が行う業務が、次の日本標準産業分類に該当する事業者が行う業務であること。 ☐

   751　旅館、ホテル

   759　その他の宿泊業

[上乗せ基準告示によるもの]

2. 旅館・ホテル営業（旅館業法（昭和23年法律第138号）第2条第2項に規定する旅館・ホテル営業をいう。①において同じ。）の形態で旅館業を営み、かつ、次のいずれにも該当すること。 ☐

   ①　旅館業法第3条第1項の旅館・ホテル営業の許可を受けていること。

   ②　一号特定技能外国人に、風営法第2条第6項第4号に規定する施設において就労させないこととしていること。

   ③　一号特定技能外国人に、風営法第2条第3項に規定する接待を行わせないこととしていること。

3. 国土交通省が設置する宿泊分野に係る特定技能外国人の受入れに関する協議会の構成員であること。ただし、特定技能外国人を受け入れていない場合にあっては、特定技能外国人を受け入れた日から四月以内に当該協議会の構成員となること。 ☐

4. 前号の協議会に対し、必要な協力を行うこと。 ☐

5. 国土交通省が行う調査又は指導に対し、必要な協力を行うこと。 ☐

6. 登録支援機関に適合一号特定技能外国人支援計画の全部の実施を委託する場合にあっては、2から4のいずれにも該当する登録支援機関に委託することとしていること。 ☐

農業

[運用要領によるもの]

1. 特定技能外国人が行う業務が、日本標準産業分類「01 農業」に該当する事業者及び当該事業者を構成員とする団体が行う業務であること。 ☐

[上乗せ基準告示によるもの]

2. 一号特定技能外国人を労働者派遣の対象とするものではない場合にあっては、労働者を六月以上継続して雇用した経験を有すること。 ☐

3. 一号特定技能外国人を労働者派遣の対象とする場合にあっては、労働者を6月以上継続して雇用した経験を有する者又は派遣先責任者講習その他これに準ずる講習を受講した者を派遣先責任者（労働者派遣法第41条に規定する派遣先責任者をいう。）として選任している者に当該外国人に係る労働者派遣をすることとしていること。 ☐

4. 農林水産省が設置する農業分野における特定技能外国人の受入れに関する協議会の構成員であること。ただし、特定技能外国人を受け入れていない場合にあっては、特定技能外国人を受け入れた日から四月以内に協議会の構成員となること。 ☐

○特定技能所属機関の産業分野別要件充足チェックリスト

5. 協議会が行う情報の提供、意見の聴取、現地調査その他の活動に対し、必要な協力を行うこと。 ☐

6. 一号特定技能外国人を労働者派遣の対象とする場合にあっては、4に規定する必要な協力を行う者に当該外国人に係る労働者派遣をすることとしていること。 ☐

7. 登録支援機関に一号特定技能外国人支援計画の全部の実施を委託する場合にあっては、4に規定する必要な協力を行う登録支援機関に委託していること。 ☐

漁業

[運用要領によるもの]

1. 特定技能外国人が行う業務が次の日本標準産業分類に該当する事業者又は当該分類に関連する業務を行う事業者が行う業務であること。 ☐

　　03　漁業（水産養殖業を除く）

　　04　水産養殖業

[上乗せ基準告示によるもの]

2. 農林水産省が設置する漁業分野における特定技能外国人の受入れに関する協議会の構成員であること。ただし、特定技能外国人を受け入れていない場合にあっては、特定技能外国人を受け入れた日から四月以内に協議会の構成員となること。 ☐

3. 協議会において協議が調った事項に関する措置を講ずること。 ☐

4. 協議会及びその構成員が行う報告の徴収、資料の要求、現地調査その他の指導に対し、必要な協力を行うこと。 ☐

5. 一号特定技能外国人を労働者派遣等の対象とする場合にあっては、前号に規定する必要な協力を行う者に当該外国人に係る労働者派遣等をすることとしていること。 ☐

6. 登録支援機関に一号特定技能外国人支援計画の全部の実施を委託する場合にあっては、3に規定する必要な協力を行う登録支援機関に委託していること。 ☐

飲食料品製造

[運用要領によるもの]

1. 特定技能外国人が行う業務が次の日本標準産業分類に該当する事業者が行う業務であること。 ☐

　　09　食料品製造業

　　101　清涼飲料製造業

　　103　茶・コーヒー製造業（清涼飲料を除く）

　　104　製氷業

　　5861　菓子小売業（製造小売）

　　5863　パン小売業（製造小売）

　　5897　豆腐・かまぼこ等加工食品小売業

[上乗せ基準告示によるもの]

2. 農林水産省、関係業界団体、登録支援機関その他の関係者で構成される飲食料品製造業分野における特定技能外国人の受入れに関する協議会の構成員であること。ただし、特定技能外国人を受け入れていない場合にあっては、特定技能外国人を受け入れた日から四月以内に協議会の構成員となること。 ☐

3. 協議会が行う調査、情報の共有その他の活動に対し、必要な協力を行うこと。 ☐

4. 農林水産省が行う調査、指導その他の活動に対し、必要な協力を行うこと。 ☐

5. 登録支援機関に一号特定技能外国人支援計画の全部の実施を委託する場合にあっては、1から3のいずれにも該当する登録支援機関に委託していること。 ☐

333

資 料

外食	
[運用要領によるもの]	
1. 特定技能外国人が行う業務が、以下の日本標準産業分類に該当する事業者が行う業務であること。 　76　飲食店 　77　持ち帰り・配達飲食サービス業	☐
[上乗せ基準告示によるもの]	
2. 一号特定技能外国人に、風営法第2条第4項に規定する接待飲食等営業を営む営業所において就労させないこととしていること。	☐
3. 一号特定技能外国人に、風営法第二条第三項に規定する接待を行わせないこととしていること。	☐
4. 農林水産省、関係業界団体、登録支援機関その他の関係者で構成される外食業分野における特定技能外国人の受入れに関する協議会の構成員であること。ただし、特定技能外国人を受け入れていない場合にあっては、特定技能外国人を受け入れた日から四月以内に協議会の構成員となること。	☐
5. 協議会が行う調査、情報の共有その他の活動に対し、必要な協力を行うこと。	☐
6. 農林水産省が行う調査、指導その他の活動に対し、必要な協力を行うこと。	☐
7. 登録支援機関に一号特定技能外国人支援計画の全部の実施を委託する場合にあっては、3から5のいずれにも該当する登録支援機関に委託していること。	☐

○移行対象一覧表

1 農業関係（2職種6作業）

職種	作業	技能実習2号	特定技能1号
耕種農業	施設園芸	○	農業 （耕種農業全般）
	畑作・野菜	○	
	果樹	○	
畜産農業	養豚	○	農業 （畜産農業全般）
	養鶏	○	
	酪農	○	

2 漁業関係（2職種9作業）

職種	作業	技能実習2号	特定技能1号
漁船漁業	かつお一本釣り漁業	○	漁業 （漁業）
	延縄漁業	○	
	いか釣り漁業	○	
	まき網漁業	○	
	ひき網漁業	○	
	刺し網漁業	○	
	定置網漁業	○	
	かに・えびかご漁業	○	
養殖業	ほたてがい・まがき養殖作業	○	漁業 （養殖業）

3 建設関係（22職種33作業）

職種	作業	技能実習2号	特定技能1号
さく井	パーカッション式さく井工事作業	○	×
	ロータリー式さく井工事作業	○	
建築板金	ダクト板金作業	○	
	内外装板金作業	○	
冷凍空気調和機器施工	冷凍空気調和機器施工作業	○	
建具製作	木製建具手加工作業	○	
建築大工	大工工事作業	○	
型枠施工	型枠工事作業	○	建設（型枠施工）
鉄筋施工	鉄筋組立て作業	○	建設（鉄筋施工）
とび	とび作業	○	×
石材施工	石材加工作業	○	
	石張り作業	○	
タイル張り	タイル張り作業	○	
かわらぶき	かわらぶき作業	○	建設（屋根ふき）
左官	左官作業	○	建設（左官）
配管	建築配管作業	○	×
	プラント配管作業	○	
熱絶縁施工	保温保冷工事作業	○	
内装仕上げ施工	プラスチック系床仕上げ工事作業	○	建設 （内装仕上げ）
	カーペット系床仕上げ工事作業	○	

	鋼製下地工事作業	○	
	ボード仕上げ工事作業	○	
	カーテン工事作業	○	
サッシ施工	ビル用サッシ施工作業	○	
防水施工	シーリング防水工事作業	○	×
コンクリート圧送施工	コンクリート圧送工事作業	○	建設 （コンクリート圧送）
ウェルポイント施工	ウェルポイント工事作業	○	×
表装	壁装作業	○	建設（表装）
建設機械施工	押土・整地作業	○	建設 （建設機械施工）
	積込み作業	○	
	掘削作業	○	
	締固め作業	○	
築炉	築炉作業	○	×

4 食品製造関係（11職種16作業）

職種	作業	技能実習2号	特定技能1号
缶詰巻締	缶詰巻締	○	飲食料品製造業全般 （飲食料品製造業全般（飲食料品（酒類を除く。）の製造・加工・安全衛生））
食鳥処理加工業	食鳥処理加工作業	○	
加熱性水産加工食品製造業	節類製造	○	
	加熱乾製品製造	○	
	調味加工品製造	○	
	くん製品製造	○	
非加熱性水産加工食品製造業	塩蔵品製造	○	
	乾製品製造	○	
	発酵食品製造	○	
水産練り製品製造	かまぼこ製品製造作業	○	
牛豚食肉処理加工業	牛豚部分肉製造作業	○	
ハム・ソーセージ・ベーコン製造	ハム・ソーセージ・ベーコン製造作業	○	
パン製造	パン製造作業	○	
そう菜製造業	そう菜加工作業	○	
農産物漬物製造業	農産物漬物製造	○	
医療・福祉施設給食製造	医療・福祉施設給食製造	○	外食業

5 繊維・衣服関係（13職種22作業）

職種	作業	技能実習2号	特定技能1号
紡績運転	前紡工程作業	○	
	精紡工程作業	○	
	巻糸工程作業	○	
	合ねん糸工程作業	○	
織布運転	準備工程作業	○	
	製織工程作業	○	
	仕上工程作業	○	
染色	糸浸染作業	○	
	織物・ニット浸染作業	○	
ニット製品製造	靴下製造作業	○	
	丸編みニット製造作業	○	×

○移行対象一覧表

たて編ニット生地製造	たて編ニット生地製造作業	○	
婦人子供服製造	婦人子供既製服縫製作業	○	
紳士服製造	紳士既製服製造作業	○	
下着類製造	下着類製造作業	○	
寝具製作	寝具製作作業	○	
カーペット製造	織じゅうたん製造作業	○	
	タフテッドカーペット製造作業	○	
	ニードルパンチカーペット製造作業	○	
帆布製品製造	帆布製品製造作業	○	
布はく縫製	ワイシャツ製造作業	○	
座席シート縫製	自動車シート縫製作業	○	

6　機械・金属関係（15職種29作業）

職種	作業	技能実習2号	特定技能1号
鋳造	鋳鉄鋳物鋳造作業	○	素形材産業（鋳造）
	非鉄金属鋳物鋳造作業	○	産業機械製造業（鋳造）
鍛造	ハンマ型鍛造作業	○	素形材産業（鍛造）
	プレス型鍛造作業	○	産業機械製造業（鍛造）
ダイカスト	ホットチャンバダイカスト作業	○	素形材産業（ダイカスト）
	コールドチャンバダイカスト作業	○	産業機械製造業（ダイカスト）
機械加工	普通旋盤作業	○	素形材産業（機械加工）
	数値制御旋盤作業	○	産業機械製造業（機械加工）
	フライス盤作業	○	電気・電子情報関連産業（機械加工）
	マシニングセンタ作業	○	造船・舶用工業（機械加工）
金属プレス加工	金属プレス作業	○	素形材産業（金属プレス加工）　産業機械製造業（金属プレス加工）　電気・電子情報関連産業（金属プレス加工）
鉄工	構造物鉄工作業	○	産業機械製造業（鉄工）　造船・舶用工業（鉄工）
工場板金	機械板金作業	○	素形材産業（工場板金）　産業機械製造業（工場板金）　電気・電子情報関連産業（工場板金）

資料

職種	作業	技能実習2号	特定技能1号
めっき	電気めっき作業	○	素形材産業 （めっき） 産業機械製造業 （めっき） 電気・電子情報関連産業 （めっき）
	溶融亜鉛めっき作業	○	
アルミニウム陽極酸化処理	陽極酸化処理作業	○	素形材産業（アルミニウム）
仕上げ	治工具仕上げ作業	○	素形材産業 （仕上げ） 産業機械製造業 （仕上げ） 電気・電子情報関連産業 （仕上げ） 造船・舶用工業 （仕上げ）
	金型仕上げ作業	○	
	機械組立仕上げ作業	○	
機械検査	機械検査作業	○	素形材産業（機械検査） 産業機械製造業（機械検査）
機械保全	機械系保全作業	○	素形材産業 （機械保全） 産業機械製造業 （機械保全） 電気・電子情報関連産業 （機械保全）
電子機器組立て	電子機器組立て作業	○	産業機械製造業 （電子機器組立て） 電気・電子情報関連産業 （電子機器組立て）
電気機器組立て	回転電機組立て作業	○	産業機械製造業 （電気機器組立て） 電気・電子情報関連産業 （電気機器組立て） 造船・舶用工業 （電気機器組立て）
	変圧器組立て作業	○	
	配電盤・制御盤組立て作業	○	
	開閉制御器具組立て作業	○	
	回転電機巻線製作作業	○	
プリント配線板製造	プリント配線板設計作業	○	産業機械製造業 （プリント配線板製造） 電気・電子情報関連産業 （プリント配線板製造）
	プリント配線板製造作業	○	

7 その他（14職種26作業）

職種	作業	技能実習2号	特定技能1号
家具製作	家具手加工作業	○	×
印刷	オフセット印刷作業	○	×
製本	製本作業	○	×
プラスチック成形	圧縮成形作業	○	産業機械製造業 （プラスチック成形） 電気・電子情報関連産業 （プラスチック成形）
	射出成形作業	○	
	インフレーション成形作業	○	
	ブロー成形作業	○	
強化プラスチック成形	手積み積層成形作業	○	×

○移行対象一覧表

塗装	建築塗装作業	○	素形材産業（塗装） 産業機械製造業（塗装） 電気・電子情報関連産業（塗装）
	金属塗装作業	○	素形材産業（塗装） 産業機械製造業（塗装） 電気・電子情報関連産業（塗装） 造船・舶用工業（塗装）
	鋼橋塗装作業	○	素形材産業（塗装） 産業機械製造業（塗装） 電気・電子情報関連産業（塗装）
	噴霧塗装作業	○	素形材産業（塗装） 産業機械製造業（塗装） 電気・電子情報関連産業（塗装） 造船・舶用工業（塗装）
溶接	手溶接	○	素形材産業（溶接） 産業機械製造業（溶接） 電気・電子情報関連産業（溶接） 造船・舶用工業（溶接）
	半自動溶接	○	
工業包装	工業包装作業	○	産業機械製造業 （工業包装） 電気・電子情報関連産業 （工業包装）
紙器・段ボール箱製造	印刷箱打抜き作業	○	×
	印刷箱製箱作業	○	
	貼箱製造作業	○	
	段ボール箱製造作業	○	
陶磁器工業製品製造	機械ろくろ成形作業	○	
	圧力鋳込み成形作業	○	
	パッド印刷作業	○	
自動車整備	自動車整備作業	○	自動車整備
ビルクリーニング	ビルクリーニング作業	○	ビルクリーニング
介護	介護	○	介護
リネンサプライ	リネンサプライ仕上げ	○	×

○社内検定型の職種・作業（1職種3作業）

職種名	作業名	技能実習2号	特定技能1号
空港グランドハンドリング	航空機地上支援	○	航空 （空港グランドハンドリング）
	航空貨物取扱	○	×
	客室清掃	○	×

339

◆著者プロフィール

杉田　昌平（すぎた　しょうへい）

弁護士（センチュリー法律事務所）

　平成23年弁護士登録（東京弁護士会）、入管届出済弁護士（平成25年～）、社会保険労務士（平成29年～）、日本弁護士連合会中小企業海外展開支援担当弁護士（平成30年度～）、慶應義塾大学法科大学院・グローバル法研究所特任講師、名古屋大学大学院法学研究科研究員。

　アンダーソン・毛利・友常法律事務所、名古屋大学大学院法学研究科日本法教育研究センターベトナム（ハノイ法科大学内）、ハノイ法科大学客員研究員等を経て現職。

　外国人材受入れに関する入管手続、労務手続、制度設計、M&A・組織再編、危機管理対応、紛争対応等を主として業務を行う。並行して外国人材の受入れに関する講演・研修を多数行っている。

　主な著書として『外国人材受入れガイドブック』（ぎょうせい、2019年）、『中国・タイ・ベトナム労働法の実務Q&A』（共著、労働調査会、2018年）等がある。

改正入管法関連完全対応
法務・労務のプロのための　外国人雇用実務ポイント

令和元年12月15日　第1刷発行

著　者　　杉田　昌平

発　行　　株式会社 **ぎょうせい**

〒136-8575　東京都江東区新木場1-18-11
電話　編集　03-6892-6508
営業　03-6892-6666
フリーコール　0120-953-431

〈検印省略〉

URL:https://gyosei.jp

印刷　ぎょうせいデジタル㈱　　　　　　　©2019 Printed in Japan

※乱丁・落丁本はお取り替えいたします。

ISBN978-4-324-10700-3
(5108549-00-000)
〔略号：外国人雇用ポイント〕